모 성 과
모 성
경 험 에
관 하 여

모성과 모성 경험에 관하여

아드리안 리치의 삶과 페미니스트 비평의 이해

초판1쇄발행 2017년 12월 10일
초판2쇄발행 2019년 1월 10일
지은이 한지희 펴낸이 박성모 펴낸곳 소명출판 출판등록 제13-522호
주소 서울시 서초구 서초중앙로6길 15, 1층
전화 02-585-7840 팩스 02-585-7848
전자우편 somyungbooks@daum.net 홈페이지 www.somyong.co.kr

값 22,000원 ⓒ 한지희, 2017
ISBN 979-11-5905-231-6 93330

모성과 모성 경험에 관하여

아드리안 리치의 삶과
페미니스트 비평의 이해

한지희

On Motherhood and Mothering Experience:
Adrienne Rich's Life and Feminist Criticism

ADRIENNE
RICH

소명출판

책머리에

독자 여러분께

잘 지내고 계신가요? 지난번에 『우리시대 대중문화와 소녀의 계보학』이 출간되어 처음으로 저는 독자 여러분들과 우리 시대 소녀의 존재에 대한 이야기를 나눌 기회를 가질 수 있었습니다. 출간할 당시 독자층이 있으리라고는 전혀 기대도 하지 않았는데, 뜻밖에 제 이야기에 관심을 가져주시는 독자 여러분들이 계셔서 저는 개인적으로 상당히 놀랐던 기억이 있습니다. 저는 현대영미시를 전공했고, 이런 저런 현실에서 상대적으로 멀찍이 떨어져 있는 대학 캠퍼스 연구실에 틀어박혀 대부분의 시간을 보내고 있기 때문에, '과연 누가 내 얘기에 관심이 있을까' 하는 우려를 가지고 있었습니다. 다행히 많은 독자들께서 저의 이야기에 귀를 기울여 주신 덕택에 저는 '종이낭비는 안 한 것 같네' 하며 안도감의 숨을 내쉬고, '앞으로 글쓰기 작업을 조금 더 해 보자'는 작은 용기를 간직할 수 있게 되었지요.

이번에 출간하는 『모성과 모성 경험에 관하여 – 아드리안 리치의 삶과 페미니스트 비평의 이해』는 제가 2012년 대한민국 교육부와 한국연구재단의 지원을 받아 수행된 연구(NRF-2012S1A6A4021564)의 결과물로서 사실 애초에는 다른 논점에서 원고 집필을 했었답니다. 그런데 『우리 시대 대중문화와 소녀의 계보학』의 출간을 마치고 독자 여러분들의 반응을 보면서 이 원고를 수정하는 단계에서 저는 소녀의 존재를 둘러싼 사회 인식에 대해 관심을 가지는 독자들이 있다는 점을 알게 되었습니다. 사실, 우리시대 소녀들에 대해 이야기를 해 보고 싶었던 근본적인 이유가 아드리안 리치의 페미니즘 때문이었기에, 저는 유대계 미국 여성으로서 리치의 개인적인 삶과 레즈비언 페미니스트 시인으로서 그녀의 공적인 삶의 교집합을 조명하는 원고를 집필했던 초고의 방향을 수정하였습니다. 유대계 미국인 어머니로서 리치의 개인적인 삶과 레즈비언 페미니스트 비평가로서의 사회적 앙가쥬망, 그리고 보통 여자들의 공동 언어를 지향하는 미국식 페미니즘을 연계하는 방향으로 개고를 하게 된 것이지요.

일반적으로 리치는 급진적인 페미니즘 이론을 펼쳤던 전투적인 페미니스트이자 시인으로서 알려져 있습니다. 하지만, 저는 그녀가 미국시사에서 빼놓을 수 없는 여성 시인들에 대해 매우 혁신적인 비평을 한 것만으로도 충분히 비평가로서 역량을 인정받아야 할 것이라고 생각하고 있습니다. 그렇다면 그녀가 견지했던 페미니즘의 의미와 비평의 특장점이 밝혀져야 할 것인데, 지금까지의 연구들을 보자면 리치의 페미니즘에서는 레즈비어니즘에 방점이 찍혀 있고 시세계의 특징 역시 그런 맥락에서 조명되어 왔습니다. 그러나, 제가 보기에, 리치의 페미니즘은 레즈비언의 존재에 대한 사유 못지않게 어머니의 존재와 모성애 그리고 모성 경험의 사회적 실천에 대한 사유를 공명하고 있습니다. 그녀가 고백하였듯이, 모성의 경험이 그녀를 급진적으로 변화시켰기 때문이지요. 제가 일전에 말했듯이 소녀 시대가 여자의 생애주기에서 첫 문턱에 해당한다면, 어머니의 존재로 살아가는 시기는 여자에게 있어서 생애 주기의 대부분을 차지하는 매우 중요한 문턱이지 않을까요? 물론 대부분의 보통 여자들은 소녀 시절 너무나 뚜렷하게 찾아오는 신체상의 변화를 경험하며 어느 정도 당황하고 정체성의 혼란을 느끼겠지만 그래도 가벼운 발걸음으로 생애 주기의 첫 문턱을 넘었을 것입니다. 하지만, 임신과 출산의 과정을 통해 어머니가 되는 그 경험은 단지 신체상의 변화가 아니라 신체와 정신 그리고 영혼 깊숙이까지 영향을 미치는 대단히 복합적인 변화의 과정을 동반하잖아요? 아마 그래서 그 어떤 여자도 가벼운 발걸음으로, 쉽게 그 문턱을 넘을 수는 없을 것입니다. 의도하지 않게 덜컥 어머니가 되든지 혹은 많은 준비를 하고 의지적으로 어머니가 되든지, 대부분의 여자들은 어머니가 되는 생애 주기의 문턱을 넘으면서 흥분감과 설렘 보다는 긴장감과 책임감으로 긴 숨을 내쉬게 될 것 같습니다. 리치 역시 어머니가 되는 경험을 하면서 다른 보통 여자들이 가지게 되는 그런 복잡한 감정과 속내를 충분히 알고, 짐작하고, 이해하고 있었습니다. 그래서 그녀는 『여자로 태어난 것에 대하여 - 경험과 제도로서의 모성』을 집필하며 자기 자신이 세 아이의 어머니로서 경험했던 구체적인 생활 경험들을 진솔하게 밝혔습니다. 그리고 어머니의 존재와 모성을 둘러싼 사회적 인식에 대한 문제점들을 소재로 삼아 여성 시인들의 시를 다시 해석하고, 자신의 모성 경험을 기반으로 페미니스트 의식을 담은 시를 써서 독자들과 소통하고자 노력하면서 그녀의 레즈비언 페미니즘을 점차 보통 여자들의 민주적 공동체 의식으로 확장시켜 나갈 수 있었습니다. 이렇게 보면, 저는 리치의 레즈비언 페미니즘과 비평문들을 그녀가 개인적 차원의 모성 경험을 사회적 차원의 여성적 사랑으로 확장하고 실천한 것으로 비평하는 셈이지요.

비록 저는 소녀 시절에도 순진하게 부명父命을 따르며 공부만 하던 범생이 소녀로서 제 심신에 대해 이해하고 주체의식을 제대로 성장시키는 경험을 하지 못했고, 성인이 되어서도 심신이 부실하여 어머니가 되는 경험을 해 보지 못했습니다만, 진실로, 리치의 주장에 공감을 보낼 수밖에 없다고 생각합니다. 자식을 위해 자신의 인생 전체를 헌신하는 제 어머니를 포함한 한국의 어머니를 볼 때마다 저는 제가 경험하지 못한 그 모성의 힘에 대해 신비함과 두려움을 동시에 느끼고, 또 그래서, 어머니가 되는 경험이 보통 여자를 급진적으로 변화시키기에 충분하다는 사실에 수긍을 하게 되니까요. 자, 독자 여러분, 그래서 저는 이번에 다시 한 번 용기를 내어 리치의 레즈비언 페미니즘에 대해 이 저서를 통해 설명을 드리고자 합니다. 제 설명과 필력이 부족하더라도, 희망컨대 이 저서를 통해 부디 리치의 레즈비언 페미니즘이 남성의 성경험을 중심으로 삼는 이성애 주의를 뒤엎자는 것이 아니라 가부장제 가족체제와 모성제도를 다시 바라보고 우리에게 제도적으로 허용된 사랑에 대한 문제의식을 일깨우는 작업이었다는 점이 여러분들에게 전달될 수 있으면 좋겠습니다. 더불어, 만약 여러분이 어머니가 되는 문턱을 앞두고 있다면, 리치의 진솔한 이야기를 들으며 어머니-되기의 두려움을 떨치고 세상을 바꾸는 모성 의식을 발휘할 수 있게 되기를 소망합니다.

　마지막으로 『모성과 모성 경험에 관하여 – 아드리안 리치의 삶과 페미니스트 비평의 이해』 초고를 읽고 출판을 결정해 주신 소명출판에 깊은 감사를 드립니다.

2017년 12월

진주에서

한지희 드림

차례

책머리에 3

제1장 :: **서론** 한국 사회에서 페미니즘을 말하기 11
페미니스트를 둘러싼 오해들

제2장 :: **세 아이의 어머니가 페미니스트 시인이
되기까지** 49
아드리안 리치의 삶과 보통 여자들의 페미니즘

제3장 :: **페미니스트 시인이 유대계 가모장의
노란별을 달기까지** 87
아드리안 리치와 비주류 아웃사이더 페미니즘
1. 경계선 위의 존재 – 유대계 비유대인(Jewish non-Jew) 89
2. 경계선 위의 존재 – 비유대계 유대인(non-Jewish Jew) 96

제4장 :: **순수 예술의 허상** 113
아드리안 리치의 예술과 정치의식

제5장 :: **여성이 여자에게 보내는 사랑** 133
아드리안 리치와 '레즈비언'이란 언어의 가능성

제6장 :: 레즈비언 페미니스트 비평의 실제 I *165*
가부장의 진정한 딸들의 또 다른 심리적 지형 조명하기

1. 앤 브래드스트릿 *176*
－비주류 아웃사이더 의식을 드러낸 최초의 미국 여성 시인

2. 에밀리 디킨슨 *193*
－비주류 아웃사이더 의식으로 끓어오르던 여성 시인

3. 엘리자베스 비숍 *228*
－비주류 아웃사이더 의식을 가려둔 여성 시인

제7장 :: 레즈비언 페미니스트 비평의 실제 II *243*
가부장이 외면한 딸들의 특별한 재능 기록하기

1. 엘레노어 로스 테일러 *243*
－가부장이 무시하는 보통 주부의 '생각하는' 재능

2. 쥬디 그란 *251*
－가부장의 차별을 견디는 레즈비언 괴물 시인의 특별한 재능

3. 오드리 로드 *269*
－백인 가부장의 역사에서 배제된 혼외자 흑인 딸의 분노

4. 에셀 로젠버그 *284*
－백인 가부장의 명으로 처형당한 방계가족 유대인 딸을 위한 애도

제8장 :: 레즈비언 상상력과 여성의 복수적 존재양식 *307*

    1. '나'의 재해석 – 미국인 연속체로서의 복수적 정체성 *311*

    2. '우리'의 재해석 – '나'와 '너'가 이루는 레즈비언 연속체 *323*

    3. 가부장제 여성의 존재론적 모순 *330*
        – 여성이 여자를 죽여야 살 수 있는 존재양식

제9장 :: 레즈비언 페미니스트 시학 *335*
    여성 시인의 사랑 노래 「스물한 개의 사랑시」

제10장 :: **결론** 무한한 초월 연습 *349*

    참고문헌 *361*

제1장

서론

한국 사회에서 페미니즘을 말하기

페미니스트를 둘러싼 오해들

아드리안 리치의 페미니즘과 실천적 비평에 대한 소개를 시작하며, 저자는 이 책에서 사용하는 '여자', '여성' 그리고 '페미니스트'라는 용어들에 대해 각각의 의미와 개념상의 차이에 대해 먼저 설명을 하고자 한다. 그 세 가지를 구분하는 것이 이론의 틀 혹은 비평의 시각으로서 페미니즘을 설명할 때 유용하기 때문이기도 하지만, 조금이라도 의견의 부딪힘과 혼란을 줄이면서 이 책을 펼치고 저자의 이야기를 들어 줄 독자들과 리치의 페미니즘과 그 잠재적 가능성에 대해 소통하고 싶기 때문이다.

대부분의 보통 여자들은 단지 생물학적으로 '여자female'라는 이유로 다양한 층위에서 불공평한 차별과 제약의 상황들을 겪으며 답답함, 억울함, 분노, 자책감, 좌절감 등등 부정적인 감정을 느끼고 자기 비하 혹은 자기 연민의 심리를 빠지곤 한다. 하지만 그들 대부분은 남성 중심적인 사회에서 성공하려면 그러한 감정들을 억누르고, 참아내고, 인내하는 '여성적feminine' 자질을 발휘해야 한다고 여기며 묵묵히 하루하루를 살아간다. 그러나 또 어떤 여자들은 그런 상황에서 더 이상 감정을 억누르거나 참을 수 없는 임계점을 느끼며, 가부장적 사회 권력이 제시해 온 여성적 자질들이 무엇인지 따져 묻고 진정한 '여성성womanhood'의 이념에 정면으로 도전한다. 그들은 침묵을 거부하고 젠더의 관념과 성역할의 분할이 시작된 태고의 시점을 추적하고 권력의 본질을 둘러싼 복잡한 역사, 문화, 정치적 맥락들의 실타래를 검토하고, 분석한다. 그들은 '단지 여자라서' 일상적으로 당면하는 사회적 제약들과 차별의 사례들을 수집할 뿐만 아니라 비슷한 문제의식을 지닌 다른 사회 구성원들과 연대를 형성하고 동료의식을 발전시키며 차별이 발생하는 구체적인 사회 현실에 대해 실제적인 변화를 가하고자 고군분투한다. 그들은 스스로 세상 바꾸기를 실천하는 정치적 주체, 즉, '페미니스트feminist'가 되는 것이다.

이처럼 간단하게 설명하더라도, '여자', '여성', '페미니스트'는 각각 개념적으로 다르지만 독립적으로 의미를 생산하기보다는 서로 중첩되고, 교차되고, 연결되고, 심지어 이항대립적인 위치에 있는 남자/남성/남성성의 의미에도 영향을 끼치고 변화를 일으키며 총체적인 사회적 의미망의 형성과 확산에 관여하고 있는 것을 알 수 있다. 그러므로 이제 저자는 페미니즘을 소개하는 입문 텍스트들 중에서 가장 기본에 해당하는 토릴 모이Toril Moi의 『성/텍스트의 정치학』 그리고 캐서린 벨시Catherine Belsey와 제인 무어Jane Moore의 『페미니스트 독본』을 토대로 그간 다수의 영미 유럽권 페미니스트 비평 이론가들이 제시했던 '여자', '여성', '페미니스트'의 개념을 조금 더 깊이 살펴보고 영미권 페미니즘의 역사를 짧게 개관하고자 한다. 각각의 개념을 개관하는 순서는 사실 '여자', '여성', '페미니스트'의 순서를 따르는 것이 자연스럽겠지만, 저자의 목적이 영미권의 제2세대 페미니즘의 형성과 발전을 개관하면서 리치의 레즈비언 페미니즘의 독창성과 잠재성을 설명하기 위한 것이므로, 일단 모이, 벨시, 무어의 시각을 차용하여 저자의 해석을 보탠 '페미니스트', '여자/여성', '여성성/여성다움'의 순서로 개념들을 정리하기로 한다.

1. 페미니스트 Feminist

종종 페미니즘은 '여성'에 관련된 사적인 문제들을 '여자들만'을 위해 사유하는 강한 여자들, 요즘 유행어로는 '센 언니들'이 활용하는 사회비판 시각으로 여겨진다. '진짜' 페미니스트는 여자들이고, 남자들은 여자 페미니스트들을 응원하고 지지하는 '아마추어'급 동조자 혹은 '백업' 지원자라는 식으로 말이다. 하지만 사실상 영미권 페미니스트들에게 '전투적인 싸움닭' 혹은 '정치적인 행동가'의 심상들이 부가된 것은 1960년대 후반기 제2세대 페미니스트 운동이 일기 시작했을 무렵이었다. 이 시기에 페미니즘은 비로소 여자들이 주도하는 사회적 의식함양 운동에서 정치성을 지닌 사회변혁 운동으로 진화하였고, '페미니스트'라든가 '페미니즘'이라는 표현들 역시 여자들만을 위한 시각이 아니라 성별의 구분 없이 성 소수자, 사회적 취약계층, 이주 노동자 모두를 포함하는 '여성적 존재'를 위한 인권 운동의 차원을 포함하게 되었다. 물론 페미니즘이 이 정도로 포괄적인 정치성을 가지게 된 데에는 전적으로 제2세대 페미니즘을 주도했던 급진적 페미니스트들이 성, 인종, 계층의 면에서 매우 도발적이고 혁신적인 비평 담론을 펼쳐나갔기 때문이었다는 것은 두말할 필요도 없을 것이다.

특히 미국의 경우, 여자의 투표권과 이혼의 자유, 성의 자유를 포함한 여성해방을 목적으로 설정하였던 제1세대 페미니스트 운동가들과 달리, 제2세대 페미니스트들은 두 차례의 세계 대전을 겪은 뒤 1950년대 전 세계적으로 일어난 '복고'의 시대정신, 즉, 가부장적 사회질서의 복원과 전통적인 가정의 복구를 갈망하는 시대정신 하에서 제1세대 선조들과는 다른 새로운 종류의 성 역할, 성애, 인종, 계층상의 '여성 문제'를 대면하며 페미니스트 운동을 전개해 나갔다. 가령, 미국사회에서는 전쟁 당시 남자들을 대신해서 산업역군의 역할을 담당하며 호국활동을 했던 여자들이 종전 후 다시 가사 활동의 영역으로 재배치되는 과정에서 가부장제 가족체제가 더욱 강화되는 상황이 벌어졌다. 이제 그들에게 국가에 대한 충성과 애국심의 표현은 현모양처의 이상과 모성애의 실천으로 대체되었으며, 직장에서 열심히 일하는 남편을 외조하고, 자녀의 양육을 책임지며, 가정의 평안을 위해 헌신하는 임무를 충성스럽게 수행하는 것이 여성의 존재 이유로서 강조되었다. 당시 대중매체들은 가부장적 사회 권력이 표방하던 '진정한 여성성True Womanhood'의 이념에 따라 '행복한 가정'의 전형적인 심상들을 대거 유행시켰다. 가령, 미국 팝아트계를 대표하는 노만 락웰Norman Rockwell의 포스터들을 살펴보면 그 핵심을 명확하게 이해할 수 있다. 제2차 세계대전을 겪은 락웰은 미국인들이 고귀한 생명을 바쳐가면서 지키고자 했던 진정한 미국인의 가치를 '행복한 가정'에서 찾았으며, 1943년 포스터 〈궁핍으로부터 해방된 순간Freedom from Hunger〉을 통해 행복한 가정의 신화를 백인 중산층 가족의 심상을 사용하여 상징적으로 대변하였다. 즉, 하얀 울타리가 있는 교외 전원주택에 살면서, 하얀 앞치마를 둘러 맨 주부가 하얀 레이스 식탁보로 덮인 식탁을 둘러싸고 앉아 있는 깔끔한 양복을 입고 지긋이 미소 짓고 있는 남편, 아들, 딸, 친지들의 앞에 하얀 접시에 담긴 먹음직스런 커다란 칠면조를 막 내려놓으려는 순간이 바로 미국의 보통 사람들이 꿈꾸는 행복이자 어떤 희생을 치러서라도 지켜내야 할 미국인의 가치라고 제시해 주었던 것이다.

락웰이 제한 '행복한 백인 가정'의 심상은 지금까지도 끊임없이 다양한 패러디가 만들어지고 있을 정도로 미국인들의 문화유전적 경험에 아로새겨져 때로는 긍정적으로 때로는 부정적으로 그들의 집단 무의식을 지배하고 있다.

〈궁핍으로부터 해방된 순간〉(1943)

〈심슨가족의 부활절식사〉(2008)

『훌륭한 주부의 안내서』(1955)의 표지　　　　　〈왈가닥 루시〉의 한 장면

　　1955년 『훌륭한 주부의 안내서Good House Wife's Guide』 잡지의 표지에 등장한 주부 역시 락웰이 제시했던 '행복한 백인 가정'의 상징을 그대로 차용하며 가족 전체를 '양육하는baby' 보통 백인 주부의 생활양식을 제시하고 있다.

　　1951년 처음 방송된 미국의 흑백 티비 시트콤 〈왈가닥 루시I Love Lucy〉는[1] 비록 남편 역할을 맡은 배우의 인종 정체성은 백인이 아니었지만 여전히 『훌륭한 주부의 안내서』 표지에 등장하는 행복한 백인 주부의 전형적인 성역할에 대한 전제에 기댄 작품으로서 미국 내 시청률이 무려

1　총 179편의 에피소드가 방송된 이 작품은 1957년 5월 6일을 마지막으로 막을 내릴 때까지 미국의 대표적인 가족 시트콤이자 한국에도 왈가닥 루시라는 이름으로 번안되어 방영이 되었을 만큼 전 세계적으로 수출되며 대대적인 인기를 누렸다.

68%에 달할 정도였다.

성장기 소녀들은 이처럼 대중매체들을 통해 '보통 여자'의 삶에 대한 메시지, '여자의 인생 목적은 행복한 가정주부가 되는 일'이라는 사회적 담론에 반복적으로 노출되고 그것을 무의식적으로 수용하도록 훈육되었다. 즉 그들은 성인이 되어, 직장인 남편을 만나, 예쁜 아이를 낳고, 하얀 울타리가 처진 아늑한 집을 사서 보통 백인 중산층이 누리는 행복한 가정을 꾸리는 것을 미국여성이 누려야 할 당위적인 행복으로 자연스럽게 수용하였던 것이다. 성인 여자들 역시 그러한 심상에 반복적으로 노출되는 가운데 백인 중산층의 삶이 기준이 되는 '행복한 가정'을 인생의 최종 목적지로 인식하고 그러한 꿈을 성취하고자 가족을 위해 자기 한 몸을 희생하는 일을 마다하지 않았다. 한마디로, 인종과 계층에 상관없이전후 1950년대 미국 여자들은 프로이드 심리학에 기초한 여자의 일생, 즉, 여자로 태어나 가부장의 면모를 갖춘 한 남자와 낭만적인 사랑을 거쳐 결혼을 한 뒤, 그의 아이를 낳아 완벽한 가정을 이루고 현명한 주부이자 어머니가 되어 남편과 자녀를 모성애로 돌보며 사는 것이 여자의 사회적 성공이자 여성의 진정한 행복이라고 여겼던 것이다. 그리고 '진정한 여성성의 신화the Cult of True Womanhood'를 자발적으로 수용하며 그들은 스스로의 존재를 '행복한 여성'과 '불행한 여성' 그리고 '성공한 여성'과 '실패한 여성'의 이분법으로 구분하고 그 두 가지 존재 양식 사이에서 고민하고 갈등하며 '여자'로 태어나 '여성'으로 살아가는 과정에서 수반되는 원초적 고통을 있는 그대로의 삶의 조건으로 받아들이고 있었다.

하지만, 미국의 모든 보통 여자들이 가부장적 사회 권력이 제시하는 획일적인 여성상 그리고 여성의 진정한 행복과 존재 조건에 대해 공감을 하고 있었던 것은 아니었다. 시몬느 드 보부아르Simone de Beauvoir의 대표작『제2의 성The Second Sex』의 영향을 받고 전통적인 가부장제 가족체제에서 여성의 역할 그리고 여자의 진정한 행복에 대해 사유했던 베티 프리단Betty Friedan이 바로 그런 여성이었다. 프리단은 1960년대 초반『여성다움의 신비The Feminine Mystique』를 출간하여 대중매체들을 통해 재현되고 전시되는 '행복한 가정'의 심상들에 이의를 제기하면서 그런 심상들이 오히려 여자의 행복을 획일화하고 여성의 자아 존중감과 독립적 주체 형성에 장애를 일으킨다고 비판하였다. 실제로 프리단은 가족 중심의 삶을 사는 상당수의 중산층 백인 전업주부들을 인터뷰하였는데, 그들은 행복한 가정주부의 면모를 갖추고 가족을 사랑하고 그들을 위해 헌신하는 진정한 여성의 삶을 살아가는 여정에서 내면에 점점 차오르는 외로움과 공허함을 무시할 수 없었다는 속내를 털어 놓았다. 즉 남들이 부러워할 만큼 편안하고 아늑한 집에 살면서 경제적인 여유를 누리고, 직장에서 인정받도록 남편을 외조하고, 아이들을 건강하고 똑똑하게 키우고 있었음에도 불구하고, 그들은 한 여자로서 존재의 충일감을 느끼기보다는 외로움, 무기력감, 우울감과 같은 감정의 그늘에서 벗어나지 못했을 뿐만 아니라 스스로 불행한 존재라고 여기고 있었던 것이다. 더불어 프리단은 남편이 외도를 하거나, 성장한 아이들이 독립하여 집을 떠난 경우 주부들이 느끼는 외로움, 우울감, 서글픔, 원망감, 공허감은 더욱 깊어졌다는 점을 발견하였고, 상당수의 주부들이 부정적인 감정의 파고波高를 극복하지 못하고 약물에 의존하거나 심각한 경우 정신적 질환이 발현되어 정신과적 상담과 치료를 받는 사례도 종종 있다는 점을 파악하였다. 그들은 행복한 가정주부의 외양을 갖추고 가족을 위해 헌신하는 성공적인 삶을 살면서도 종종 내면에서 자아무력감이 점점 커지는 것을 무시할 수 없었던 것이다.

이에 프리단은 '여자'가 진정한 '여성'으로서 행복을 누리는 방법의 토대를 일하는 남편, 헌신적인 아내, 아들과 딸로 이루어진 핵가족 체제에 두는 가부장제 가족체제를 맹렬히 비판하였다. 여자의 유전자 염기배열에 결혼과 가족을 위한 희생을 자발적으로 수용하는 삶의 양식이 프로그램 되어 있어, 여자가 생애주기를 거치는 동안 각각의 성장 단계마다 신비롭게도 그런 '여성다운' 자질을 발현하게 되는 것이 아니는 점을 강조하였던 것이다. 오히려 인터뷰를 실시하고 분석한 결과를 토대로, 프리단은 여자가 소녀의 단계를 거쳐 성인 여성으로 성장하면서 '본능적으로' 결혼을 소원하고, 이후 결혼제도를 거쳐 합법적으로 핵가족을 이룬 뒤 '자연스럽게' 남편과 자녀들에게 모성애를 발휘하면서 여자로서 육체와 여성으로서 정신이 합일되는 느낌을 가지고 행복해 한다는 여성 담론이 가부장적 사회 권력이 여자들을 통제하기 위해 만들어 낸 판타지라는 결론을 내렸다. 실제로 그녀가 이야기를 나눈 대부분의 보통 여자들의 경우, 그들은 대중매체들을 통해 반복적으로 제시되는 '행복한 주부'의 사회적 심상들에 세뇌된 결과 결혼에 대한 로망을 가지고 전업주부가 되었지만, 이후 결혼 생활의 현실을 깨닫게 되자 스스로에게 '행복하다'는 주문을 걸고 살았던 것으로 파악되었기 때문이었다.

프리단이 『여성다움의 신비』에서 지적했던 모든 문제들은 사실상 1950년대와 1960년대 미국 중산층 보통 여자들에게는 피부로 느껴지

던 실제적인 사항들이었다. 앞서 설명한 예시들이 보여주듯이, 가부장
적 사회지도층과 그들의 권력에 협조하는 대중매체들은 남성 중심적 여
성관을 반영한 허구적인 여성 지식을 '여성다움의 신비'로서 맹목적으로
찬양하였다. 그런 가운데 대부분의 여자들에게 '행복한 전업주부'와 '불
행한 독신여성'의 양자 택일만을 제시하고 그들에게 '진정한 여성'의 삶
을 추구할 때 겪게 되는 자기희생의 원초적 고통을 당연히 지불해야 하
는 대가로 여기고 '여성답게' 인내할 것을 강제했던 것이다. 가령, 소녀들
은 사회화 과정을 거치며 자신의 주체성을 가부장적 사회 권력이 제시하
는 진정한 여성의 자질들로 '여성답게' 조형한 뒤 '결혼'이라는 통과의례
를 마치고 '성인 여성'으로서 사회적 공인을 받는 여성의 생애주기를 자
연스럽게 수용한다. 이후 그들은 임신과 출산의 과정을 겪고 어머니로 재
탄생하여 '현모양처'라는 사회적 명예를 얻기 위한 인생 여정을 새롭게
시작하게 된다. 하지만, 이 대장정, 즉, 마지막 순간까지 가족 구성원들을
위해 모성애를 발휘해야 하는 진정한 여성의 삶의 양식을 앞둔 대부분의
초보 어머니들에게 그 삶이 자기애의 유혹에 맞서서 자기희생, 금욕, 참
회의 덕목을 발휘할 것이 요청되는 순례자의 여정이라는 것을 알려주는
사람은 없다. 또한 그 삶이 찰나에 불과한 사회적 인정의 오아시스를 갈
망하며 외로움, 무기력, 우울함, 절망으로 점철된 길고 긴 사막을 초인적
인 인내심을 발휘하며 걸어가야 하는 인생 여정이라는 것을 알려주는 사
람 역시 없다. 그저 그들은 어린 시절부터 귀에 못이 박힐 만큼 자주 들었
던 모성의 신비와 어머니의 고결한 아름다움에 대한 사회적 예찬에 매혹
당한 나머지 자신이 한 가정의 어머니가 된다는 사실에 고무되어 현모양

처의 명예를 그들이 충분히 도전해 볼 만한 가치가 있는 인생 목표로 바라볼 뿐이다.

프리단의 실증적인 사례 분석으로 인하여 '진정한 여성성'의 신화가 보통 여자들의 집단 무의식에 끼치고 있었던 종교적 영향력과 억압적 생산성이 구체적으로 드러날 수 있었던 것은 제2세대 페미니즘의 발전에 있어서 실로 획기적인 사건이었다고 할 수 있다. 그녀의 페미니스트 의식 덕분에 여성의 사회적 역할이 오로지 현모양처에 한정될 때 발생하는 주부들의 가벼운 심리적 장애들, 공허감과 우울증으로 인한 성 집착증과 약물 의존증의 심각한 정신적 질환들, 자녀 집착, 학대, 방치로 이어지는 소위 '여성들의 문제'에 대한 그간의 사회적 침묵의 카르텔이 깨어질 수 있었고, 이 문제에 대해 사회전체가 관심을 가져야 한다는 공론이 형성되었기 때문이다.

물론 프리단이 『여성다움의 신비』의 말미에 제시한 해결책, 즉, 가사활동을 자아실현으로 여기지 말 것, 결혼과 어머니 되기가 인생의 종착점이 아니라는 점을 깨우칠 것, 지적인 소양을 계발하는 일에 게으르지 말고 뭔가 본인에게 의미있는 일을 찾아 나설 것 등등은 지금의 독자들에게는 매우 식상한 소리로 들릴 수 있다. 하지만 당대 사회적 로망이 '행복한 주부'가 되어 '완벽한 가정'을 꾸리는 것이었다는 점을 고려한다면, 프리단이 누구나 꿈꾸는 '여성의 사회적 성공'을 이루어낸 여자들이 행복의 절정기에서 진정한 행복감을 느끼지 못한다는 역설을 분석해 낸 것은 매우 혁신적이었다고 평가할 수 있다. 나아가, 그녀가 사회의 지탄이 두려워 우울증을 감추려는 다수의 보통 여자들의 존재를 지적하고, 그들이 겪는 고통의 원인을 분석해 주고, 그들의 증세를 나열해 주고, 치유 방안을 제시하였던 것은 제2세대 페미니스트 운동의 핵심을 예증해 주는 것이었다. 그만큼 프리단은 자신의 전문적인 지식을 사회 전체로 확산하고 보통 여자들과 지적인 연대를 이룸으로써 제2세대 페미니스트 운동을 사회변혁 운동의 일환으로 확장시키는데 매우 중요한 기폭제의 역할을 하였다고 할 수 있다.

케이트 밀레트Kate Millet 역시 가부장적 사회 권력이 구성했던 남녀 간의 이성애 로망에 이의를 제기하고 제2세대 페미니스트 운동의 기폭제 역할을 톡톡히 하였다. 밀레트가 1970년 출간했던 『성의 정치학Sexual Politics』은 프리단의 『여성다움의 신비』만큼이나 학계의 주목을 받으며 1960년대와 1970년대로 이어지는 급진적인 페미니스트 담론을 추동하였기 때문이다. 이 저서에서 밀레트는 D. H. 로렌스D. H. Lawrence, 헨리 밀러Henry Miller, 노만 메일러Norman Mailer와 장 쥬네Jean Genet의 작품들을 비교 분석하고, 여성의 근본적인 해방은 성정체성과 결혼문제에 있어서 여자들이 자유의지와 선택권을 부여받는 것에서 시작된다고 주장하였다. 특히, 밀레트는 로렌스, 밀러, 메일러가 작품에 등장하는 남자 인물에게 너무나 강렬하여 이성적으로 통제할 수 없는 리비도를 부여하고 여자 인물이 그의 야성적 에너지에 자석처럼 이끌리는 남근-중심적 이성애를 낭만적 사랑의 핵심으로 제시하는 점을 문제로 삼았다. 그리고 여자들이 진정한 자유를 얻기 위해서는 무엇보다도 이러한 남근-중심적 이성애의 판타지로부터 해방되어야 한다는 매우 급진적인 페미니스트 담론을 펼쳤다.

또한 밀레트는 남자가 강력한 리비도로 여자를 육체적, 심리적으로 정복하는 관계를 토대로 성립되는 가부장제 가족체제는 밖에서 일하는 아버지와 가정을 돌보는 주부의 성역할을 위계적으로 만들 수밖에 없다는 입장을 내세웠다. 부모의 남녀 구성의 원칙과 이성애적 사랑의 원칙에 따른 성역할 모델을 보고 자란 자녀들은 자연히 남녀 간의 성차별을 그대로 재생산하게 될 뿐만 아니라 동성애자들 사이의 결혼이나 동성의 부모 구성을 비정상적인 것으로 억압하고 차별하게 된다는 것이었다. 밀레트의 급진적인 레즈비언 페미니스트 주장은 사회적으로 커다란 파장을 일으켰으며, 이후 '보수적인' 일반 대중들로 하여금 제2세대 페미니스트들에게 '급진적인', '좌파', 혹은 '정치적'이라는 매우 부정적인 낙인을 찍게 하는 상황을 초래하였다.

하지만, 동시에 밀레트의 『성의 정치학』은 제2세대 페미니스트 운동에 긍정적인 효과를 가져 오기도 하였다. 그녀의 급진적 페미니스트 담론 덕분에 1960년대 말, 1970년대로 이어지는 제2세대 페미니즘은 폭넓은 사회적인 관심을 끌면서 '여성적 존재'의 인권과 자유를 주장하는 사회비평 담론으로서 외연을 확장할 수 있었으며, 정치적인 행동주의political activism의 차원을 추가하며 실제적인 사회변화를 추동해내는 비평이론으로 진화하였기 때문이다. 다시 말하여, 제1세대 페미니스트들에게 여성의 존재양식을 '천사'와 '악마'의 이분법으로 제시하는 가부장적 사회체제의 여성담론에 대항하는 것은 매우 중요한 투쟁 의제였다. 가령, 그들은 남성 작가들이 여성을 순결하고 무성애적인 존재로 바라보면서 헬렌과 같이 뛰어난 미모의 여성이 성적인 욕망을 가졌기에 한 나라에 비극이 초래될 수밖에 없었던 것이라고 해석하는 태도를 비판하였다. 더불어,

그들은 남성 비평가들이 성모 마리아의 이타적인 모성애를 여성이 구현할 수 있는 최고의 덕목이자 아름다움으로 칭송하면서 살로메와 같이 자신의 성공을 위해 남자를 희생한 것이 결국 사회 전체에 재앙을 가져왔다고 해석하는 태도 역시 비판하였다. 그들이 보기에 이러한 이분법적인 여성 담론은 지극히 단순하고 허구적인 남성중심적인 판타지에 근거하고 있어서 여성의 성애와 사랑을 둘러싼 복잡성을 설명할 수 없었기 때문이었다. 그러므로, 그들은 여자들의 교육권·참정권 및 투표권과 같은 정치적인 의제를 설정하고 가부장적 권력을 향해 목소리를 높이는 캠페인을 실시하였을 뿐만 아니라 여성의 젠더와 성애 및 이혼권에 대한 전반적인 사회 인식의 변화를 촉구하는 의식 함양 운동을 함께 펼쳐나갔다. 이제 제2세대 페미니스트들은 1세대 선조들의 의제를 확장하여 이성애와 동성애의 이분법 역시 남성 중심적 이성애에 근거한 판타지라고 지적하면서 성애의 구별을 없애고 동성애를 사회적으로 인정해 줄 것을 촉구하였다. 뿐만 아니라, 그들은 흑인과 유대인 인권 운동가들과도 연대를 하며 페미니스트 운동을 사회적으로 취약한 '여성'의 위치에 놓이는 존재들, 즉, 성 소수자들, 인종적 약자, 도시 빈민 전체의 자유, 평등, 행복 추구권을 요청하는 포괄적인 사회변혁 운동으로서 진화시키고 투쟁의 전선을 확장하는 계기를 마련하고자 하였다.

특히, 아드리안 리치나 앨리스 워커Alice Walker, 폴라 건 앨런Paula Gunn Allen, 오드리 로드Audre Lorde와 같은 유대계, 아프리칸계, 원주민계 페미니스트들과 레즈비언 페미니스트들은 학계, 문단계, 문화예술계에서 실제 비평을 수행하면서 자신들의 급진적인 페미니스트 전망을 담은 저작물의 출판과 유통에 적극 관여하였다. 가령, 그들은 어떤 식으로 가부장적 사회 체제가 이성애에 근간한 전통적인 가족주의와 성역할 담론을 생산, 유통, 재생산하는지, 그러한 담론들이 어떤 식으로 비백인 여자들의 외면적 삶의 양식과 내적 심리를 억압하고 통제하는지를 분석하였다. 또한 그들은 학계와 문화예술계의 가부장적 사회 권력이 학술활동과 정치활동을 구별 짓고 예술과 정치의 영역을 분리하면서 학계와 예술계 구성원들로 하여금 "소위 중립적이거나 객관적인"(Moi, 118) 시선을 유지할 것을 강제하는 처사에 대해 적극적으로 저항하며 다양한 '여성'의 위치에 놓인 집단들과 사회변혁을 위한 하나의 정치적 세력을 형성하였다. 그들의 전투적인 페미니스트 정신과 적극적인 비평 활동 덕분에 제2세대 페미니즘은 '차별의 정치학'을 드러내는 문학과 문화연구의 새로운 분파로서 뿌리를 내릴 수 있었던 것이다.

그렇다면, 제2세대 페미니즘이 제1세대 페미니즘에서 진화하여 여자들뿐만 아니라 남자들도 차용할 수 있는 포괄적인 사회 비평의 이론이자 인간의 자유로운 존재양식을 사유하는 이론적 틀로서 발전하게 되었다는 사실은 지금 한국 사회에서 페미니스트 전망의 유효성을 사유하는 우리에게 어떤 의미를 던져줄 수 있을까? 모이는 제2세대 페미니즘을 특징짓는 열쇠말로서 "차용appropriation"(118)을 꼽는다. 그 이유는 이 시기의 페미니스트 비평이론가들이 역사 전반에 걸쳐 강력하고 지배적인 영향력을 행사해온 가부장적 권력의 본질과 속성을 분석하고 드러내기 위하여 기존의 남자 이론가들의 비평 시각을 창의적으로 변용하였기 때문이다. 나중에 리치의 레즈비언 페미니즘을 설명할 때 다시 언급하겠지만,

이미 인류 문명은 가부장제 가족체제를 근간으로 진화해 왔으며 남성 중심적인 시선과 경험을 반영하는 언어와 상징체계를 운용해 왔다. 그렇다면, 서양이든 동양이든 우리의 시선은 이미 언제나 가부장적 사회 권력의 시선과 상징체계에 '오염되어' 있으며, 여성해방을 주장하는 페미니스트들이라고 해서 '완벽하게 순수한' 여자들만의 언어와 여성적 상징체계 그리고 여성적 비평 시선을 창안해 낸다는 것은 불가능할 것이다.

가령, 모이가 지적하였듯이『제2의 성』을 집필한 보부아르는 장 폴 사르트르Jean Paul Sartre의 사유와 분류법에 영향을 받았으며, 존 스튜어트 밀John Stuart Mill은 남자이자 이성애자였음에도 불구하고 가부장적 사회체제가 여성에게 가하는 억압의 현실을 파헤치는 페미니스트 사유와 실천을 보여 주었다. 이미 1843년 마가렛 풀러Margaret Fuller가 핵심을 찔러 말했듯이 사실상 우리가 사는 세상에는 순수하게 남성적인 남자도, 순수하게 여성적인 여자도 없는 것이다. 현재의 과학이 풀러의 주장을 증명하는 바, 남자와 여자는 모두 나이를 먹어감에 따라 남성 호르몬과 여성 호르몬의 분비량 증감을 겪고 그에 따라 남성적 자질과 여성적 자질을 드러내게 된다고 한다. 특히 "남성 호르몬은 20세에 절정을 이루다가 이후 꾸준하게 감소하는데 특히 중년이 되면서 눈에 띄게 줄어"드는 반면 "여성 호르몬은 꾸준히 분비"되어 남자들이 중년이 되면 "여성 호르몬이 남성 호르몬을 압도해" 감정에 휘둘리고, 우유부단하거나 소심하게 되는 등 소위 부정적으로 여겨지는 여성적 자질들을 드러낸다고 한다.[2]

---

2   권순일, 「남자가 눈물이 많아지는 이유」, 『코메디닷컴뉴스』 온라인판, 2017년 3월 29일 접속. http://www.kormedi.com/news/article/1222640_2892.html

이처럼 남자 지식인들과 여자 지식인들이 정신적으로, 육체적으로 여성성과 남성성을 가로지르며 사회적 젠더 의식에 창의적인 변용을 가하는 가운데 2세대 페미니스트들은 보다 나은 삶, 보다 자유로운 삶, 보다 인간다운 삶을 지향하는 사회변혁의 전망을 이루어 내고자 고군분투하였다. 그렇다면 현 시대의 페미니스트 역시 근본적으로 순수하게 여성적인 전망, 즉, 가부장적 사회 권력이 이전에 상상한 적이 없었던 완전히 새로운 여성의 존재양식을 창안하기보다 리치가 그랬던 것처럼 기존의 남성/여성의 사회적 관념과 이항대립적 상징체계를 보수하는 사회적 의식의 변화를 주도하는 쪽을 지향할 필요가 있을 것이다. "어떤 비평이론이 남자들에 의해 혹은 여자들에 의해 형성 되었는가"(Moi, 118)를 구별하고 한쪽의 성을 배제하기보다는, 특정한 이론이 주어진 상황에서 보다 자유로운 존재양식과 사회변혁의 담론을 생산하는 데 영감을 주는가, 아닌가를 파악하고 창의적으로 변용하는 작업이 보다 실제적인 효과를 가져 올 수 있을 것이기 때문이다.

  예를 들어, 다른 레즈비언 페미니스트들과 달리 리치는 미국문학과 문화의 백인 남성중심성을 해체하는 데 초점을 두기보다는 백인 남성 위주로 치우친 미국의 역사와 상징체계를 보수할 수 있는 방안을 모색하였다. 그리고 레즈비언으로서 자신이 겪는 개인적인 경험이 사회적 소수집단을 포함하는 여성적 존재에 대한 당대 사회의 대중적인 의식의 각성에 연결될 수 있도록 끊임없이 개인의 벽을 허물고 시인의 사회적 책임감을 실천하는 역사적 감각을 보여주었다. 그녀가 보여준 자기 초월의 의지, 자발적 연대의지, 그리고 민주 공동체를 향한 결속감의 모범적 사례는 지금의 우리가 무엇을 바라보고 걸어가야 할지에 대해 영감을 주기에 충분하다.

지금까지, 저자는 페미니즘이 1세대에서 2세대로 진화해 온 과정을 개관하고 1960년대 말부터 시작된 제2세대 급진적 페미니즘의 주요 쟁점들을 설명하였다. 독자들은 이제 왜 자신이 그간 페미니즘의 비평적 가치를 이해하고 지지를 보내면서도 '나는 페미니스트야'라고 선언하기 어렵게 느꼈는지, 그리고 '페미니스트'를 급진주의자 혹은 "정치적인 맥락과 함의를 분명하게 드러내는"(Moi, 119) 정치 행동가로 자동연상하게 되었는지 이해할 수 있을 것이다. 또, 한국역사의 맥락에서 한국의 페미니스트들 역시 페미니즘을 차별받는 여성에 초점을 맞추는 사회 비평의 틀이나 예술 창작의 시각으로 사용하기보다는 보수적인 사회 권력의 탄압을 받는 '여성적 존재'의 인권에 초점을 맞추는 정치적 인식의 틀이나 정치적 담론으로 활용하였는지 이해할 수 있을 것이다. 하지만 서양이든 동양이든 제2세대 페미니스트들 덕분에 현재의 우리는 그들과는 다른 세대로 진화하였고, 그들이 침묵의 카르텔을 깨고 목소리를 높였던 덕분에 지금 우리는 가상 광장이든 현실 광장이든 공론의 장에서 우리 자신의 목소리를 높이는 것을 조금 덜 위험하게 여기는 시대를 살아가고 있다. 그들 덕분에 우리는 누군가가 '나는 페미니스트야'라고 말하는 것에 대해 덮어놓고 귀를 막고 반론을 펴기보다 일단 관심을 가지고 무슨 말을 하는지 바라봐 줄 수 있는 관용을 베풀 수 있는 세대로 진화한 것이다.

이제, 우리는 어떤 발화자가 '나는 페미니스트야'라고 말할 때, 그 사람이 그저 단순하게 예술과 정치의 영역을 구별하며 순수 학문과 순수 예술만을 옹호하는 가부장적 사회 권력을 향해 또 하나의 시선을 제안하고 대안 담론을 만들고 싶다는 꿈을 표명하는 것이라고 이해해 줄 수 있을 것이다. 또, 우리는 그 발화자가 삶에서 '여성적인 존재'에 대한 차별, 억압, 부정의 현실을 목격했을 때, 외면하고 침묵을 지키는 자발적 정치 무자격자가 되기보다 '더 이상 참을 수 없다'는 분노를 느끼고 변화를 일으키고 싶다는 마음을 표명하는 것이라고 이해해 줄 수 있을 것이다. 또, 우리는 그 발화자가 사회변혁의 갈증을 느끼지만 자기만의 창의적인 방식으로 그 갈증을 해소하고 싶어서 그 열정을 표현하는 것이라고 이해해 줄 수도 있을 것이다. 지난 해 우리는 그 누군가가 두렵지만 광장에 나와 '나는 무엇이다'라고 말할 때, 그 내용이 상당히 격렬하든 혹은 그리 거창한 것이 아니든 그의 말을 기꺼이 들어주는 시민 공동체의 경험을 맛보았기 때문이다. 우리가 그 누군가의 말을 들어주는 귀가 되고, 그 누군가의 꿈에 공감해 주는 입이 되고, 그 누군가의 실천에 동조해 주는 손이 될 때, 우리는 랑시에르가 말한 정치적 주체가 되는 것이고, 리치가 말하는 모성 경험의 주체가 되는 것이며, 결국 과거와는 조금 달라진 세상이 펼쳐지는 것을 꿈꾸는 페미니스트 주체가 될 것이기 때문이다.[3]

실제로, 제2세대 페미니즘이 새로운 비평이론으로 안착한 뒤, 1970년대와 80년대 다양한 인종의 페미니스트들이 '나는 페미니스트야', '나는 흑인 페미니스트야', '나는 유대계 페미니스트야', '나는 레즈비언 페미니스트야', '나는 흑인 유대계 레즈비언 페미니스트야'라고 당당하게 선언하고 비평이론 작업과 사회적 앙가쥬망을 실천하였다. 사실, 아직 성 소

---

3   쟈크 랑시에르와 정치적 주체에 대해서는 저자의 졸작 『우리시대 대중문화와 소녀의 계보학』 참조.

수자와 유색 인종에 대한 사회적 편견과 차별이 굳건했던 영미 유럽권의 가부장적 사회체제 내에서, 그들은 자신이 전개하는 급진적 페미니스트 담론과 비평 작업 그리고 정치적 행동이 자신의 생존을 위협에 처하게 할 수 있다는 점을 매우 잘 인식하고 있었다. 예컨대, 그들은 자신들이 몸담은 학계에서, 문단계에서, 문화계에서, 예술계에서 소외되거나, 직업을 잃거나, 좌파로 블랙리스트에 오르거나 정치적으로 탄압을 받는 매우 위험한 지경에 처할 수 있었다. 또, 그들은 자신이 열정적으로 헌신한 비평 작업과 사회적 실천이 성 정체성과 인종 정체성 때문에 한 순간에 무가치한 것으로 폄하되거나 무모한 도전으로 비하될 수 있다는 점을 잘 알고 있었다. 이처럼, 인종과 성정체성의 면에서 가장 극단적으로 헐벗은 존재였음에도 불구하고 그들은 위험을 무릅쓰고 각자가 속한 여성적 집단을 위해 '제 목소리 찾기', '침묵의 카르텔을 깨트리기', '두려움 없이 속내를 말하기'를 실천할 수 있었다. 리치의 비유를 들자면, 그들은 먼지로 가득 찬 광산에 들어가 광맥을 발견하고 원석을 파내는 광부처럼, 손을 다쳐가며 다이아몬드 원석을 가공하여 아름다운 작품을 만들어내는 세공사처럼, 깊은 바다 속에 잠수하여 난파선 속에서 너덜너덜 형체만 남은 유골을 건져내는 잠수부처럼, 열정적으로 LGBT^{Lesbian, Gay, Bisexual, Transgender}를 포함한 모든 '여성적인 존재'를 표현할 수 있는 새로운 언어를, 새로운 개념을, 새로운 상징체계를, 새로운 의미화의 과정을 만들어 내고자 헌신적으로 노력하였던 것이다.

이들 외에도, 프로이드, 라캉, 데리다의 철학과 이론을 창의적으로 차용했던 헬렌 식수^{Helen Cixous}, 루스 이리가레^{Luce Irigaray}, 줄리아 크리스

테바Julia Kristeva가 있었기에, 해럴드 블룸Harold Bloom의 비평이론을 차용한 샌드라 길버트Sandra Gilbert와 수전 구바Susan Gubar가 있었기에, 그리고 『Ms』잡지를 창립한 글로리아 스타이넘Gloria Steinem이 있었기에, 우리는 여성적 존재의 시각과 언어가 남성적 존재와 어떤 차이점을 보이는지, 어떤 다른 의미화의 과정을 추동하는지, 가부장적 권력에 의해 화형을 당한 '마녀'들과 다락방에 유배된 '미친' 여자들이 어떤 정치적 의미를 가지고 있는지, 이성애 중심적인 낭만적 사랑과 전통적인 가족의 개념과 부모의 성역할이 여자들에게 어떤 종류의 통제와 억압을 재생산하는지 이해할 수 있게 되었다. 아마도, 제2세대 페미니스트들이 속했던 시대와 그들이 당면했던 위험들과 그리고 그들이 이루어낸 성과들을 다시 바라본다면, 그리고 우리가 속한 시대와 사회 현실에서 고유하게 발견되는 침묵의 상황들과 조건들에 대해 진지하게 바라보고 목소리를 내는 노력을 한다면, 우리는 리치가 말했듯 여자로서 "육신의 평안을 위해" 그리고 여성으로서 "정신의 재구성을 위해" 지금 필요한 한국식 페미니즘의 파장을 만들어 낼 수 있을지도 모른다. 우리에게 허용된 도구들을 이용하여 속내를 말하는 법을 배우다 보면 지금 당장 우리 눈앞에 성과가 보이지 않더라도 우리도 모르는 사이에 여성으로서 여자를 살리는 법을 터득하게 될지 모른다. 주인의 집이 오래됐지만 아직 건재하다면 굳이 불도저로 밀어 흔적을 없애버리는 것보다 낡은 구조를 보수하여 우리가 도전했던 전통과 이루어낸 새로운 성취를 기억하는 것도 나쁘지 않을 테니 말이다.

2. 여자 / 여성 Female / Femaleness

일반적으로 '여자'란 생물학적 성별을 지칭할 뿐만 아니라 신체적 특징으로 인해 여자들이 수행하는 기능과 경험들을 의미하며, '여성'은 이러한 '여자'의 조건을 가졌기 때문에 사회적으로 기대되는 여성적인 속성과 자질들을 포괄적으로 의미한다. 즉, 생리와 순결함, 여성적 육체미와 이성애, 남자와의 결혼과 가사활동의 역량, 임신, 출산, 양육과정과 모성애 등등 여자의 신체적 조건과 그로 인해 계발하게 되는 추상적인 자질을 의미하며 종종 사회적 관념인 '여성성'과 모호하게 혼용되곤 한다. 그러므로 제2세대 페미니스트 비평가들 사이에서도 '여자'의 생물학적 특징과 신체적 자질들 그리고 사회적인 관념인 '여성'에 근간한 성역할과 경제활동을 둘러싸고 다양한 층위에서 발생하는 차별과 억압의 양상들을 분석하는 가운데 종종 입장의 차이가 발생하곤 한다.

우선, '여자' 작가가 '여자' 인물을 주인공으로 삼아 그간 문학의 소재로 삼아지지 않았던 '여성'의 경험을 묘사한다고 할 때, 우리는 그 작가가 페미니스트의 전망을 실천하고 있다고 말할 수 있을까? 일단 제2세대 급진적 페미니스트들의 시선에서 볼 때, '꼭 그렇지만은 않다'가 대답일 것이다. 여자 작가라도 가부장적 사회체제와 지식 권력이 규범으로 제시하는 여성의 생애 주기, 즉, 낭만적 이성애를 거쳐, 일찍 결혼하여 자녀를 낳아 양육하고 남편을 외조하며, 세파를 거치면서도 가정을 돌보며 행복감을 느끼는 여자 인물을 진정한 여성의 상징으로 긍정적으로 제시할 수 있기 때문이다. 또, 이런 '정상적인' 여성의 삶을 거부하고 자아실현을 중시하는 여자 인물을 '비정상적'이고 이기적인 독신녀로 제시하여, 남자 작가들이 흔히 그러하듯, 그녀가 직업세계의 경쟁에 내몰리고 결국 패배를 당하는 과정을 보여주는 가운데 독신 직업여성에 대한 부정적 시선을 재생산할 수 있기 때문이다. 혹은 그 두 여자 인물들의 전형적인 삶의 양식을 대비하며, 자아실현의 욕망을 포기하고 현모양처로서 가족을 위해 희생하는 여성을 아름답고 훌륭한 진정한 여성의 이상으로 제시하고 전통적인 가족관과 정형화된 성역할을 재생산하는 경우도 있기 때문이다.

가령, 제2세대 급진적 페미니즘의 맥락에서 보자면, 우리에게 매우 친숙한 『작은 아씨들Little Women』은 페미니스트 소설이라고 단정적으로 평가하기 힘들 것이다. 즉, 루이자 메이 알코트Louisa May Alcott는 여자 작가로서 자애롭고 헌신적인 어머니의 훈육을 받고 자라는 네 자매의 인생 서사를 그리는 가운데 19세기 미국 중상류층 가부장적 사회의 여성 인식, 즉, 이성애적 사랑과 결혼과 출산을 통한 여성의 삶의 완성이라는 가치를 대변하고 있기 때문이다. 물론 혹자는 이 작품이 여자들의 경험과 정서를 중심으로 서사가 구성되어 있다는 점, 그리고, 알코트가 당대로서는 보기 드문 새로운 여성 인물 '조Jo'를 창조해 냈다는 점을 들어 그녀가 페미니스트 의식을 몸소 문학적으로 실천한 것이라고 주장할 수 있다. 그리고 확실히 『작은 아씨들』에 등장하는 '조'는 사랑과 결혼 문제에 있어서 매우 주체적이고 신중한 모습을 보여주고 있으므로, 어떤 면에서 알코트가 당대에 모범으로 제시된 여성의 인생과 행복에 대해 사유하며 대안적인 여성상을 제시하였다고 볼 수 있다. 그럼에도 불구하고, 『작은 아씨들』의 서사를 통해 제시된 '조'의 신중한 선택과 주체적인 삶은 결코 기존 가부장적 사회의 여성 인식과 담론에서 벗어나지 않는다. 여자의 행복과 결혼을 등가물로 여기는 태도, 든든한 남편에 대한 이성애적 사랑과 현모양처의 역할을 자연스럽게 수용하는 태도, 가족 구성원을 위해 이타적인 희생과 헌신적인 모성애를 발휘하는 것을 여성의 지고지순한 덕목과 가치로 제시하는 태도 등등이 그러한 한계를 예증해 주고 있기 때문이다.

그러나 제1세대 페미니스트의 시선에서 보자면, 이 소설은 페미니스트 소설에 해당한다. 알코트는 그간 여자 주인공의 서사에서 표현되거나 자세히 조명되지 않았던 여자만의 경험들과 내적인 심리 그리고 복잡한 정서를 표현하고 서사를 통해 구체화함으로서 여성의 내면 심리를 보다 사실적으로 제시하고, 보다 긍정적으로 조명하였기 때문이다. 또한 알코트는 조를 '생각하는 여자'로 제시하고 고등교육에 대한 갈증을 해소하기 위해 애를 쓸 뿐만 아니라 남자와의 결혼보다는 다른 여자들과 연대하는 삶을 지향하고 여성의 자율권을 강조하는 인물로 구성하였다는 점을 고려해 볼 때 그녀가 '조'라는 여성 인물을 형성하는 과정에서 초창기 페미니스트들의 소위 의식함양female empowerment 운동을 지지하는 태도를 반영하고 있다고 볼 수 있기 때문이다.

두 번째로, 어떤 여자 비평가가 기존의 문화사 혹은 문학사에서 저평가 되었던 여자 예술 창작자들의 계보를 밝혀내는 작업을 하거나 작가의 성별에 구분을 두지 않고 여성 중심적 경험들을 담은 작품들을 비평하는 작업을 수행할 때, 그러한 활동은 페미니스트 정치의식을 담고 있는 것일까를 질문해 볼 수 있다. 모이는 '여자'라면 누구나 공통적으로 가지는 여성적 경험들을 분석하면서 페미니즘을 실천하는 것으로 여기는 비평 이론가들에 대해 "정치적으로 순진하고 이론적으로 무지한" 태도를 가진 것으로 파악하였다(121). 저자 역시 한 사람이 다른 사람과 같은 혹은 유사한 경험을 했다는 사실이 두 사람이 정치적으로 공통된 입장을 가질 것이라는 결론을 도출할 수 없을 것이라는 점에 동의를 한다. 가령, 결혼을 취업활동으로 여기는 '여자 1'과 순수한 사랑의 완성으로 보는 '여자 2'가 있을 때 그 두 사람은 비록 '결혼 생활'이라는 공통된 경험을 하게 되더라도 '결혼 생활'에 대해 공통된 정서적 반응을 보이지 않을 것이다. 마찬가지로, 대부분의 여자들이 결혼을 하고 임신을 하여 출산의 고통을 경험하더라도, 그들이 똑같은 정도로 자기를 희생하는 모성애를 발현하여 헌신적인 어머니의 역할을 수행하고 그런 여성적인 삶에 대해 공통적으로 충만한 행복감과 신성한 가치를 부여할 것이라고 예상할 수 없다. 그렇기에, 모이와 같은 제2세대 페미니스트들은 남성 중심적 시선으로 형성되어 온 기존의 문학사나 예술 전통에서 소외되거나 저평가를 받았던 여성 작가들을 발굴해 내어 계보를 형성하고 기존의 정전의 영역을 확대하는 작업은 제1세대 페미니스트 운동의 여성의 의식함양 캠페인의 맥락에서 의미가 있는 정도라고 평가하였다. 그들은 그러한 비평작업을 수행하더라도 여자 비평가가 이성애 중심주의와 전통적인 가족관과 정형화된 성역할 의식에서 벗어나지 못한 채 가부장적 여성담론을 재생산할 수 있다는 점에 대해서 경계하고자 했기 때문이다.

유사한 맥락에서, 제2세대 페미니스트들은 남성 중심적 역사 속에 여자들의 존재를 가시화 하고 그간 말해지지 않았던 여성의 경험들을 기록하는 작업 역시 의식함양 캠페인으로서 의미를 인정하였지만 동시에 그러한 작업이 기존의 가부장적 여성인식을 해체하는 정치의식을 명확하게 공명해야 할 것을 지적하였다. 반면에, 그들은 어떤 여자 비평가가 남성의 시선에서 그려진 여자의 사랑, 결혼, 임신, 출산, 모성애 등등에 대해 검토하며 가부장적인 전제들의 억압적 양상들을 분석해 내거나, 혹은 그간 여성 작가들의 작품들이 '소품' 정도로 취급되거나 저평가를 받았던 근본적이 이유가 남자 비평가들의 가부장적인 태도와 남근 중심적 비평시각 때문이었다는 점을 분석해 내거나, 또는 여자 인물의 구성 방법이나 성장 서사를 전개하는 방식에 함축되어 있는 남근-중심적 성차별의 시선을 분석해 내는 경우, 그러한 비평 작업은 페미니즘 담론의 핵심인 사회변혁을 위한 정치적 실천의 면에서 매우 중요하다고 평가하였다.

마지막으로, '남자가 페미니스트가 될 수 있는가'의 문제에 대해 제2세대 페미니스트들은 긍정적인 태도를 보였다. 물론 그들 역시 어떤 한 남자가 여자들이 여성으로서 경험하게 되는 구체적인 성차별의 상황과 그로 인한 정신적, 정서적 억압의 양상들에 대해 여자들과 똑같은 심리적 반응을 가질 수 없을 것이라는 점을 인정하였다. 하지만, 그들은 앞에서 지적한 대로, 거의 모든 여자들이 공통으로 겪는 경험에 대해 그들이 똑같은 반응을 하지 않는다는 점을 들면서 남자들 역시 남성적 심리를 가지고 있다고 해도 페미니스트의 정치의식을 가질 수 있다고 보았으며, 페미니즘에 우호적인 남자 이론가들, 비평가들, 예술가들과 얼마든지 연대를 할 수 있다고 보았던 것이다. 다만, 그들은 가부장적 사회체제와 상징 및 언어의 의미화의 과정이 남성 중심적으로 구성되고 유지된다는 근본적인 문제를 지적하면서, 남자 페미니스트들이 여자 페미니스트들과는

"다른 위치[와 입장]에서 말한다"(Moi, 122)는 점을 항상 인식해야 할 것이라고 주장하였다. 또한, 그간 여자 페미니스트들이 남성 중심적인 학계, 문화예술계에서 어렵게 마련해 놓은 "지적·문화적 공간"에 남자 페미니스트들이 "억지로 비집고 들어" 올 때에는 그들이 사회적 성담론의 변혁을 위해 "진정으로 기여를 하고 있는지 항상 자문해야 할 것"(Moi, 122)이라고 지적하였다. 결국, 성별에 관계없이 페미니스트로서 페미니즘의 담론을 확장하고자 하는 비평 이론가들, 예술가들, 정치 행동가들에게 엄중한 자기 검열이 필수 덕목으로 요청되었던 것이다.

3. 여성성 / 여성다움—Womanhood / the Feminine

'여성성' 혹은 '여성다움'이란 '여자'의 생물학적 성별과 그로 인한 추상적인 '여성적' 자질들과 별개로 가부장적 사회 권력이 남성 중심적 시선으로 구성한 '여성성'의 자질들을 포함하는 개념이라고 할 수 있다. 앞서 설명했듯이, 가부장적 사회체제 내에서 여자들은 일반적으로 '여자임'을 증명하는 생물학적, 신체적인 특성과 그에 기반하는 '여성'의 특징들, 즉, 소녀의 순결함, 연약함, 그리고 성장한 여성의 굴곡진 육체미, 이성애, 모성애 등등의 자질들을 보여줄 것으로 기대된다. 하지만 가부장적 사회 권력은 여자임과 관련 있는 추상적인 자질들에 남자들이 보기에 '여성답다'라고 여겨지는 임의적인 자질들, 가령, 수동성, 유순함, 복종성, 유약함, 친절함, 부드러움, 사교성, 감정적임, 변덕, 백치미, 명랑함, 외모 가꾸기 등등, 사실상 '남성답다'의 이항대립적 관계에 있는 자질들을 추가하여 여자들 대부분에 대한 사회적 통제를 실행한다.

'여성다움'을 사회문화적 산물로 보는 견해는 일찍이 "누구도 여자로 태어나지 않는다. [다만] 여성이 되는 것이다"라고 주장했던 보부아르에게서도 파악될 수 있다. 제1세대 페미니즘을 거쳐 제2세대 페미니즘을 주도한 급진적 페미니스트 비평 이론가들은 가부장적 사회 권력이 여자들에게 가하는 가시적 성차별과 비가시적 심리적 억압의 본질을 보부아르가 지적했던 '여성-되기'의 규범적 속성에서 찾았던 것이다. 동서고금을 막론하고 가부장적 사회의 지식 권력은 언어와 상징체계 속에서 언제나 '여자임'과 '여성 됨'의 두 관념이 임의적으로 뒤섞인 '진정한 여성성'의 문화적 이상과 미적 가치들을 생산해 왔다. 그리고 생물학적인 공통점만을 가질 뿐인 여자들로 하여금 시대마다 조금씩 내용만 달라질 뿐 본질적으로 변함이 없는 획일적인 여성 담론, '진정한 여성성'의 이념에 그들의 자아를 자발적으로 종속시키도록 유혹하고 있다.

사춘기 소녀가 성인 여자의 '여성다운' 아름다움을 바라보고, 갈망하고, 스스로 그러한 여성성을 체득하고자 실천하는 과정은 결코 그녀에게 강압적으로 느껴지는 사회화 과정이 아니다. 오히려, 그 과정은 여자로 태어난 존재로서 가부장들이 공인하는 '진정한 여성성'을 보이며 성장해 나가는 자연스럽고 설레는 과정으로 여겨진다. 그래서 그 소녀는 평생에 걸쳐 이상적인 여성의 아름다움을 감각적으로 체험하고, 습득하고, 활용하며 '여성다운' 아름다움을 계발한 문명인으로서 주체적인 삶을 살아 나가고자 결심한다. 물론 그 과정에서 그 소녀 다른 소녀들과 달리 자신에게서 여성다운 아름다움이 빨리 드러나지 않아, 그 점에 대해 불안해할 수 있다. 하지만 그 소녀는 자신이 여자인 이상 기본적으로 자신의 내면 어딘가에 '여성다운' 아름다움으로 진화할 수 있을 본질적인 자질이 분명히 존재할 것이라고 믿는다. 그래서 그 소녀는 어떻게든 그것을 찾아내고자 하며, 누가 가르쳐 주지 않아도 대중문화의 체험을 통해 여성다운 아름다움을 구성하는 법을 배워 나갈 것이다.

그러므로 제2세대 페미니스트들은 사실상 '여자임'이라는 선천적 사실과 '여성 됨'이라는 후천적 사실은 서로 다른 차원의 심리구조를 발전시키게 되는 것임에도 불구하고, 가부장적 사회 권력은 대부분의 여자들에게 임의적으로 구성된 '여성다움'의 자질들을 '여자임'과 '여성 됨'의 근본이자 핵심인 어떤 실체 혹은 본질로 믿도록 조장한다는 점을 비판하였다. 또한, 이성애 중심의 낭만적 사랑, 전통적인 부모의 역할 분리, 모성의 발휘에 마치 '여성다운' 아름다움의 본질이 배어있는 것처럼 제시하는 가부장적 여성 담론의 임의성을 해체하는 비평을 수행하였다. 그들은 어떤 여자가 우리는 어떤 여자가 임신, 출산, 육아의 과정을 거칠 때, 그녀가 반드시 '여성다운' 본질을 발휘하여 헌신적인 모성애를 보일 것이라는 가부장적 사회의 절대 진리를 참과 거짓 모두가 가능한 상대적인 진리로 변화시킬 수 있었다.

가령, 어떤 여자는 임신, 출산, 육아의 과정을 거치며 성숙한 '여성'으로서 한 차원 더 성숙했다는 충일감을 가질 수도 있지만, 또 다른 여자는 동일한 과정과 경험을 거치면서도 자신이 '여성다움'을 상실했다는 우울감에 시달리거나 문화주체 '아무개'에서 생물학적 존재 '아무개의 어미'로

퇴보했다는 열패감으로 고통을 겪을 수 있다. 또, 어떤 문화권의 여자는 자연스럽게 모성애를 발휘하여 아이를 한시도 곁에서 떼 놓지 않는 문명인이 되고자 하는 반면, 다른 문화권의 여자는 동일하게 모성애를 발휘하는데도 아이를 곁에서 떼어 놓아 아이에게 일찌감치 심리적 독립심을 훈육하는 문명인 되고자 한다. 이처럼 동일한 생물학적 출산을 경험하고 동일한 사회적 모성애를 발휘하는 과정에서 각각의 여자가 획일적으로 반응하지 않는다는 점은 명확하다. 이를 지적하는 가운데 제2세대 페미니스트들은 '여성다움'이 모든 여성에게 본질적인 것이 아니라는 점뿐만 아니라 '여성 됨'의 과정에서 심리적 고통을 호소하는 여자들에 대해 '비정상'이라고 비판할 수 없다는 점을 강조하였다.

다만, '여성다움'의 문화적 관념이 '여자임'과 '여성 됨' 두 가지 차원을 모두 포함하고 있으며, 그 두 차원이 가부장적 사회체제의 유지와 안정을 위해 지식 권력에 의해 필요에 따라 임의적으로 혼합되어 왔다는 점 때문에, 제2세대 페미니스트 비평 이론가들 사이에서도 여성다운 본질에 대한 입장의 차이가 종종 드러나는 것을 알 수 있다. 가령, 식수와 이리가레와 같은 프랑스 페미니스트 비평가들은 "[본질적으로] 여성적인 글쓰기 ecriture feminine"가 있다고 지적하였으며, 이는 여자와 남자의 생물학적 차이와 여성과 남성의 사회적 성역할의 차이로 인한 심리구조가 다르다는 사실에서 기인한다고 주장하였다. 그들이 보기에, 여성 작가는 비록 남근 중심적인 상징체계에서 소외된 아웃사이더 이방인의 위치에 놓여 있지만, 여성다운 언어와 글쓰기를 실천한다면 그들이 사는 세상에 대해 남자들과는 다른 시선을 보여줄 수 있을 뿐만 아니라 그런 가운데 '여자임'

과 '여성 됨'의 의미를 긍정적으로 경험할 수 있을 것이라는 입장을 세웠던 것이다. 가령, 식수는 비평 전략으로서 여성과 남성의 이항 대립적 이분법에 근거한 시각을 해체하고, 여자인 작가가 '여자임'과 '여성다움'을 활용하는 다원적이고 이종적인 글쓰기를 할 수 있다고 주장하였다. 이리가레 역시 가부장적 상징체계 내에서 '여성다움'이 "결핍, 부정적임, 의미의 부재, 불합리성, 혼란, 어두움, 무-존재"로 정의되지만(Moi, 127), 그 이유가 '남성다움'에 대한 이항대립적 관계에 기댄다는 점에 기본적으로 동의를 하였다. 그러므로 그녀는 '남성다움'의 자질로 여겨지는 글쓰기의 행위를 하는 여자 작가들은 본질적으로 여성적일 뿐만 아니라 남성적이기도 한 특징들을 혼합할 수밖에 없다고 보았다. 즉, 남성적 힘을 쥔 여성 작가들의 작품에는 여성과 남성에 관련된 생물학적, 사회적, 문화적 특징들과 혼재되어 나타난다고 분석했던 것이다.

식수와 달리, 크리스테바는 데리다의 해체적 시각을 차용하였다. 그녀는 여성 작가의 작품에서 여성다움의 본질을 정의하려는 시도를 거부하면서 다만 발화의 주체가 점유하는 위치가 여성적인가 아닌가를 분석하였다. 즉 여자 비평가라고 해서 남자 이론가의 이론적 시각을 차용하지 못할 법이 없으며, 그 반대의 상황도 마찬가지일 것이다. 더불어, 여자 비평가가 반드시 여성적인 글쓰기를 하는 것이 아니며, 남자 비평가의 경우도 마찬가지이다. 크리스테바에게 있어서 '여성다움'이 어떤 의미를 이루어 낼 수 있는 지점은 그것이 가부장적 사회 권력의 인정을 받는 발화의 위치에서 말해질 때에 한해서이다. 그런데 이 발화의 위치는 한 곳에 고정된 것이 아니며, 상징체제의 질서 내에서 발화 주체의 입장이 변할 때마다 상응하여 계속 변화한다. 그래서 어떤 여자는 상대 남자에게 매우 '여성다운' 자질들을 보여주면서도 남근 중심적인 상징체계와 의미화 과정을 주도하며 오히려 보다 남성적이고 가부장적인 입장을 취할 수 있다. 반대의 상황도 가능하다. 반면, 어떤 남자는 매우 '남성다운' 자질을 가지고 있으면서도 오히려 상징체제 내에서 여성적인 발화의 위치를 차지하고 그가 생산하는 의미 역시 가부장적 사회 질서 내에서 존중되지 않을 수 있다. 이처럼 크리스테바는 '여성다움'과 '남성다움'은 다만 형이상학적인 이항대립을 구성하고 있을 뿐 정체성의 본질과 무관하다는 입장을 견지하였다.

프랑스 페미니스트들과 달리, 영미권의 제2세대 페미니스트들은 '여자임'과 '여성 됨'에 관련된 담론들과 작품들을 분석하면서 명백히 페미니스트적인 정치의식을 드러내는 점에 초점을 맞추었다. 일레인 쇼월터 Elaine Showalter는 『그들만의 문학*A Literature of Their Own 1997*』 그간 남성 비평가들에 의해 저평가 되었던 여성 작가들의 작품들을 개관하며 몇 가지 시대의 구분을 하였다. 우선 필명으로 남자의 이름을 사용한 조지 엘리엇 George Eliot이나 브론테 자매들처럼 여성다운 주제인 사랑과 결혼을 소재로 삼으면서도 동등한 인격의 남녀가 맺는 관계를 사유하는 정치의식을 보여준 시대, 두 번째로 투표권을 주장하는 페미니스트 운동에 참여하면서 여성의 역할과 삶에 있어서 사회변혁을 주장하는 정치의식을 보여준 시대, 그리고 세 번째로 새로운 예술 창작에 대한 강인한 의지를 보이며 여성의 의식 함양 캠페인을 보여주는 시대로 구분하였던 것이다.

산드라 길버트Sandra Gilbert와 수전 구바Susan Gubar 역시 19세기 여성 작가들의 작품들을 재조명하는 작업을 수행하였다. 그들은 여성 작가들이 당대 가부장적 사회체제 하에서 남성적인 것으로 인식되었던 창조적 상상력과 글쓰기의 재능으로 인해 분열된 자아의식으로 고통을 받으며 그러한 상태를 반영하는 인물들을 창조했다고 분석하였다. 가령, 그들은 여성 작가들이 "천사같은 여성과 괴물, 사랑스런 여주인공, 그리고 분노하는 미친 여자"(Moi, 130)를 동시에 존재시켰다는 점에 주목을 하였다. 여성 작가들이 그러한 인물들을 창조했다는 사실은 여성 작가들의 자아상이 분열되어 있다는 점을 간접적으로 드러낼 뿐만 아니라 그들이 가부장적 사회체제의 차별과 억압에 대해 키워 온 분노를 드러내고 해소하는 전략을 사용한 것이라고 분석하였다. 『제인 에어*Jane Eyre*』에 등장하는 다락방에 감금된 미친 여자 버싸Bertha의 존재를 재해석한 길버트와 구바의 시도는 미국 페미니스트 비평의 대표적인 사례로 여겨질 정도로 대단한 학문적 영향을 미쳤다.

하지만, 리치 포함한 비백인 혹은 유색인 제2세대 페미니스트들이 보기에 프랑스 페미니스트들이나 영미 페미니스트들은 모두 백인 중산층 여자들을 대변하고 백인 중심적 페미니스트 담론을 펼친다는 점에서 한계가 있었다. 특히 앨리스 워커는 '페미니즘' 대신 '여성주의Womanism'라는 표현을 사용하여 흑인 여성들의 페미니스트 정치의식의 차별성을 강조하였다. 즉, 『우리 어머니의 정원을 찾아서*In Search of Our Mothers' Gardens*』에서 워커는 "여성주의자와 페미니스트의 관계는 자주색과 연자주색의 관계에 비유될 수 있다"(xii)라고 설명하고 여성주의가 흑인 여자들의 겪은 성적, 인종적, 계층적 차별의 역사를 반영할 뿐만 아니라, 흑인 인종차별의 상징적인 지역인 남부에서 당당하고, 주체적이고, 강인한 흑인 여성을 지칭하는 표현인 '여성다운womanish'에서 나온 페미니스트 정치의식을 반영한다고 주장하였다. 워커가 여성주의를 주장하며 흑인 여자들의 경험들에 기반한 주체적인 여성의식을 강조한 것은 무엇보다도 미국 흑인들에게는 너무나 뼈아픈 노예제 역사와 관련이 있을 수밖에 없다. 흑인 여성주의자들에게는 일찍이 소저너 트루쓰Sojourner Truth가 노예제 폐지를 주장하며 "나는 여자도 아니란 말인가Ain't I a Woman"라고 목소리를 높이며 백인들이 흑인 여자 노예들에게 가했던 강간과 폭력을 비판했던 역사가 있었다. 뿐만이 아니라, 흑인 여성주의자들은 백인 여자들이 흑인 여자 노예들에게 허용하지 않았던 사랑, 결혼과 가족의 형성, 여성다움의 추구 등등을 인권의 차원에서 당당하게 누릴 것을 주장했던 바가 있었다. 워커 역시 남북전쟁 이후 노예제가 폐지되고 나서도 흑인 여자들이 여전히 인종, 성, 계층의 차원에서 가해지는 차별과 폭력을 더욱 빈번히 노출되어 있다는 점을 지적하였다. 동시에, 흑인들 전체가 낮은 임금을 받고 노동착취를 당하는 프롤레타리아 계층이라는 점을 주목하면서, 워커는 성별을 떠나 백인 중심적 가부장적 사회에서 인종적으로, 계층적으로 '여성적인' 위치를 점하는 흑인 전체의 생존에 헌신적인 노력을 기울이는 작업이 흑인 페미니스트들이 수행해야 할 비평의 핵심이 되어야 한다는 입장을 내세웠다.

한 걸음 더 나아가, 흑인 레즈비언 페미니스트 바바라 스미스Barbara Smith와 오드리 로드Audre Lorde는 워커의 '여성주의'보다 더 급진적인 '흑인 페미니즘black feminism'을 주장하였다. 스미스는 『결코 해롭지 않은 진실 - 1980년대 소설 속의 흑인 레즈비언들The Truth That Never Hurts: Black Lesbians in Fiction in the 1980s』에서 흑인 레즈비언들은 흑인 공동체 사회 내에서 또 다른 남녀 차별과 가부장적 폭력의 위험을 당면하고 있다는 점을 공개적으로 호소하였다. 더불어 그들은 이성애 중심의 흑인 여성지식인 공동체가 백인 중심적 사회에서 그들의 존재를 인정받기 위해 혹은 가부장적 사회 권력으로부터 그들이 백인 여성과 동등한 지적 능력을 가졌음을 인정받기 위해 흑인 레즈비언의 존재를 무시한다는 불만을 토로하였다. 그들은 아무도 관심을 가지지 않는 흑인 레즈비언들의 목소리를 대변하기 위해, '부엌의 식탁 - 유색인 여자들 출판사Kitchen Table : Women of Color Press'라는 출판사를 설립하고 흑인 레즈비언 페미니스트 의식을 담은 저작물들을 적극적으로 출판하였다. 그렇게 그들은 흑인 여성에게 행해지는 백인과 흑인 남성들의 폭력, 강간, 살인 그리고 흑인 레즈비언 여성에게 가해지는 흑인 여성들의 차별에 대해 관심을 촉구하고 흑인 공동체의 근본적인 의식 변화 캠페인을 주도하였다.

확실히 제2세대 페미니스트들의 담론에서 미국인 '여자'로서 리치를 포함한 비백인 혹은 유색인 페미니스트들이 당면했던 '여성적' 현실과 '여성다움'의 관념은 유럽과 영미권 백인 중산층 페미니스트들의 담론에서와 다른 의미를 생산해 낼 수밖에 없었다. 그런 까닭에 제2세대 페미니즘은 프랑스 페미니즘으로, 미국 백인 중산층 여성들의 페미니즘으로, 흑인 중산층 여성들의 여성주의로, 흑인 레즈비언 페미니스트들의 흑인 페미니즘으로, 유대계 페미니즘으로, 원주민 미국인 페미니즘으로 분파되었다. 리치 역시 그녀에게 주어진 유대인의 피와 이혼 후 레즈비언 가모장으로 밥벌이를[4] 하고 시인으로 사회변혁의 가능태를 사유하던 실제 삶을 반영하는 레즈비언 페미니즘을 발전시켰다. 그러므로 저자는 리치의 산문집들, 즉, 『여자로 태어난 것에 관하여 – 경험과 제도로서의 모성*Of Woman Born: Motherhood as Experience and Institution*』(1976; 1986), 『거짓말, 비밀, 침묵에 관하여*On Lies, Secrets and Silence: Selected Prose*』(1966~1978, 1979), 『피, 빵, 시*Blood, Bread, and Poetry: Selected Prose*』(1979~1985, 1986), 『거기서 발견된 것*What Is Found There: Notebooks on Poetry and Politics*』(1993)을 토대로 리치의 레즈비언 페미니즘의 성격과 의의를 조명해 보고자 한다.

사실 리치의 첫 산문집 『여자로 태어난 것에 관하여 – 경험과 제도로서의 모성』이 여자의 사회적 역할인 어머니와 진정한 여성성의 핵심 자질로 칭송되는 모성 제도와 모성의 경험 그리고 '어머니-되기'에 관한 제반 문제들을 다시 바라보는 비평이었다는 점을 고려할 때, 리치의 페미니즘이 근본적으로 '어머니-되기'와 '모성 경험'을 기반으로 한 보통 여자들의 독립자존을 지향하는 사유라는 점이 이해된다. 그럼에도 불구하고, 지금까지 리치의 시와 레즈비언 페미니스트 비평에 대한 연구에서 이러한 점이 강조되지 않았기에, 저자는 리치의 페미니즘의 발전 과정을 그녀의 실제 삶과 연계하여 설명하고자 한다. 그런 뒤, 리치가 레즈비언 페미니즘을 실제 시창작과 비평에 적용하는 방식을 개관하며, 그녀의 페미니스트 비평시각 덕분에 전혀 새로운 모습을 드러내게 된 미국의 대표적

---

4   생계부양자는 영문으로는 'Breadwinner'이지만, 한국에서는 '밥벌이'로 표현하기에 저자는 '빵벌이' 대신 '밥벌이'로 표현한다. 사실, 리치의 산문집의 제목이 『피, 빵, 시』라는 점을 고려하더라도 독자들은 그녀의 페미니즘이 사변적이기보다는 보통 여자들이 실제 삶의 현실에서 고민하고 갈등하는 여성문제를 다루는 생활 페미니즘의 성격이 매우 강하다는 점을 눈치 챌 수 있을 것이다.

여성 시인들과 전혀 관심을 받지 못했다가 새롭게 모습을 드러낸 미국의 여성적 존재들을 소개할 것이다. 마지막으로 리치의 대표적인 문제작 「스물한 개의 사랑시」를 설명하며 레즈비언 페미니즘과 여성의 복수적 존재양식의 관념의 의의를 설명하고, 여성의 근원적 고독감과 원초적 고통을 초월할 수 있는 가능성에 대해 사유해 볼 것이다.

제2장

세 아이의 어머니가 페미니스트 시인이 되기까지

아드리안 리치의 삶과 보통 여자들의 페미니즘[1]

리치는 1929년 5월 16일 미국 메릴랜드 주 볼티모어 시에서 태어났다. 아버지 아놀드 리치Arnold Rich는 존스 홉킨스의대 병리학자였으며, 어머니 헬렌 리치Helen Rich는 피아노 연주자였으나 결혼과 함께 연주를 그만두고 아이들을 키우는데 전념한 전업주부였다. 다소 독단적이고 보수적인 아버지는 두 딸을 문학가로 키우려는 계획을 세우고 각별히 훈육하였다. 그 덕분에 신체적으로 왜소하고 '틱'장애까지 있었던 리치는 어린 나이부터 다방면에 걸친 독서와 습작을 하며 지적 능력과 문학적 감수성을 발전시킬 수 있었다. 하지만 리치에게 있어서 아버지의 가부장적 영향력은 평생 지울 수 없는 그늘로 남아 있었던 것 같다. 「현관Stael」을 비롯한 다수의 시에서 아버지의 존재가 직접 언급되거나 암시되기 때문이다.

1947년 리치는 하버드대학교 래드클리프대학에 입학하였다. 조숙하고 지적이었던 리치는 시를 창작하고 다양한 배경의 친구들과 어울려 지

---

1   제2장에서 기술하는 리치의 전기 부분은 저자가 2012년 출간한 번역서 『문턱 너머 저편』의 저자 해설 편의 일부를 다시 쓰고 『여자로 태어난 것에 대하여(Of Woman Born)』를 바탕으로 추가 연구한 것임.

적인 토론을 하며 학교의 울타리 안에서 아버지의 가부장적 권위와 백인 중심적 사회 전반에 스며있는 반유대인정서Antisemitism와 인종차별로부터 어느 정도 벗어나 정신적인 자유로움을 누릴 수 있었다. 특히 대학교 졸업반이었던 1951년 리치는 당대 저명한 비평가 오든W. H. Auden으로부터 영시 전통을 반영한 "단정한" 시를 쓴다는 상찬을 받으며 '예일 청년 시인상'을 수상하였다. 그리고 그 해 대학을 졸업하면서 리치는 그간 써 두었던 시편들을 모아 첫 시집 『세상 바꾸기A Change of World』(1951)를 출판하였다. 이미 학창시절 백인 가부장 비평가로부터 '특별한 여성'의 인증을 받았던 터라, 첫 시집이 문단계로부터 호평을 받았다는 사실이 그녀에게 아주 특별한 일은 아니었을 것이다. 아마도 가부장 비평가들이 인정하는 진정한 여성 시인으로 성장하여 남자 못지않은 시적 재능을 발휘하는 시인의 여정을 걸을 것으로 기대하였을 것이다.

하지만, 시인으로서 평탄했던 첫 출발과는 달리 한 여성으로서 리치는 결코 평탄하지 않은 인생길을 걸었다. 1953년 아버지의 반대를 무릅쓰고 하버드대학교에서 경제학을 강의하던 알프레드 콘래드Alfred H. Conrad와 결혼한 리치는 1955년에서 1959년까지 6년에 걸쳐 세 명의 아들, 데이빗, 폴 그리고 제이콥을 연이어 낳고 가부장적 가족체제에 순응하며 '현모양처'의 역할에 충실하고자 하였다. 하지만 류머티스 관절염을 지병으로 가진 아픈 몸으로 세 명의 아이를 임신하고 출산하면서 리치는 그때마다 이런 저런 병치레를 하게 되었다. 『여자로 태어난 것에 대하여』의 제1장 「분노와 부드러움」에서 고백했듯이, 아이들과 관련해서 그녀는 혹시라도 뱃속의 아이에게 자신의 건강하지 않은 체질이 유전될까봐 전전긍긍하였고, 괜스레 죄책감이 밀려와 괴로운 눈물을 흘렸고, 일과 육아를 양립하면서 다른 전업주부 엄마들만큼 해 주지 못해 미안한 감정을 지울 수 없었다고 회상하였다. 다른 한편, 남편 알프레드와 관련해서는 양가감정을 느꼈다고 고백하였다. 사실, 알프레드는 1950년대 행복한 가정의 심상에 부합하는 가장으로서 육아에 관심과 도움을 주었기에, 그녀는 그런 남편에게 고마운 마음을 느끼지 않을 수 없었지만, 전문가로서 연구와 교육에 집중해야 하는 남편에게 가정사에 신경을 쓰게 하는 점에 대해 그녀는 괜스레 미안함을 느꼈다는 것이다. 동시에 그녀는 남편의 경력을 자신의 경력보다 우선하며 시창작을 마치 '부업'인 듯 미루고 가사를 돌보는 자신의 모습을 바라보며 무기력감과 우울감을 느꼈다고 하였다.

이처럼 리치는 1950년대 미국 여성으로서 당대 시대정신이었던 '행복한 전업주부'의 이상적 모습에 따라 한 남자의 아내와 세 아들의 엄마로서 모성애를 발휘하여 가족에게 헌신하며 현모양처로 살고자 최선을 다했던 것 같다. 하지만, 오히려 진정한 여성의 행복에 충실하여 자신을 희생하며 모성애를 발휘하면 할수록 점점 더 커져가는 공허감과 무기력감에 시달리며 그녀는 짜증, 분노, 우울감으로 점철된 인생길을 걷고 있었던 것이다. 1950년대 최상위 교육을 받은 지성인이자 특별한 재능을 지닌, 장래가 촉망되는 여성 시인으로 인정을 받은 당차고 독립적인 현대여성이었던 리치가 가족구성원들에게 진정한 사랑을 느끼면서도, "우아한 부인과 집안의 천사인 동시에 요리사, 부엌데기, 세탁부, 가정교사, 보모"(『여자로 태어난 것에 대하여』, 27)의 역할을 모두 떠맡은 여성의 인생을 살면서 '내가 뭐 특별한가. 이게 모든 여자들이 살아온 방식인데'라고 체념과 자괴감 섞인 넋두리를 할 때, 독자들은 충분히 공감을 할 수 있을 것이다. 결국 그녀도, 우리도 19세기 여성의 이상적인 모습, 즉, 현모양처의 존재 양식에서 한발도 진화하지 못했으니 말이다.

그러므로 『여자로 태어난 것에 관하여』를 통하여 리치가 자신의 사적인 경험을 독자들과 소통하고자 했던 이유를 짐작해 보는 것은 어렵지 않다. 아내와 어머니가 되어 모성애를 발휘하며 여성으로서 충만감을 느꼈어야 할 시절에 오히려 여자로서 외로움의 고통에 시달리며 모성 제도의 역설을 통감했던 리치는 독자들에게 신성한 모성애의 신화를 다시 바라볼 것을 설득하기 위해서 자기를 먼저 내려놓는 선택을 하였던 것이다. 가부장적 사회 권력이 부여하는 '현모양처'의 명예는 대부분의 보통 여자들로 하여금 자기 한 몸을 희생하여 가족을 먹이고 입히고 재우고, 자기 한 몸을 희생하여 가족의 생계를 떠맡고, 자기 한 몸을 희생하여 가족의 해체를 막는 것이 여성의 운명이라는 신화를 자발적으로 수용하게 하는 이념적 장치에 불과하다는 사실을 직접 깨달았으니 말이다.[2] 다시 말해서, 저자가 『우리시대 대중문화와 소녀의 계보학』에서도 제시했듯이, 사춘기 소녀들은 초경을 경험하며 잠재적인 엄마로서 정체성의 변화를 가지게 되지만 그 점에 대해 공식적으로 교육을 받지 못하고 또래 집단을 통해 잘못된 정보를 입수하여 심리적인 고통을 당하거나 할머니, 어머니, 자매들을 포함한 집안의 여자들을 통해 개별적으로 특화된 정보를 입수하고 '너도 나중에 잘 알게 될 거야'라는 말이 주는 모호한 불안감에 휩

---

2   『아드리안 리치의 시와 산문집』에 실린 산문 「여성과 명예」참조.

싸여 성인 여성의 주기에 진입하게 된다. 그런 상황에서 사춘기 소녀들에게 '다른 소녀들처럼' 보이고 또래 집단에 소속감을 느끼는 것은 매우 중요하며, 그들은 자신이 남다른 상상력을 가지고 있더라도 '괴물처럼' 보이지 않기 위해 가부장적 사회가 제시하는 '진정한 소녀'의 역할을 수행한다. 이러한 성향은 그 소녀가 실제 결혼과 임신, 출산으로 주부와 어머니가 된 이후에도 지속되는 바, 리치 역시 '다른 보통 여자들처럼' 보이기 위해 언제나, 어떤 경우에서나, 남편과, 특히, 아이에게 무조건적인 모성애를 발휘하는 어머니의 역할을 수행하였다. 그러면서 여자로서 자신이 지닌 인간적인 욕망, 즉, 시인에게 필수적인 감수성을 예민하게 유지하고, 정신을 가다듬고 독서와 사유를 깊이 하고, 창의력을 발동하여 시창작 작업을 하고 싶은 욕망을 매우 자연스럽게 그리고 매우 자발적으로 뒷전으로 미루고 자신의 내면 자아를 굶어 죽게 방치하고 있었던 것이다.

이런 상황에서 1955년에 출간한 두 번째 시집 『다이아몬드 세공꾼들 *The Diamond Cutters and Other Poems*』의 실패는 리치에게 더욱 깊은 좌절감을 안겨 주었다. 『여자로 태어난 것에 관하여』에서 리치는 "시집을 내지 말았어야 했다 (…중략…) [거기 실린] 태반의 시들은 놀라울 정도로 새로운 것이 없다. 두 번째 시집을 내야한다는 강박증이 있었던 것 같다. 결혼도 했고, 가정도 꾸렸지만, 내가 아직 시인이라는 사실을 확인하고 싶은 강박증이 있었던 것 같다"라고 적은 일기를 고백하며 당시를 회상하였다. 성급히 출판했던 것을 후회하는 심경이 역력히 드러나는 이 고백에서 독자들은 한 남자의 아내이자 세 아이의 어머니로서 리치가 당시 느꼈던 짙은 불안감과 삶의 피로감의 짠내를 맡을 수 있을 정도이다. 또한, 셋째 아이를 임신한 후 1958년 8월의 일기에서 그녀는 "아이를 더 가지지 말았어야 했다. . . . 지금 내가 전개해야 하는 방식은 내 작업을 현재 생활에서 할 수 있는 것보다 더 열심히, 더 꾸준히, 더 연속적으로 하는 것뿐이다. 아이가 하나 더 생긴다는 것은 이 작업을 몇 년 더 미룬다는 것을 의미하고, 내 나이를 생각해 볼 때 그 몇 년은 심대하여 가볍게 던져버릴 수 있는 것이 아니니까"(『여자로 태어난 것에 대하여』, 28)라고 고백하였다. 자신의 속내를 가장 진솔하게 드러내는 일기문에서 독자들은 가부장적인 사회가 찬양하는 행복한 [백인] 가정의 이상적인 모습과 모성애의 신화에 매혹과 반발을 동시에 느끼고 있는 리치의 모습을 어렵지 않게 상상할 수 있을 것이다. 더불어, 그들은 시를 창작하는 역할과 가정을 돌보는 어머니의 역할을 병행하느라 미안함과 반항심을 오가는 심리적 고통에 시달리고 있는 리치와 그들 자신의 모습을 겹쳐서 떠올리며 애잔한 공감을 느끼며 고개를 끄덕이게 될지도 모른다.

출산 후, 불임수술을 한 리치는 육아에 몰입하면서도 1960년 11월의 일기에 "아이들은 나에게 지극히 정교한 고통을 안겨주었다"라고 적었다.

아이들은 나에게 지극히 정교한 고통을 안겨주었다. 그것은 양가감정의 끔찍한 기복을 경험하는 것이었는데, 쓰디쓴 원망에 사로잡혀 온신경이 톱날처럼 바짝 곤두섰다가도 다음 순간 지극히 행복한 상태가 되어 만족감과 애정 충만을 경험하게 되는 식이었다. 때때로 나는 이 작고 악의없는 존재들을 바라보며 내 자신이 이기적이고 관용을 베풀 줄 모르는 괴물인 것처럼 여겨지곤 한다. 그들의 목소리가 내 신경을 거스르며 [관용을] 거덜나게 하면 나는 그들의 끊임없는 요구들을, 그저 단순하고 인내심을 보이면 되는 것들이었음에도 불구하고, 들어주지 못한 데서 오는 좌절감에 사로잡히고, 내 운명에 대한 절망감에 시달리며, 이 [엄마의] 역할이 내게 맞는 것이 아니라는 생각에 빠진다. 때때로 나는 가슴 속에 억누른 분노 때문에 마음이 약해지기도 한다. 죽게 되면 그제서야 우리가 서로에게서 헤어날 수 있으리라는 생각이 들 때도 있는데, 그런 때면 나는 [결혼을 하지 않은 것에 대한] 후회의 사치를 누리겠지만 사생활과 자유로움을 누리고 살아가는 불임 여성들에게 부러움을 느낀다.

— 『여자로 태어난 것에 관하여』, 21

사실 지극히 사적인 고백을 적어 두는 일기를 이처럼 공개하는 것은 매우 어렵고 용기가 필요한 일이었을 것이다. 그럼에도 불구하고, 리치가 그런 용기를 낼 수 있었던 것은 자신이 먼저 사적인 경험을 나누고자 할 때 비로소 더 많은 여성들이 어머니로서 겪는 근원적 고통에 대해 말할 수 있고 그럼으로써 '여성의 삶에 대한 허구적 스토리가 아니라 여자들의 삶 그 자체'가[3] 대변될 수 있다고 믿었기 때문이었다. 그래서인지, 위에 인용된 리치의 고백은 그녀와 비슷하게 일과 가정을 양립하려는 주부들이 마음에 품고 있을 모성애와 그 뒤편에 도사리고 있는 막연한 불안감과 초조감을 날카롭게 찌르며 독자들의 시선을 붙들어 두는 것 같다.

마침내, 1960년대 중반기에 접어들면서 리치는 비로소 조금의 자유 시간을 가질 수 있었고 제2세대 페미니스트 운동에 보다 적극적으로 참

---

3   「난파선 속으로 잠수하기」에 등장하는 시행 "잔해 그자체이지 잔해에 대한 이야기가 아니다"를 차용하여 저자가 다시 쓴 것임(『문턱 너머 저편』, 215쪽).

여하기 시작하였다. 그런 탓이었을까. 1965년의 일기들에서 리치는 더욱 '어머니답게' 가사에 몰두하여 언제나 무조건적인 모성애를 발휘할 것을 요청하는 가부장적 사회 권력의 '부명父命'에 더욱 참을 수 없이 강력한 고통과 반감을 드러내기 시작하였다.

1965년 4월

분노, 피로감, 의기소침. 갑작스런 눈물 바람. 지금 순간에도, 영원성에도, 충분히 연결되어 있지 않은 느낌...

그물같은 관계망이 존재한다는 감각 때문에 [이성이] 마비가 될 것 같다. 가령, [내 큰 아들(남편)]에 대한 거부감과 분노, 내 관능을 추구하는 삶, 평화주의,(단지 육체적 관계가 아니라 가장 넓은 의미에서) 성에 대한 관심, 이런 것들이 만들어내는 상호연관성을 내가 볼 수만 있다면, 그 관계망을 유효하게 만들어 내 자신에게 돌려줄 텐데, [그러면] 그것이 나를 [보다] 명징하고 열정적으로 기능하게 해 줄텐데. 하지만 나는 아직 이 어두운 거미줄 사이를 들락날락하며 더듬거리기만 한다.

나는 눈물을 흘리고, 또 흘리면서, 무기력감이 암세포처럼 내 존재 전체로 전이를 일으키는 것을 감지한다.

1965년 5월

아이와 함께, 아이를 위해서, 그리고 아이 때문에 고통을 겪는 것. 어머니로서, 에고가 강한 사람으로서, 노이로제에 걸린 듯, 때로는 무력감에, 때로는 지혜를 배운다는 허상에 빠져 있지만, 언제나, 어디서나, 몸과 영혼 전체로, 그 아이와 함께 하는 것이다. 왜냐면, 아이는 자신의 일부이기 때문이다.

사랑과 증오의 파도 속에, 아이의 천진난만함조차 질투하며, 갇혀 있는 것. 아이가 성장하는 것에 대한 희망과 두려움, 한 존재의 심신 전체 조직에 한 올한 올 매어 있으면서 그 책임에서 벗어나고 싶은 갈망의 파도에 갇혀 있는 것.

그 신기하고 원시적인 보호 반응, 누군가 자기 새끼를 공격하거나 비판할 때 짐승처럼 새끼를 방어하려는 반응. 하지만 나만큼 내 새끼에게 가차없이 구는 사람도 없다는 사실!

1965년 8월 새벽 3시 30분

내 삶에 보다 엄격한 규율을 정할 필요성.
맹목적인 분노의 불필요성 인지.
사람 만나는 일을 줄이기.
아이들이 학교에 있는 시간을 좀 더 잘 사용하기. 작업하고, 홀로 있을 수 있게.
나만의 생활방식에서 벗어나는 것을 거절하기.
덜 낭비하기.
시 쓰는 일에 한층 더 열심히 분발할 것.

1965년 9월

분노가 주는 수모. 아이에게 화를 내는 것. 어떡하면 내가 이 폭력성을 삭이고 배려심만을 내보이는 법을 배울 것인가? 분노를 삭히는 것. 의지력으로 이겨내는 거겠지. 하지만 얼마나 비싼 값을 치르는 것인가. 정말 너무 비싼 거다!

1966년 3월

아마도 괴물이겠지, 반-여성이거나. 사랑, 모성, 다른 이들에게서 얻는 기쁨이 주는 정상적이고 매력적인 위로에 강력하게 끌리면서도 그런 것에 의존하지 않으려는 어떤 존재는.

—『여자로 태어난 것에 관하여』, 26~31

리치가 일 년에 걸쳐 기록한 일기에서 보이는 주된 감정은 죄책감, 분노, 무기력감, 피로감, 좌절감으로서 독자들은 그녀가 모성애의 강박과 시인의 정체성 사이에서 빚어지는 갈등과 고통으로 인해 얼마나 심한 정신적 스트레스를 받았을까를 충분히 짐작할 수 있다. 잠도 잘 못 자고, 뒤척이다 새벽에 일어나 스스로를 다그치고, 마침내 '이러다 내가 암이 걸리는 거지'라는 불길한 예감마저 가지게 될 정도였으니 말이다. 남편에 대한 사랑과 고마움이 없는 것은 아니지만, 또, 모성애가 없는 것이 아니지만, 그리고, 다른 사람들과 친교하며 얻는 삶의 기쁨을 모르는 것은 아니지만, 글을 쓴다는 작업 자체가 물리적으로 남들에게서 떨어져, 조용한 가운데, 오랜 시간동안 홀로 지적 사유의 여행을 떠나야 하는 작업이다. 따라서 일기를 통해 리치는 주부와 어머니의 희생적인 삶에 위안을 줄 수 있는 가족들에게 의존하지 않는 '자기만의 생활방식'을 살고 싶은 욕망과 가족의 안위를 방치하는 이기적인 욕심이라는 자책감 사이에서 정신적으로 시달렸던 자신의 모습을 진솔하게 드러내었다. 그리고 그런 생각을 품는 자신에 대해 사회적 규범과 기준에 비추어 볼 때 "칼리, 메두사, 자기 새끼를 잡아먹은 암퇘지, 여성성을 저버린 여성답지 않은 여자, 니체가 말한 괴물"(『여자로 태어난 것에 관하여』, 32)에 해당할 것이라고 말하며 스스로를 질책하는 태도 역시 내비쳤다.

그러나 리치는 마침내 자신의 레즈비언 성정체성을 공개적으로 인정하고 자신과 유사한 처지에 있는 성 소수자들과 인종적, 계층적, 사회적 약자들을 위한 인권운동과 반전운동에도 적극적으로 참여하기 시작하였다. 이후 1967년 휘튼 대학에서 명예 박사학위까지 받으면서 리치는 급진적 페미니스트 운동가이자 시인으로서 사회적 명예가 높아졌다. 하지만 성정체성의 면에서 뿐만 아니라 정치적 입장에서도 좌파 막시스트 입장에 기울어진 남편과는 더욱 거리가 멀어져만 갔으며, 결국 1970년 리치는 남편 알프레드에게 이혼을 요구하였다. 이에 대해 알프레드는 그녀에게 자살이라는 최종 답변을 주었다. 이 예견치 못한 비극적 사건으로 리치는 정신적 충격을 받고, 아이들이 받았을 충격과 그들의 미래에 대한 깊은 염려로 지인들과 연락을 끊었다. 아마도 '괴물 같은 레즈비언이 정상적인 남자이자 훌륭한 교수이자 가정적인 남편을 잡아먹었다'라는 식으로 펼쳐졌을 세간의 비판과 질타 역시 그녀의 선택에 일조를 하였을 것이 분명하다.

아무튼 그녀는 세상에서 자발적 고립되는 선택을 하고 홀로 세 아들을 양육하고 시를 창작하는 가운데 오로지 생존에만 몰두하는 삶을 살았다.

『여자로 태어난 것에 관하여』에서 리치는 이 어려운 시기를 이겨낼 수 있었던 힘의 원천을 세 아이를 양육하는 과정에서 얻게 된 모성의 경험에서 찾았다고 회상하였다. 리치는 아이가 탄생하여 처음으로 어머니의 젖을 빨면서 눈을 맞출 때, 그 두 존재 사이에는 서로의 존재를 인정하는 상호신뢰의 관계장이 형성되는 것을 느꼈다고 하였다. 그리고 이러한 관계장이 가부장적인 사회 권력에 의해 아직 파악된 적이 없는 "소우주"(24)에 해당할 것이라고 파악하면서 모성 경험의 새로운 잠재성을 사유했던 것이다. 다시 말해, 갓 태어난 아이에게 어머니, 여자, 혹은 주된 양육자는 "세상 전체"에 해당하므로 아이는 그런 존재가 상징적으로 대변하는 최초의 외부 세상에 대해 "따듯함, 애정, 연속성, 결속감"(24)의 감정을 발전시키게 된다. 어머니 역시 아이에 대해 젖을 물려 자신의 몸의 일부를 나누어 주는 경험을 통해 자신이 창조한 존재에 대해 유사한 감정들과 더불어 책임감을 발전시키게 된다. 이런 과정에서, 어머니와 아이는 서로의 존재를 일종의 '모-행성' 대 '자-행성'의 관계를 맺는 상호적 관계로 인정하게 된다는 것이다.

리치가 제시하는 상호신뢰의 정서적 관계는 확실히 가부장적 사회 권력이 강요하는 자기희생적, 일방적 모성애와는 다른 차원에서 모자 사이의 감정적 결속력을 발전시켰던 것 같다. 그녀는 모자 사이의 정서를 두 존재 사이의 "진정한 필요"에 의해 형성된 "작고 사적인 감정들의 송이다발"(『여자로 태어난 것에 대하여』, 24) 혹은 일종의 정서 복합체로 제시하며,

어머니와 아이가 각각의 주기를 따라 운행하는 행성들에 해당하며 그 두 존재는 인력 상 완전히 떨어질 수 없는 관계이지만 동시에 결코 상대방의 운행 주기를 방해하지 않는다고 묘사하였다. 모성애의 이름으로 자녀의 개체성을 침범하는 괴물-가모장이 되기보다 모성을 주체적으로 발휘하며 자녀의 독립자존을 애정어린 시선으로 격려하는 가모장이 됨으로써, 리치는 자신과 세 자녀들이 상대방의 존재를 '언제나 변함없이 그곳에 있는 존재'로 신뢰하고 사랑할 수 있었으며 그런 가운데 가족의 비극을 의연하게 견디어 냈다고 회상하였다.

동시에 시인으로서도 리치는 시련을 딛고 한 단계 성숙하는 계기를 마련할 수 있었다. 현모양처의 명예와 창작열정으로 갈등하며 보냈던 불행한 결혼생활, 성정체성에 대한 불안, 인종적, 성적, 사회적 소수자들에 대한 차별과 폭력이 가득한 세상에 대한 실망, 그리고 남편의 자살로 인한 충격과 그에 대한 문단계와 학계 지인들의 배신과 질타를 감내하면서, 리치는 고통과 시련의 불로 보통 여자이자, 세 아이의 어머니이자, 레즈비언 페미니스트 시인으로 존재하려는 자신의 강철같은 열망을 더욱 단단하게 담금질할 수 있었다. 그리고 그러한 경험을 토대로 1960년대와 70년대에 주옥같은 시집들과 비평문들을 연이어 출간할 수 있었다. 그 과정에서 리치는 제2세대 급진주의 페미니즘의 주류에서 갈라져 나와 자신만의 언어로 그리고 자신만의 방식으로 미국식 페미니즘과 시예술을 창출해 내는데 성공하였다.

사실 두 번째 시집을 출간할 때까지, 리치는 영시의 모더니즘 전통에 따라 관념적 사유와 남성적 시창작 방식을 완벽하게 터득한 가부장의 딸이자 특별한 여성 시인으로서 인정받는 것에 만족하고 있었다. 그러나 1960년대부터 출간된 시와 산문에서 그녀는 의식적으로 가부장적 언어를 보수하고 여성답다고 여겨지는 심상들을 해체하는 페미니스트 의식을 명확하게 드러내기 시작하였다. 무엇보다도 이 시기에 그녀가 반전운동과 유색인 인권운동에 참여하며 격변기 미국사회의 고통을 직접 체험했던 것은 그녀에게 귀중한 시적 자양분이 되어 주었던 것 같다. 그녀는 저급한 대중들의 취향에서 멀찍이 떨어져 순수예술을 지양하며 관념적 세계를 추구했던 모더니스트 선배 시인들의 고고한 사변적 스타일에서 벗어나 보통 여자들의 삶 속으로 침투해 들어가 그들의 세상을 대변할 수 있는 시적 스타일을 모색하고 실험하기 때문이다. 가령, 이 시기에 리치는 페미니즘을 단지 여자들만의 해방을 위한 사유의 틀로 사용할 것이 아니라 유색인과 성 소수자 그리고 사회적 약자를 포함하는 여성적 존재의 해방을 위한 사유의 틀로서 활용하고 있었다. 여성억압의 역사는 결국 여성적 존재를 억압한 미국의 백인남성 중심적 역사와 그 궤를 같이 한다는 페미니스트 사유를 본격적으로 펼치고 있었기 때문이었다.

또한, 리치는 좌파 막시즘에 경도된 백인 중산층 페미니스트들이 다양한 여자들의 구체적인 삶의 양상들을 '여성'이라는 집단의 이름으로 추상화시켜 가부장적 사회의 남성 중심적인 체제를 비판하는 수단으로 이용하는 것에 반대하였다. 대신, 그녀는 보통 여자들의 삶을 대변하는 시인의 입장을 취하고, 가부장적 언어를 압제자의 언어로 정의하였다. 그리고, 백인남성 중심적 가치 체계에 근거한 언어 사용법으로는 표현된 적도 없었고 표현될 수도 없었던 이질적이고, 다양하며, 다층적인 여자들의 경험들과 감정들을 시적으로 번역해 내고자 하는 꿈을 추구하기 시작하였다. 리치의 대표적인 산문 「우리가 완전히 깨어날 때 – 다시 보기로서 글쓰기When We Dead Awaken: Writing as Re-Vision」(1971)[4]는 그간 페미니스트 지식인들에 의해 수행된 '여성'에 대한 추상화와 프롤레타리아트 개념화에 대한 리치의 불신이 잘 드러나는 글이다.

이 글에서 리치는 시인이라면 상당수의 보통 여자들이 살고 있는 구체적인 삶의 현장을 시 속에서 구현하고 그들이 그런 현실에서 침묵으로 억누르고 있는 목소리를 구해내고 살려내는 작업을 수행하는 사회적 책임을 져야한다고 주장하였다. 그 일환으로서 리치는 가부장적 사회 권력이 여성의 사회화 과정에서 주입시킨 현모양처의 명예가 여자들에게 얼마나 비싼 대가를 치르게 하는지를 드러내겠다고 하였다. 더불어 그녀는 보통 여자들로 하여금 그들이 진정한 어머니가 되어 밤낮없이, 어디서나, 무조건적으로 모성애를 발휘하며 자기의 정신과 육신을 희생하는데도 불구하고 자녀들에게 증오와 두려움의 대상으로 공격을 받게 되는 원초적 고통을 깨닫게 하겠다고 하였다. 나아가, 그들이 어머니와 딸의 역할을 수행하면서도 사회적 비난에 대한 두려움이나 공포심 때문에 그간 자신들이 수행했던 역할에 대해 말할 수 없었던 반감들을 솔직히 인정하고 표현함으로써 내면에 축적되어 있던 분노의 에너지를 방출하도록 도와주는 역할을 하겠다고 하였다. 이처럼, 리치는 딸로, 주부로, 어머니로, 할머니로 평범한 여성의 생애주기를 살아가는 보통 여자들이 그녀의 시 속

---

4 이 산문은 바바라 겔피와 앨버트 겔피가 편집한 『아드리안 리치의 시와 산문(*Adrienne Rich's Poetry and Prose*)』, 166~176쪽에 실려 있다.

에 등장하는 다른 여성 화자들의 속내를 들으면서 '나만 혼자가 아니었구나'라는 심적인 카타르시스를 경험하도록 도와주는 작업을 자신이 수행해야 할 중요한 시인의 임무로 여기고 있었다.

이 무렵 리치가 '여성'이라는 이름과 구체적인 '여자'를 구분하고 급진주의 페미니즘의 주류에서 벗어나는 동시에 가부장적 사회체제 내에서 '여성'의 존재양식을 재설정 하고자 시도했다는 점은 매우 중요하다. 나중에 자세히 다루겠지만, 백인 지식인이 대변하는 흑인 담론은 아무리 정치적으로 올바른 주장일지라도 흑인들만의 감각적 경험과 거리감이 있는 심상과 개념어들을 포함하고 있어서 종종 그들의 사회적 현실을 반영하지 못하는 한계를 드러내곤 한다. 마찬가지로, 모성애나 모성 경험에 대한 추상적인 사변이나 새로운 '미씨' 어머니상, 새로운 육아스타일, 21세기 여성상 등등의 여성 담론은 경제적인 여유가 있어 자기만의 방과 자기만의 시간을 가질 수 있고 자신의 감정을 표현하는 법을 지켜낼 수 있었던 운 좋은 여자들이나 어려운 환경에서 고군분투하면서도 자신의 감정을 글로 써내려는 용기를 잃지 않은 교육받은 여자들에게나 의미가 있을 뿐이다. 대부분의 평범한 보통 어머니들은 책을 읽을 시간도, 사색하거나 글을 쓸 여유도 없이 가사에 치여 살아가고 있으며, 혹여 토론을 하는 상황을 맞닥뜨리면 할 말을 찾지 못해 어색해 할 뿐이다. 그들은 어려운 글이나 장문을 읽게 되면 지루함을 먼저 느끼고, 사회를 변화시키자는 주장을 들으면 그저 기가 센 독신 페미니스트들이 지적인 과시를 한다고 여기며 무관심하게 귓전으로 듣고 넘기기 십상일 것이다. 그러므로 리치는 제2세대 페미니즘의 선두에 위치하면서도 밀레트나 스타이넘처럼 대중들의 시선을 잡아끄는 확신에 찬 선지자의 역할을 맡지 않았다. 그 대신 리치는 자신이 직접 육아를 하고 가사를 돌보며 보통 여자이자 평균적인 어머니로서 체험했던 여성의 구체적인 삶과 현실적인 피로감을 시적 소재와 페미니즘 사유의 원천으로 삼았다. 그리고 가부장제 가족체제 하에서 가족에게만 허용된 모성애를 외롭고, 지치고, 피곤한 여자들 전체에 대한 애정어린 관심으로 확장하여 그들의 평범한 일상을 자세히 관찰하고 그들이 나누는 대화나 가끔씩 내뱉는 탄식 혹은 침묵을 진지하게 들어주는 보통 여자들의 '치유자wound dresser'의 역할을 맡았다.

이런 면에서 근본적으로 리치의 페미니즘은 가부장적 사회 권력이 가족체제에 포박해 둔 모성애를 창의적으로 변용, 보수한 페미니스트 전망이라고 할 수 있다. 그녀는 기존의 모성 제도와 자기희생적 모성애를 해체하고 모성 경험mothering experience을 어머니와 자녀 사이에 형성되는 애착관계의 가부장적 양식에서 해방시켜 가족의 경계를 넘어선 다른 존재들에 대한 애정 어린 관심으로 확장시켰다. 더불어 한 여자가 다른 여자에게 가지는 사랑을 동성애의 양식에서 해방시켜 기존의 레즈비언니즘의 경계를 넘어선 또 하나의 여성적 사랑으로 확장시켰다는 점에서 그녀의 페미니즘은 매우 독창적이고, 급진적이며, 미국식 민주주의의 특성을 잘 드러내고 있다고 할 수 있다.

그렇다면, 리치가 독자들에게 건네주는 페미니즘을 그간의 학자들이 제시했던 대로 가부장적 사회 속에서 여성 공동체의 담요를 짜기 위한 퀼트 바늘로, 혹은, 남성 중심적인 가치체계를 해체하고 여성 중심적인 가치체계로 대체하기 위한 돋보기로 비유하여 이해하는 것은 어딘가 부족해 보인다. 오히려, 리치가 창신했던 페미니즘은 그녀가 좋아했던 해양탐험가 자크 쿠스토Jacques-Yves Cousteau의 망원경처럼 남성 중심적인 시선으로는 결코 포착할 수 없는 보통 여자들의 깊은 속내에서 들끓고 있는 활화산 혹은 가부장들이 결코 보고 싶어 하지 않는 보통 어머니들의 열정을 관찰할 수 있게 도와주는 카메라 렌즈로 비유하여 이해하는 것이 보다 적절할 것이다. 그것은 월트 휘트만Walt Whitman으로부터 시작된 민주적 전망democratic vista의 전통을 모성의 경험을 바탕으로 창의적으로 변용한 입체적인 사유의 틀로서, 그 안에서 리치의 시적 주체는 '나'라는 단일자가 지니는 개체의 경계가 모호하게 허물어진 상태에서 여성 시인과 여성 발화자 그리고 성별을 초월한 독자들의 생각과 느낌과 감정이 교차되고, 이어지고, 융합되며 함께 공존하는 복수적이며 대화적인 민주 공동체democratic ensemble 혹은 시적 광장으로 확장된다. 그러므로 그녀의 페미니스트 시학은 여성 전체의 삶에 대한 거대 담론이나 여성의 존재성에 대한 철학적 사유를 전달하기보다는 독자들이 개별적이고 다양한 여성 화자들의 고백을 듣고 각자 자신의 경험치에 따라 그 의미를 유동적으로 조형하는 가운데 '진정한 어머니' 혹은 '진정한 여성'의 틀에 박힌 삶의 양식과 중압감에 대해 생각해 보는 계기를 가질 수 있도록 격려하는 것을 그 주요 목적으로 삼고 있다고 할 수 있다.

물론 가부장적 가족체제의 모성제도에 대한 문제의식과 페미니스트의 사유를 연계하기로 선택한 덕분에 리치는 제2세대 급진적 페미니즘을 주도하던 백인 중산층 출신 레즈비언 페미니스트들에게서 비난을 받으며 그들에게서 멀어졌다. 하지만, 그녀가 「우리가 완전히 깨어날 때」에서 고백하였듯이, 오히려 리치는 페미니즘의 핵심인 여성공동체의 사유와 생물학적 여자이기에 경험할 수 있는 모성 경험을 사유하는 작업을 연결하는 가운데 개인적 존재성과 공인으로서 윤리적 책임감 사이의 괴리를 극복할 수 있었다. 또한 시인으로서 '여성'이라는 집단전체의 경험을 '보통 여자'의 현실에서 구체적으로 표현하는 가운데 개인으로서의 창작 욕구와 페미니스트로서의 사회적인 욕구가 비로소 맞아떨어지는 느낌을 받을 수 있었다. 그 결과 그녀는 남성 시인들이 달을 '다이아나'라는 아름다운 처녀 신으로 호명하고 그녀의 매끈하고 차가운 '미'의 세계를 사유하는데 집중하느라고 결코 바라본 적이 없었던 보통 여자들의 내면세계, 즉, 황량한 대지와 화산의 흔적, 그리고 모래 바람이 일어나는 거친 표면을 볼 수 있었으며, 그러한 심리적 지형을 드러내는 창의적인 시적 전략을 창안할 수 있었다.

가령, 세 번째 시집 『의붓딸의 스냅사진들*Snapshots of a Daughter-in-Law*』 (1963)은 리치가 페미니스트 시인으로서 자의식을 확고하게 장착하고 난 후 가부장적 가족제도와 모성애에 대해 페미니스트로서 본격적으로 문제 제기를 하는 시집에 해당한다. 나중에 「뿌리에서 갈라진 – 유대계 정체성에 대한 소고Split at the Root: An Essay on Jewish Identity」(1982)[5]에서 "모성의 경험이 결과적으로 나를 급진적으로 변화시켰다"[6]라고 회상하듯이, 그리고 앞서 소개한 리치의 개인사에서 시사되듯이, 리치는 이 시집에 실린

---

5   이 산문은 바바라 겔피와 앨버트 겔피가 편집한 『아드리안 리치의 시와 산문(*Adrienne Rich's Poetry and Prose*)』에 실려 있다.
6   「뿌리에서부터 갈라진 – 유대계 정체성에 대한 소고」, 235쪽.

시편들을 창작할 무렵 가부장제 가족체제가 제시하는 모성애의 이념에 스스로를 종속시킨 채 자신의 정신과 육신을 희생해 가며 행복한 가정을 유지하고자 애를 쓰고 있었다. 즉 자기희생적 어머니의 역할과 신성한 모성애를 당위적 가치로 수용하며 그녀는 직장과 가정을 오가며 타인을 돌보는 노동을 쉬지 않고 버티며 살았다. 그러면서도 그녀는 가부장으로부터 사회적·경제적 지원을 받는 우아한 딸들과 완벽한 전업주부들에 비해 일하는 여자들은 언제나 뭔가 부족한 여성으로 범주화되기 십상이라는 점을 체감하고 있었다. 그러므로 리치는 직장과 가정을 오가며 모성애의 이름으로 타인을 돌보고 먹여 살려야 하는 '신성한' 노동의 사이클에서 벗어나지 못하는 자신과 다른 여자들의 모습을 바라보면서, 이 시집의 제목을 통해 한 가정의 어머니란 존재는 종종 사회의 가부장들과 가족들로부터 마치 허드렛일을 하는 '의붓딸'인 양 구박을 받거나 시댁의 엄중한 법도를 잘 모르고 실수만 하는 '며느리'인 양 홀대를 당하면서도 묵묵히 인고의 삶을 살아가는 존재라고 제시하였다.

그리고 리치는 대부분의 보통 여자들이 자기희생적 모성애를 발휘하면서도 가부장적 사회체제 속에서 홀대를 받는 탓에 그들의 내면에서 설움과 배신감과 울화가 차오르지만 그런 감정을 해소할 수 있는 방법을 모른다는 점에 착안하여, 페미니스트 시인으로서 그들의 의식세계를 자극할 수 있는 방법을 모색하였다. 일반적으로 사회와 가족들로부터 충분한 존중과 애정어린 관심과 적절한 대우를 받지 못하는 여자들의 삶을 시적 소재로 삼는 경우, 여성 화자가 신세 한탄을 털어 놓으며 감정을 발산하는 블루스 형식을 취하거나 지극히 사적인 이야기들을 고백하는 형식을 취하여 독자들의 연민에 호소하거나 감정적 지지를 유도하는 전략을 사용하기 쉽다. 하지만 리치는 그런 식의 쉬운 전략을 피하였다. 오히려 그녀는 가부장적 사회체제가 일과 가정을 양립하는 여성을 전업주부와 비교하며 실패한 어머니와 아내로 정형화하는 현실에서 조차 '생각을 가진 여자로 산다는 것이 어떤 것인지'를 사유하게 하는 전략을 사용하였다. 더불어, 가부장적 사회체제가 지지하는 전업주부의 일상 역시 페미니스트 시인의 시선으로 다시 바라보며, 가부장의 인정을 받는 진정한 딸과 진정한 어머니가 되기 위해 대부분의 여자들이 어떠한 비용을 치러야 하는지를 사유하게 하는 전략을 사용하였다. 그리고 직장 여성이든 전업주부이든 가부장적 사회체제 내에서 인정받기 위해 여자들이 얼마나 금욕적으로 자아를 억압하고 감정을 억누르는지 그리고 그로 인해 그들이 어떤 화병의 증세들을 발현하게 되는지를 시적 사진으로 포착해 내는 전략을 선택하였다.

이 시집의 대표시 「의붓딸의 스냅사진들」은 리치의 이런 시적 전략들을 고스란히 보여준다. 이 연작시에서 리치는 여성의 전통적인 심상들과 역사적 맥락을 배경화면으로 삼아 보통 여자들이 일상적인 삶 속에서 무의식적으로 드러내는 고통의 순간순간을 절묘하게 포착하여 열 개의 스냅사진 속에 담아냈기 때문이다. 그 덕분에 독자들은 가부장의 딸로서, 어머니로서 겪게 되는 여성의 존재론적 고독 혹은 원초적 고통을 담은 스냅사진들을 바라보며, 말없이 존재하는 여성 인물들이 그 순간에 느꼈을 법한 속내를 혹은 내뱉었을 법한 말들을 상상하며 가부장적 사회체제에서 살아가는 여성의 존재 양식과 인생의 의미를 다시 사유해 볼 수 있는 계기를 가지게 된다.

　전통적으로, 가부장제 사회체제에서 문화를 창조하는 공적 역할은 남성 작가들에게 부여되었다. 그들 대부분은 가정을 부드럽고 따뜻하며 평화와 안식을 주는 공간으로 제시했으며, 그러한 가부장적 가정 담론을 수용한 루이자 메이 알코트나 해리엇 비처 스토우Harriet Beecher Stowe와 같은 여성 작가들 역시 집안에서 자녀들의 가정교육을 담당하는 어머니의 '올바른' 역할을 강조하면서 가정을 안심하고 의존할 수 있는 어머니의 품과 같은 안전한 공간으로 재현하였다. 하지만, 1960년대 현대 산업사회에서 일과 가정을 모두를 돌보아야 하는 여성에게 — 심지어 전업주부들에게조차 — 가정은 더 이상 19세기 빅토리아 시대의 낭만적 아우라가 서려있는 이상적인 공간이 아니었다. 현대 사회의 가정에서 여성은 가부장의 권위로 무장한 남편과 제멋대로인 아이들을 위해 온갖 자질구레한 시중을 들고, 쉴 틈 없이 그들을 먹이고 입히는 허드레 일을 하는 가정부의 역할과 정숙하고 교양있는 천사같은 아내의 역할과 인자하고 온화한 어머니의 역할을 모두 해내느라 고군분투하는 전쟁터와 마찬가지였다. 이 전쟁터와 같은 가정에서 만약 여성이 모성애의 전신갑주를 입고 현모양처의 명예를 기대하며 스스로 몸과 마음을 맞춰시키지 않는다면, 그녀는 순식간에 외로움, 좌절감, 공허감에 압도되어 무의식중에 나직이 한숨을 내쉬며 눈물을 흘리거나 속으로 병들고 감정이 고갈되어 가다가 마침내 짜증과 분노를 내뿜는 괴물로 변하기 십상일 것이다.

　그러므로 연작시 「의붓딸의 스냅사진들」에서 리치는 19세기 빅토리아 시대의 평화로운 가정의 심상을 배경 화면으로 드리워 놓으면서도 현대 여성이 그런 전통적인 가정의 모습을 유지하느라 고군분투하는 모습을 스냅사진처럼 포착하여 시적으로 제시한다. 즉 겉은 멀쩡하지만 속으로 골병든 여자들이 사는 세상을 무심한 시선으로 슬쩍 보여주는 가운데, 그들이 숨기고 있는 공포와 원망을 시어로 번역해 주석처럼 달아 놓는 것이다. 특히 세 번째 시에서 리치는 가부장제 가족체제 하에서 "생각하는 여자"로 산다는 것이 어떤 고통을 감수해야 하는 것인지를 두 여자의 스냅사진을 통해서 시사한다.

> 생각하는 여자는 괴물과 함께 잠을 잔다.
> 그녀는 자신을 물고 있는 부리가 된다. 그리고
> 용수철 뚜껑 같은 자연은, 시간과 도덕을 담고
> 아직 쿨렁쿨렁한 그 납작한 트렁크에
> 이 모든 것을 채운다. 곰팡이 핀 오렌지 빛 꽃,
> 여성용 약품들, 납작 누른 여우 머리와 난초꽃 장식 밑으로
> 흉측하게 튀어나온 보디세아의 젖가슴.

> 잘생긴 여자 두 명이, 도도하고, 날카롭고, 미묘하게,
> 논쟁을 벌이고 있다.
> 나는 정교한 문양의 크리스털 그릇과 마욜리카 도자기 너머로
> 궁지에 몰린 분노의 여신들이 먹잇감을 놓고 고함치는 소리를 듣는다.
> 여자들의 편견으로 가득 찬 언쟁, 내 등에 꽂힌 채 녹슨
> 그 오래된 모든 칼 들을, 나는 당신들에게 들이댄다,

나와 닮은 자여, 나의 자매여!

—『문턱 너머 저편』, 47

　'생각'이 많은 여자는 한 사람의 아내이자 아이들의 어머니로서 가족을 진심으로 사랑하지만, 자아의 욕망을 억누른 채 살아가는 그런 삶에 충만감을 느낄 수 없어서 심리적으로 고통받고 번민하는 삶을 살아간다. 하지만 그 '생각'이 많은 여자는 '현모양처'의 도덕률 앞에서, 그리고 자신이 보살펴 줘야 그나마 제대로 먹고 제 기능하며 살아가는 불쌍한 가족들 앞에서 자신의 개인적 욕구를 앞세우지 못한다. 자기애自己愛를 실천하려는 자신이 '이기적인' 생각에 빠진, 뭔가 잘못된 판단을 하는, 정신이 온전치 않은, 심하게는, 미친 여자 '괴물'인 것만 같아서 매우 고통스럽기 때문이다. 그래서 그 '생각'이 많은 여자는 스스로 입을 닫고 침묵수행을 하기로 결심하고 자신에게 주어진 여성의 인생을 수용한다. 하지만 그녀의 가슴은 이미 메마를 대로 메말라 있어 모성애가 흘러넘치지 않는다. 그녀의 육신과 정신 역시 어떤 약이라도 먹고 살지 않으면 안 될 정도로 피폐해져 있다.

　리치는 그러한 '생각' 많은 두 여자가 고급 레스토랑에서 친구로 만난 상황을 스냅 사진의 상황으로 설정해 두고, 그들의 겉과 속내를 시어로 풀어내며 두 여자가 가족을 위해 희생하는 가운데 억누른 분노의 감정을 엉뚱하게 서로에게 내뿜으며 서로를 적으로 여기게 되는 현실을 드러낸다. 이 스냅사진에 포착된 두 여자는 겉으로는 교양 있고, 세련된, 중년 부인들로서 품위있는 수사를 사용하여 대화를 하고 있지만, 사실상 그들이 내뱉는 한 마디 한 마디는 "날카롭고, 미묘하게" 서로에게 상처를 준다. 이 두 여자의 대화 저변에 흐르는 고통의 맥동을 진맥하고 그들의 이중 언어를 번역하는 입장에 있는 리치는 이 두 여자가 서로에게 상처를 주는 말을 하는 가운데 이미 분노의 여신의 형상으로 변신하였다며 탄식을 내뱉는다. 고작 가부장적 사회 권력이 내건 허상적인 명예 혹은 "여자들의 편견" 때문에 그들이 서로를 잡아먹을 듯이 대하고 있는 모습을 보라고, 생각이 많았던 그들이 현모양처의 양식에 복종한 뒤, 가부장들이 그들에게 꽂았던 억압적인 언어의 비수를 이제 서로에게 다시 꽂는 모습을 보라고, 그들이 아름답고, 교양 있는 겉모습을 하고 속으로 얼마나 파괴적인 괴물의 모습을 억누르고 있는지를 보라고 말이다. 그럼에도 불구하고 리치는 이 두 여자를 버리지 않는다. 오히려, 가부장적 관념과 언어를 사용하는 한 세상의 모든 여자들은 가부장적 사회 권력이 제시하는 '진정한 여성'의 허상 때문에 똑같이 고통 받고 심적인 피해를 겪는 사회적 약자인 '여성적 존재'에 해당한다는 인식을 내비친다. 교양있는 진정한 여성의 위선적인 민낯을 드러내지만 그녀는 그런 여자들조차 "나와 닮은 자"이자 "나의 자매"로 끌어안을 수밖에 없다는 심사를 제시하는 것이다.

　나아가, 「의붓딸의 스냅사진들」에서 리치는 "압제자의 언어"를 사용하여 자신이 구현하고자 하는 예술의 세계가 어떠할 것인지 시사하였다. 그녀가 "압제자의 언어"라고 부르는 가부장들의 말과 글은 그녀를 비정상적 성정체성을 지닌 레즈비언 '괴물' 그리고 남편을 잡아먹은 여자 '괴물'로 정의하고 몰아세웠다. 그럼에도 불구하고, 리치는 세상을 바꾸기 위해서 그리고 시를 통해 메시지를 전달하고 독자들과 소통하기 위해서 그런 "압제자의 언어"를 버릴 수가 없다는 것을 잘 이해하고 있었기 때문이다.

더 이상 한숨짓지 마세요, 숙녀 여러분.

시간은 남자랍니다.

그래서 그의 컵으로 아름다운 여성에게 축배를 들지요.

그들의 무용담에 즐거워하며, 우리는 듣는답니다,

우리의 평범함이 과도하게 칭찬되는 걸

나태함이 금욕으로 읽히는 걸

헤픈 생각이 직관으로 치장되는 걸

모든 실수가 용서되는 걸요. 우리가 지은 죄라면

그저 그림자를 너무 대담하게 드리우거나

틀을 완전히 깨부수려고 한 것이라고나 할까요.

그런 것 때문에 독방에 감금되거나

최루탄을 맞거나, 소모적인 폭격을 당하는 거죠.

명예를 바라고 [전쟁에] 지원하는 사람은 거의 없습니다.

— 『문턱 너머 저편』, 54

잘 알려져 있다시피 그리스 신화에서 시간은 남성 신 크로노스Cronos이
며 자기 자식들을 잡아먹거나 모든 것을 소진시키고 황폐화시키는 속성
을 대변하고 있다. 시간의 파괴적인 속성은 르네상스 시대에 더욱 우울
하게 부각되어 시간은 종종 긴 낫을 들고 아이를 잡아가는 '가부장 시간
Father Time'으로 형상화되었다. 그런 배경을 염두에 두고 리치가 "시간은
남자랍니다"라고 말하는 것을 이해해 볼 때, 그녀는 독자들에게 전통적

으로 문화의 영역이 남자들 혹은 가부장들이 지배하는 영역이라는 점을 다시 한 번 환기를 시켜주려는 의도를 드러낸다고 할 수 있다.

이어서, 리치는 남성 중심적 문화 체제에서 여성은 남자들에게 반응해 주는 정도로 가치가 매겨지고, 그들이 보기에 적당하게 보조를 맞추는 정도의 지적 능력을 가지도록 기대되며, 아예 생각을 하지 않거나 비현실적인 공상fancy을 주절거려도 '예쁘니까'라는 말로 용서를 받으며 사는 존재라고 지적한다. 그녀는 순수한 마음으로 가부장적 사회 규범을 수용하고 여성이 처한 현실에 이의를 제기하는 것을 꺼리며 살아가는 여자들에게 '참 잘 살고 계시네요'라고 모순적인 건배사를 건네기도 한다. 그럼에도 불구하고 리치는 과거 역사를 살펴보면 언제나 '죄'를 지은 여자들이 존재하고 있었다는 점을 역설한다. 그런 여자들은 가부장적 사회의 여성관에 대해 비판적으로 사유하고 당돌하게도 의구심의 그림자를 드리우거나 가부장의 영향력에서 벗어나는 시도를 했던 '죄' 때문에 사회적 죽음을 당했던 것이다. 가령, 앤 허친슨Anne Hutchinson은 마녀로 정죄되고 화형을 당하였고, 『제인에어Jane Eyre』의 버사는 미친 여자로 독방에 감금되었으며, 『주홍글씨The Scarlet Letter』의 헤스터 프린은 간음녀로 사회적 죽음을 맞이하고 외딴 곳에 유배된 처지로 살아야 했다. 이처럼, 리치는 가부장들이 여자들에게 건네주는 '칭찬'을 나열하는 동시에 가부장들이 '생각하는 여자'들에게 평결하는 '죄'의 임의성의 양면을 바라볼 수 있도록 독자들의 의식을 깨운다. 그리고 맨 마지막의 시행에서 그녀는 가부장적 사회의 절대 권력과 이념에 대항하는 전투에 참전하여 여성의 독립자존을 위해 싸우는 페미니스트치고 명예를 바라는 사람은 없다는 점을 명확히 하며 자신의 입장을 밝힌다.

이처럼 「의붓딸의 스냅사진들」에는 가부장적 사회체제의 가정 담론과 모성에 담론에 도전하는 페미니스트 시인의 당돌한 시선과 파괴적인 심상들이 담겼는데도 불구하고 막상 연작시를 읊조리는 리치의 목소리는 결코 냉소적이거나 전투적이거나 감정의 과잉 증세를 담고 있지는 않다. 정형적인 운율과 단정하고 절제된 시어를 버린 대신, 리치는 자유분방하고 직설적인 언어를 사용하여 독자들에게 '생각하는 여자'들을 겉만 번지르르하고 속은 텅 빈 '여성' 존재로 만드는 가부장적 사회 권력을 '똑바로 바라볼 것'을 진심으로 요청할 뿐이다. 그리고 가부장들이 만들어 놓은 여성적 심상들을 패러디하여 과감하게 조롱하거나 명민하게 해체하여 여성 화자의 속마음을 들려주는 가운데 적어도 여성 독자들에게 시원하고 통쾌한 카타르시스를 전달해 주기도 한다. 또한 때로는 속 깊은 친구처럼 시 속의 여자들이 침묵으로 말하는 고민을 들어주거나, 때로는 독백을 통해 여성 화자의 내면에 그려진 삭막한 풍경을 보여주면서 그녀가 무심결에 떨구는 눈물과 내뱉는 탄식에 실려 흐르는 애잔하고 진한 떨림을 전달해 주기도 한다.

물론 「의붓딸의 스냅사진들」 연작시에서 가장 인상적인 점은 리치가 독자들에게 "더 이상 한숨짓지" 말고 앞으로 새로운 여성의 역사를 함께 만들어 나가자고 격려하는 열 번째 시이다. 여성의 이름으로 사회변혁을 외치기보다 한 여자가 다른 여자를 사랑하는 진심어린 마음으로, 다른 여자들의 슬픔과 외로움을 보듬어 주려는 애정어린 관심으로, 상처를 딛고 함께 성장하려는 자매애로, 리치는 여자들의 실제 삶의 양상들과 고통의 근원을 담은 사진시첩을 여자의 형상을 입은 괴물에 해당하는 언어가 전달하는 "수하물"로서 독자들에게 선사하려는 것이다. 비록 페미니스트 시인으로서 자신의 임무를 각성한 초창기이기에 이 시집에서 그녀는 아직 자신을 전통적인 인어의 심상에 비유하고 있지만, 아무튼 이 시집은 시인 리치의 활력과 희망이 반짝반짝 담긴 선물로서 독자들에게 개개인의 의식의 각성을 촉구하고 "우리"의 세상을 구성하자는 메시지를 담고 있다는 점에서 중요하다.

이후 『바꾸려는 의지 *The Will to Change*』(1971)에서 리치는 흔히 한국의 여성들이 화병이라고 부르는 가슴 속의 병을 알고 있기라도 한 듯 페미니스트 시인으로서 마음껏 여자들의 분노를 대변하기 시작한다. 가령, 「천체관측소Planetarium」에서 리치는 자신의 모습을 "괴물의 형상을 한 여자, 여자의 형상을 한 괴물"에 자조적으로 빗댄다. 그리고 "압제자의 언어"를 보수하여 사용할 수 있는 방법을 터득하기를 간절히 소망하며 그녀는 밤하늘을 수놓은 무수한 별들을 바라본다. 그간 '비정상적인' 레즈비언 혹은 남편을 잡아먹은 괴물로 몰려 심한 비난을 받았을 리치는 창의적 상상력을 발휘하여 자기처럼 그 존재조차 무시되었던 '생각하는 여자'들 즉, 남성의 영역 혹은 가부장의 권위에 도전했던 여자들의 삶은 어떠하였을까, 죽은 뒤 그들은 어떻게 되었을까를 사유해 본다. 시의 후반부에서 그녀는 비록 그들이 아무도 기억해주지 않는 역사의 뒤안길로 사라졌지만 그들의 저항적 에너지는 사라지지 않고 오히려 밤하늘의 별이 되어 반짝거리고 있을 것이라고 여기며 위로를 받는다.

이미 『의붓딸의 스냅사진들』에서 전투적 페미니스트 시인으로서 입장을 밝힌 리치는 이제 주류 가부장적 평론가들에게 '특별한 여자'로 혹은 '장래가 촉망되는 여성 시인'으로 인정을 받고 싶다는 욕망조차 버린다. 오히려 이 시에서 그녀는 시인의 초심으로 돌아가 역사적으로 가부장적 사회 권력에 무시를 당하고 존재조차 기록되지 않았던 '원시기 페미니스트들proto-feminists'을 기억하며 그들이 내뿜는 혁신적인 여성 에너지를 수혈 받고자 하는 욕망을 펼친다. 과거에 가부장적 사회권력의 차별과 제한에 도전하는 '죄'를 지었던 여자들이 그랬던 것처럼, 리치 역시 여자인 '나'를 망가뜨리는 압제자의 언어를 사용하여 오히려 '나'의 페미니스트 의식을 내세우고, '나'의 시적 욕망을 드러내는데 아무런 두려움도, 거리낌도 없이 앞으로 나아가는 페미니스트 예술가가 되겠다는 포부를 밝히는 것이다.

괴물의 형상을 입은 한 여자
여자의 형상을 입은 한 괴물
하늘은 그런 형상들로 가득 차 있다.
(⋯중략⋯)
우리는 우리가 보는 것만을 본다
그리고 보는 것은 변화를 일으키는 것이다
(⋯중략⋯)

무선의 충격파가
황소별자리로부터 쏟아져 내리고 있다

나는 가격당하고 있다 그래도 나는 서있다.

나는 수많은 신호들이 우주에서
가장 정확하게 전송되고
가장 번역하기 어려운 언어로
직통으로 수신되는 길에 평생 서 있었다
나는 엄청나게 거대하고 엄청난 소용돌이를 지닌
중력파가 통과하는 데만 십 오년이 걸리는
은하계이다 그리고 [진실로] 그만큼
시간이 걸렸다 나는 여자의 형상을 하고
[그녀의] 요동치는 마음을 심상으로 번역하려는
하나의 도구이다 육신의 평안을 위해
그리고 정신의 재구성을 위해.

—『문턱 너머 저편』, 153~156

위의 인용시에서 제시되듯이, 가부장제 가족체제 하에서 오랫동안 여
자들에게 주어진 존재양식은 단지 두 가지였다. 사회적으로 용납되는 어
머니의 양식을 따라 순종하며 살거나 사회적 규범에 벗어나는 언행을 일
삼는 비정상적 괴물-여자로 취급받거나 둘 중 한 가지를 선택해야 했던
것이다. 하지만, 실제로 따져 보자면, 여자들에게는 어떤 선택권도 없는
것이나 마찬가지이다. 이 두 가지 양식이 결국 가부장적 사회 권력에 종속
된 여성적 존재라는 한 가지 양식만을 허용하기 때문이다. 다시 말해, 개

인적인 욕망을 추구한다는 이유로 가부장적 사회 권력에 의해 괴물 취급을 당하고 살든지, 아니면 가부장적 사회 권력의 지지를 받는 현모양처의 명예를 얻지만 평생 자신과 타인들을 괴롭히며 사는 괴물이 되든지, 여자들은 생애주기에서 대부분 제 자신의 모습으로 살지 못하게 되고 '괴물성'에 대한 번민으로 괴로워하는 삶을 공통적으로 살아가는 것이다.

이 시에서 리치는 자신 역시 이 두 가지 존재양식 사이에서 "가격을 당하고" 엄청난 고통을 당하며 살았다고 고백한다. 그래도 죽지 않고 살아남은 점에 자부심을 내비치며 리치는 "그래도 나는 서있다"라고 당당하게 외친다. 다만 의식적으로 시행을 찢어 독자들로 하여금 "그래도"와 "나는 서있다"라는 어구 사이의 빈 공간을 시각적으로 보게 하여, "나는 서있다"라는 시어에 담긴 자신의 강인한 의지력에 대해 보다 실감하며 읽어줄 것을 요청한다. 그리고 이어진 마지막 연에서 그녀는 "압제자의 언어"가 자신을 여자의 형상을 한 괴물로 규정했을 지라도 자신은 두려움 없이 자신의 욕망을 따라 자신이 하고 싶은 예술을 추구하며 살아가겠다는 포부를 적어 놓는다. 의도적으로 시행을 찢어 독자들로 하여금 자신이 시를 쓰는 일이 말처럼 쉬운 일이 아니었으며 첫 시집을 출간한 이래로 십 오년이 걸려서야 비로소 자신이 하고 싶은 일, 자신이 할 수 있는 일, 자신이 해야 하는 일을 각성할 수 있었다는 점에 공감해 주기를 바라며, 그녀는 앞으로는 조금도 거침없이 자신이 앞으로 창작하려는 시예술의 정치적 의미를 적어 놓는 것이다. 자신의 시예술이 가부장제 가족체제를 살아가는 보통 여자들의 "육신의 평안을 위해, 그리고 정신의 재구성을 위해" 반드시 쓸모가 있을 것이라는 신념을 가지고서 말이다.

또 다른 시 「한 평생Our Whole Life」에서 리치는 알제리의 한 촌로를 소재로 삼아 가부장제 가족체제의 남성 중심적 언어가 그동안 다양한 사회적 소수자들과 약자들을 포함하는 여성적 존재들의 가슴을 얼마나 시커멓게 태웠는지 고발하기도 한다. 알제리의 한 시골에 사는 가난한 노인은 한평생 원인모를 육신의 고통에 시달리며 살아왔다. 어느 날 도저히 그 고통을 참을 수 없게 되자 그는 먼 길을 걸어 도시의 의사를 찾아간다. 하지만, 지극히 합리적이고 이성적인 의사로부터 그가 들은 대답이라고는 "병명이 없다"라는 말뿐이다. 그 순간 그의 마음속은 어떠하였을까? 분명히 지금 여기 고통 받는 육신이 존재하는데, 그 고통이 진단되고 표현될 수 있는 의학 언어가 부재하여 자신의 고통이 병으로 인정받지 못하고, 아픈 곳이 없다는 진단을 받았을 때, 이 촌로는 슬퍼해야 할까, 기뻐해야 할까? 리치는 이 촌로가 처한 기막힌 상황을 여자들과 사회적 약자가 처한 상황에 비유하여 가부장적 사회의 '여성'이 집단적으로 경험하는 화병과 원초적인 고통을 대신 증언하였다. 나아가, 「아이들 대신 분서焚書를Burning Books Instead of Children」에서 그녀는 자라나는 아이들에게 가부장적 사회 권력의 "압제자의 언어" 즉, 적자생존의 원칙, 경쟁과 승자 독식의 규칙, 부적응자의 도태로 이루어지는 자본주의적 사유 체제를 불가피한 원칙으로 합리화하며 사회적 약자이자 여성적 존재가 처한 부조리한 현실의 근원에 자리 잡은 백인남성 중심적 패권주의 세계관을 개혁하려고 하지 않는 가부장의 책들을 불에 태워버리자는 과격한 제안을 하기도 하였다.

일곱 번째 시집인 『난파선 속으로 잠수하기Diving into the Wreck』(1973)에서 리치는 가부장적 사회 권력이 강요하는 이성애 중심적 가족체제와 가부장들의 남성 우월주의를 전복시키려는 페미니스트 의식을 매우 명확하게 구현하였다. 이 시집의 대표시 「난파선 속으로 잠수하기」에서 리치는 자신을 유명한 해양탐험가 자크 쿠스토Jacques-Yves Cousteau에 비유하여 남성 중심적인 편향적인 역사와 이성애 신화의 저변을 깊숙이 파고든다. 그리고 리치는 포용과 나눔의 여성적 세계관을 배제한 채 경쟁과 배제의 남성적 세계관에 빠져 진화를 거듭한 서양의 문명을 바다에 침몰한 난파선에 비유하며, 그 실체를 다시 바라볼 필요성을 제시한다. 어쩌다 여자들과 남자들이 서로를 적으로 여기고 혐오하게 되었는지, 어쩌다 여성적 원리와 남성적 원리가 분리되어 별개의 영역에서 사유되었는지, 그 결과 '우리'의 세상에 어떠한 해악이 초래되었는지, "잔해에 대한 이야기가 아니라 잔해 그 자체"를 직접 보고 피폐해진 문명을 보수할 수 있는 가능성을 진단해 보기 위해서이다.

> 난 난파선을 탐색하러 내려왔다.
> 단어들이 목적이다.
> 단어들이 지도이다.
> 난 이미 행해진 파괴의 정도와
> 그럼에도 살아남은 보물들을 보러 왔다.
> 난 손전등에 불을 켜 비춰본다.
> 물고기나 해초보다
> 더 영원한 어떤 것의

측면을 따라 천천히.

내가 찾으러 왔던 것
[그것은] 잔해 그 자체이지 잔해에 대한 이야기가 아니다.
그 자체일 뿐 그것을 둘러싼 신화가 아니다.
익사자의 얼굴은 언제나 태양을 향해
시선을 고정하고 있다.

—『문턱 너머 저편』, 204~205

　시적 사유를 거듭하는 가운데 마침내 리치는 가부장적 사회 권력이 억압하고 내버렸던 존재 양식의 잔해들 속에서 그동안 죽은 줄만 알았던 '양성성androgyny'의 원리를 찾아낸다. 그리고 리치는 시적 주어 '나'의 자아에 '그녀'로 표현되는 여성성과 '그'로 표현되는 남성성을 함께 수용하며 '우리'라는 새로운 양성의 주체를 탄생시킨다. 그것은 지금까지 "압제자의 언어"로는 표현될 수 없었던 인간의 존재양식으로서 리치는 양성 의식을 가부장적 문명의 바다에서 인양해 낼 수 있었던 것으로 만족한다. 마지막으로 리치는 압제자의 언어가 지금껏 언급한 적이 없었던 새로운 양성 주체 '우리'를 다시 한번 호명하며 그러한 존재양식이 이루어낼 수 있을 가능성의 예술을 꿈꾸며 시를 마친다.

　우린, 난, 넌
　소심해서 혹은 용감해서

여기로 다시 돌아오는 길을

탐색하는 사람이다.

칼 한 자루, 카메라 한 대,

우리의 이름이 적혀 있지 않은

신화에 대한 책 한 권을 가지고.

—『문턱 너머 저편』, 217

하지만 이 시집 이후 리치는 양성성의 원리가 양성애bisexuality로 혼용되는 가운데 애초의 혁신성이 사라지자 곧바로 '양성성의 원리'를 폐기하였다. 『여자로 태어난 것에 관하여』에서 설명하였듯이, 그녀는 '양성성'이 '모성'만큼이나 유행어가 되어버려서 페미니스트 문제의식을 함양하는데 실효성이 없게 되었다고 판단하였기 때문이다. 그녀가 보기에 남성 작가들, 즉, 에릭 노이만Erick Neumann이 "여성적 원칙을 갱신하자"라고 주장하거나 칼 스턴Karl Stern이 "현재의 역사의 위기에서 . . . 명백히 드러나는 양성성의 신비"에 대해 기술하는 것이나, 여성 작가들, 즉, 캐롤린 헤일브런Carolyn Heilbrun이 서양 인간중심주의를 관통하는 "양성적인" 저류를 지적하거나 캐써린 스팀슨Catherine Stimpson이 "양성인은 여전히 근본적으로는 여성과 남성으로 사고한다"고 말할 때, 성의 이분법에 대한 남성 중심적인 의미화의 체계를 혁신시키지 못한다고 보았던 것이다(76~77). 무엇보다도 그녀는 이들이 양성성을 말하면서도 남성적 범주와 여성적 범주 사이의 위계질서를 그대로 유지하면서 남자들이 하위범주 여성성을 회복하고, 여자들이 상위범주 남성성을 회복하여 인간성의 갱신을 하고 문명의 진보를 이루어 낼 것을 주장하고 있어서 양성 의식의 근본적인 해체가 불가능하다는 점을 지적하였다. 나아가, 리치는 여자들이 가부장적 사회의 주변부에 위치하고 있어 "미국인의 [집단] 무의식 속에 자리 잡고 있는 폭군적인 아버지의 개념"에 혁신을 일으킬 수 있다고 주장했던 필립 슬레이터Philip Slater조차 "가부장제가 [사회]체제의 진짜 이름"임에도 불구하고 그 이름 자체를 직접 호명하기를 꺼렸을 뿐만 아니라, "가부장제가 인간의 존재양식에 궁극적인 위협을 줄 것"이라는 결론에 도달했으면서도 그러한 통찰력을 구체적으로 깊숙이 파고들지 않았다고 비판하였다(77). 양성성을 주장하는 남성 이론가인 슬레이터조차 '가부장제' 자체가 문제의 근원이라고 진술하지 못하고 '여성성'을 '혁명성'과 연결시키지 않는다면, 보통의 남자들이 억압된 여성성을 회복하여 양성 주체가 된다고 하여도 가부장제와 가부장의 난폭한 권력 남용을 사라지게 하는 데 기여할 수는 없으리라고 보았던 것이다.

그러므로 리치는 양성주의를 주장하는 남성 지식인들이 보통 남자들에게 여성성을 회복하라고 강조할 때, 남자들 편에서 발생할 수 있는 격렬한 저항과 반감을 고려해야 할 것이라고 지적하였다. 비록 가부장제 가족체제가 가부장의 딸들을 억압하고 비하하는 과정에서 아들들에게도 심리적 폐해를 입혔을 테지만, 그 아들들은 여전히 가부장제라는 동굴에서 벗어나오는 것에 대해 두려움과 공포를 느낄 것이기 때문이다. 예컨대, 남자들은 폭력적인 아버지의 일방적인 권위주의, 군국주의, 민족주의, 폭력적 제압, 기술주의, 제국주의 등등에 저항을 하면서 반전운동이나 사회변혁운동에 참가할 수 있을 테지만, 그렇다고 해서 그들이 가부장의 지배에서 벗어나 모성애의 이름으로 자유를 억압하는 가모장의 지배 체제로 들어가는 상황을 쉽게 수용할 수 없을 것이다. 가부장제가 아무리 인간의 존재양식에 부정적이라고 해도 여전히 남자들에게 가부장제는 그들이 누리는 특권과 영향력을 확인시켜주는 "그들의 질서"(『여자로 태어난 것에 대하여』, 83)이기 때문이다.

　이후 리치는 남성성과 여성성의 위계질서에 변화를 일으키지 못하는 양성주의를 폐기하는 대신, 남자들이 '신성한 모성'과 '여성이 지닌 구원의 힘'을 칭송하면서도 가부장제 폐지를 주장하지 못하는 그 모순을 근원적으로 보수할 수 있는 방법을 사유하는 방향으로 자신의 페미니즘을 밀고 나아갔다. 리치의 여덟 번째 시집『공동언어를 향한 소망Dream of a Common Language』은 바로 이러한 사유를 반영한 결과물로서 제2세대 급진주의 페미니즘에서 벗어난 리치의 고유한 레즈비언 페미니즘의 정수를 담고 있다. 이 시기의 산문과 이 시집에서 리치는 그간 가부장적 사회 권력이 여성의 모성 경험을 가족들에 대한 사랑으로 신성화하고 가정의 영역에만 제한한 결과 여자들 사이의 유대감이 약화되어 온 현실, 가족들을 돌보기 위해 몸과 마음을 헌신하는 여자들이 막상 자신의 신체와 영혼에 병을 얻었을 때는 침묵하여 돌봄을 받지 못하는 현실, 여성적 사랑에 대한 부정적 편견이 고착되고 사회적 약자에 대한 차별이 거리낌없이 행해지는 현실을 비판하고 그러한 현실에서 벗어날 수 있는 새로운 여성의 존재양식으로서 '복수적 자아개념'을 창안하였기 때문이다. 이 시집에 대해서는 제8장과 9장에서 자세히 다룰 것이다.

제3장

페미니스트 시인이 유대계 가모 장의 노란별을 달기까지

아드리안 리치와 비주류 아웃사이더 페미니즘[1]

　지금까지 리치의 삶과 비평 그리고 창작 시편들을 개관하면서 그녀가 자신의 개인적인 삶을 시적 소재와 사유의 원천으로 삼게 된 전기적 배경 그리고 그 과정에서 그녀가 페미니스트 비평가로서 자신의 정체성을 각성하고 이를 토대로 본격적으로 이성애 중심적 가부장제와 남성 우월주의를 비판하는 페미니스트 시인으로 성장해 나가는 과정을 살펴보았다. 리치가 비평가이자 시인으로서 그러한 성장을 할 수 있었던 것은 물론 「뿌리에서 갈라진 – 유대계 정체성에 대한 소고Split at the Root: An Essay on Jewish Identity」(1982)[2]에서 회상했던 대로 1960년대와 70년대에 걸쳐 세 아이를 양육하는 가운데 어머니로서 경험했던 고통과 외로움으로 인한 급진적 변화에 힘입은 바가 크다. 하지만 이 글에서 리치는 모성 경험 못

1　제3장은 저자가 『현대영미시연구』 18권 2호에 게재했던 「"저도 노란 별을 달지요" – 에이드리언 리치의 유대계 인종의식과 종교적 예술가의 책임의식」을 다시 쓰고 추가 연구로 보완한 글이다.

2　이 산문은 『아드리안 리치의 시와 산문』, 224~238쪽에 실려 있음.

지않게 자신의 의식을 급진적으로 변화시켰던 전기적 경험을 또 하나 밝히고 있는데, 그것은 바로 '유대계' 백인으로서 가졌던 경계인의 경험이다. 유대계 부계 혈통과 백인 모계 혈통 때문에 리치는 백인 가부장들에게 순수한 백인 신분을 인정받을 수 없었고, 순혈 유대인이 아니기에 유대교 가부장들에게 유대인 신분을 인정받을 수 없었다. 이러한 경계인의 경험은 그녀의 페미니스트 사유를 또 다른 차원에서 급진적으로 변화시키는데 큰 영향을 미쳤을 것이다.

「뿌리에서 갈라진」에서 리치가 밝혔듯이, 그녀는 어려서부터 아버지 아놀드 리치의 명령 때문에 백인 행세passing를 하면서 이름 모를 불안감과 두려움을 지닌 내면 의식을 형성하였다. 하지만, 그녀는 세 번째 시집을 출간하면서 부터는 수십 년간 뼛속 깊은 곳에서부터 느껴왔던 자신의 성적, 인종적 정체성을 감추고 '정상적인 가부장의 딸'로 행세를 하는 것을 더 이상 참을 수가 없었던 것 같다. 그래서 이 산문에서 그녀는 부명父命에 순종하느라 의도치 않게 백인 행세를 하며 살았던 어린 시절을 허심탄회하게 회상하고, 백인 중심적 가부장제 사회에서 백인의 신분을 가지는 것의 의미, 그것을 상실하는 것에 대한 두려움, 그리고 백인 행세를 하는 비백인의 내적인 갈등과 분노가 얼마나 실제적이고 얼마나 철저하게 자아의 주체성을 갉아 먹는 것인지를 조근 조근 설명하였다. 더불어 그녀는 백인 행세라는 허울을 벗어 던지고 당당하게 '유대인'을 상징하는 '노란별'을 달겠다는 선언을 하였다. 제2차 세계대전 당시 수많은 유대인들의 생명을 앗아갔던 홀로코스트와 그 정신적 트라우마를 고려할 때, 리치가 '노란별'을 가슴에 달겠다고 선언했던 것은 그녀가 '나는 레즈비언이다'라고 선언했던 것만큼이나 급진적인 것이어서, 모성의 경험과 인종의 경험이 리치의 페미니스트 사유의 지향성을 얼마나 근본적으로 변화시켰는지 잘 이해하게 해 준다.

1. 경계선 위의 존재 – 유대계 비유대인Jewish non-Jew

리치는 유대인 아버지와 남부 백인 어머니 사이에서 태어났다. 그녀는 어린 시절 성공회 교회Episcopal Church에서 세례를 받고, 기독교의 교리를 익힌 가운데 스스로를 '백인 중산층 미국인'으로 여기고 자랐다. 그녀가 「뿌리에서 갈라진」에서 고백하듯이, 그녀는 대학에 가서야 비로소 아버지의 유대계 혈통, 즉 "그가 [누구든지] 알아볼 수 있을 만큼 유대인으로 보인다"는 점을 인식할 수 있었다고 고백한다(225). 물론, 리치가 그렇게 뒤늦게 자신의 인종적 뿌리를 깨닫게 된 데에는 그만큼 철저하게 그녀의 아버지가 유대계 혈통을 숨기고 '백인 행세'를 하며 남부 백인 주류사회의 기독교 문화에 동화되어 살았기 때문이었을 것이다.

잘 알려져 있듯이, 구약성서의 여러 이야기들 중에서 우리에게 친숙한 모세의 기적과 이스라엘 민족의 대탈출 사건 이후로, 서양 세계에서 유대인들은 백인 기독교 주류사회의 가부장적 권력에게 이런 저런 핍박을 받으며 생존의 역사를 이어온 사회적 약자이자 '여성적 존재'로 비춰져왔다. 하지만, 사실상 유대인 사회는 가부장 유일신, 종교지도자 랍비 그리고 가부장으로 이어지는 매우 수직적인 위계질서를 신봉하는 남성-중심적인 집단이다. 미국사회의 주류의식을 구성하는 백인 우월주의 때문에 발생하는 유대인 집단정체성의 이러한 임의성은 유대교의 가부장적 지도자들이 고수하는 순혈주의 때문에 다시 한 번 가중되었다. 즉 1960년대 미국사회에서 유대계 백인이 앵글로색슨계 백인WASP으로 행세하다가 유대계 혈통이 드러나는 경우, 백인의 신분과 사회적 특권을 상실하였을 뿐만 아니라 백인 중심적 사법체계뿐만 아니라 유대교의 종교체제의 보호를 받을 수 없는 아웃사이더 이방인으로 분류되었다. 또한, 부계나 모계 한쪽만 유대인인 경우, '진짜' 유대인으로 인정되지 않았으며, 유대교를 믿지 않는 경우에도 유대인의 자격이 인정되지 않았다. 결국 리치와 같은 혼혈 유대계 기독교인들은 기본적으로 백인 주류 공동체 집단에 소속감을 가질 수도, 유대인의 신분과 자격을 주장할 수도 없는 아웃사이더 이방인으로 분류되었던 것이다. 설상가상으로 리치처럼 유대교의 가부장들이 인정하지 않는 레즈비언의 정체성을 가진 여성의 경우, 유대인의 정치적 집단과 종교적 집단 모두에서 배제되어 조르지오 아감벤Giorgio Agamben이 말하는 '호모 사케르Homo Sacer', 즉, 정치, 사법, 종교 어느 차원에서도 보호를 받지 못하는 극단적으로 헐벗은 존재에 해당했다.

이처럼 유대인의 인종 경험이 흑인의 인종 경험만큼이나 정치적으로 매우 위험한 것으로 여겨졌던 시대적 상황에서, 리치의 아버지는 미국으로 이주한 이후 백인 남부 기독교 생도들을 육성하는 노스캐롤라이나의 육군사관학교에 입학하여 자신의 유대인 정체성을 완전히 뿌리 뽑고, 부모님의 바람대로[3] 전문직인 의학 분야에 진출하여 성공한 미국인의 삶을 살았다. 리치는 아버지에 대해 회상하는 가운데, 아버지가 평생, "외로움, 문화적 소외감, 혹은 이방인 의식"으로 고통을 받았다거나 "반유대주의"라는 말을 입에 담은 적이 단 한 번도 없었을 정도로 자신의 유대계 혈통에 대해, 이웃에게도, 자기 자녀들에게도, 그리고 스스로에게도 함구하고 살았다고 말하였다(225). 그렇기에 그녀는 대학에 가서 '진짜' 유대인 학생들을 만나고 그들의 외모를 보면서 비로소 아버지의 외모, 즉, "키가 작고, 깡마른 편에, 짙은 곱슬머리, 그리고 움푹 파인 눈, 높은 이마, 휘어진 코"가 전형적인 '유대인'의 프로파일에 완전히 일치한다는 사실을 깨닫게 되었던 것이다(225).

하지만, 「뿌리에서 갈라진」을 자세히 읽어보면, 리치는 이미 사춘기 시절부터 자신의 유대계 혈통에 대해 모호하게나마 짐작을 하고 있었다고 여겨진다. 다만, 그녀가 유대계라는 사실을 짐작하고도 자신의 인종 정체성에 대해 갈등하지 않았을 이유는 백인인 어머니의 가계 혈통과 기독교 때문일 수 있다. 유대계 혈통에 대해 침묵하는 아버지와 명백히 백인 혈통인 어머니 밑에서 자란 탓에 리치는 어린 시절부터 자신의 집안을 "훌륭한 가계혈통을 지닌" 남부 백인 중산층으로 여기고, 스스로를 "백인 남부 개신교 여성"으로 여기고 성장할 수 있었던 것이다(225). 그때의 경험을 회상하며, 리치는 기독교가 아버지처럼 '백인 행세'를 하던 평범한 비백인계 미국인들에게 행사했을 사회적 제도로서의 매력에 대해 설명하였다.

---

3   리치의 친할아버지 사무엘 리치는 오스트리아–헝가리 지역에서 이민 온 동유럽 유대계인 아쉬케나 지였고, 친할머니 해티 라이스는 미시시피 빅스버그 출신 남유럽 유대계인 세파르디였다.

사실 남부의 주류 백인 사회에서 기독교는 종교라기보다는 하나의 제도로서 교인들에게 사회적 욕망을 충족시켜 주는 기능을 하고 있었다. 가령 "기독교"라는 표현은 고유명사일 뿐만 아니라 일반명사나 형용사로도 쓰이면서 종파에 상관없이 교인들에게 지성미와 세련된 문화적 교양을 공유하는 계층으로서 사회적 결속감을 부여해 주었다. "교양 있고, 백인인, 중산층"에 속한 "예의바른" 남부 "기독교"인들은 절대로 상스러운 "깜둥이niggers"라는 표현을 사용하지 않고, 그 대신 "흑인Negroes"이라는 표현을 쓰면서 자기들을 못 배우고 무식한 "보통common" "노동자들red-necks"과 구별하였다(226). 또, 그들은 "예수 살인자Christ-killer"라는 거칠고, 저급한 표현을 써서 대놓고 "반유대주의anti-Semitism" 정서를 드러내는 언행을 삼갔다. 그 대신, 그들은 유대인들을 "히브리족"이라고 부르고 그들이 과거에 "진정한 구원자를 인식하는 능력이 부족하여" 예수를 처형하는 "끔찍한 실수"를 저질렀다는 식으로 고상하게 설명하며 자신들의 문화적 우월감을 드러냈다(228). 문명화된 그들이 보기에, "유대 종교를 믿는 민족"은 "과거의, 고대의, 원시적인" 시대에 속하는 미개한 족속이자 "도덕적, 정신적 감수성이 덜 발전한" 집단에 해당하므로, 그런 미개한 유대인들에게 동정심을 보여주는 것이 마땅하다는 것이다. 1930년대와 40년대 '백인 행세'를 하던 유대계 지식인들은 이러한 남부 백인 기독교인들을 모방하며 유대인들과 원시적인 유대교로부터 스스로를 분리하는 경향을 보였다. 그들은 기독교의 사회, 문화적 가치를 적극 수용하며 스스로를 백인 주류 WASP 사회에 성공적으로 동화된 미국인이라고 믿었던 것이다.

하지만, 리치는 자신의 아버지 아놀드를 포함하여 '백인 행세'를 하던 유대계 지식인들에 대해 '비겁하다'고 평가하였다. 리치가 대학교 1학년을 마치고 집으로 돌아와 아버지에게 왜 그들이 유대인이라는 사실을 말해주지 않았는가를 따져 물었을 때, 그는 "너도 알다시피 나는 내가 유대인이란 것을 부인해 본 적이 결코 없다. 하지만 그건 내게 중요하지 않아. 나는 과학자이고, 무던론자야. 제도화된 종교에 관심이 없어. 나는 다양한 인종들이 존재하는 세계에 살기로 선택한 거야. [거기엔] 내가 존경하는 유대인도 있고 내가 경멸하는 유대인도 있어. 나는 한 인간이지, 단순히 유대인인 게 아니야"라고 "신중하게" 대답을 했다고 하였다(230). 즉 딸 앞에서 아버지 아놀드는 인종이라는 요소로 한 인간의 가치를 측정하는 유럽사회의 집단적 무지에 항거하면서도 다양한 인종적 배경을 가진 사람들이 살아가는 미국에 이민을 왔으니, 미국인 과학자로서 지성인답게 모든 제도화된 종교를 거부해야 한다고 자신의 '백인 행세'를 정당화했던 것이다. 게다가, 그는 그동안 미국인으로서, 또한, "남부 신사의 품격"과 "문화적 가치"를 소중하게 여기는 교양인으로서, "거칠고, 몰아붙이는 뉴욕의 유대인들, 시끄럽고 격한 동유럽의 피난민 유대인들, 과하게 옷을 차려입는 남부 도시 유대인들"과 자신의 가정을 구별하는 태도를 보이고자 하였다(231). 이처럼 교양 있는 남부 백인 가부장으로 행동하는 아버지 탓에 리치는 늘 목소리를 낮추어 조용히 말하고, 사람들의 눈에 띄게, 화려하게, 혹은 마음대로 옷을 입어서도 안 되고, 화를 내서도 안 되고, 너무 크게 웃거나 공격적으로 말해서도 안 되는 등등 엄격한 백인 주류사회의 여성성을 지키며 성장했던 것이다(231).

그러나 「뿌리에서 갈라진」에서 어린 시절을 회상하는 리치는 이제 부명父命에서 벗어나 독립적 여성주체가 되었고 유대인 아버지 아널드의 '과학적'이고 '논리적인' 사고방식이 얼마나 표피적이었는지 페미니스트 비평가의 입장에서 조목조목 지적한다. 무엇보다 그녀는 백인 중심적 기독교가 사실상 배제의 논리를 통해 WASP사회의 인종, 계급, 성차별을 정당화하는 이념적 장치로서 기능을 하고 있다는 점을 아버지가 통찰하지 못했기에 역설적으로 매우 비논리적인 '백인 행세'를 하고 살았던 점에 대해 깊은 도의적 분노감을 드러낸다. 가령, 그녀가 보기에 "종교 : 없음"이라고 표현은, 적어도 남부 사회에서는, 그 사람을 시민의식이 부족하고 교양이나 문화적 세련미의 추구를 통해 인간적인 진보를 이루고자 하는 의식이 없으므로, '야만' 혹은 '미개' 혹은 '덜 된' 존재로 정의되고 따라서 정치와 종교의 공동체 생활에서 배제될 수 있게 용인해 주는 표식으로 기능하고 있었다(228). 또한 "보통 사람들"이라는 표현은 표면적으로는 중립적인 가치를 지니는 것 같지만, 사실상 어떤 정신적 가치에 대한 "이상"과 세련된 "매너" 같은 것에 대한 고려를 하지 않거나 아예 생각조차 못하는 사람들이라는 "강한 멸시"를 담고 있는 계층 차별적 표현에 해당하였다 (226). 유사한 맥락에서 그녀는 "유대교를 믿는 민족"이라는 표현 역시 백인 중산층 기독교인들이 표면적으로는 유대인 집단에게 상당히 객관적인 태도를 보이고 유대교 종교와 문화에 대해 배려하는 태도를 보여주는 것 같지만, 실제로는 유대인들을 흑인 노예들과 비슷한 미개한 존재로 여기고 '문명화된 인류' 집단에서 배제하여 백인 주류사회의 정치 영역에 참여할 수 없는 존재로 분류하는 태도를 함축하고 있다고 보았다(228).

물론 1930년대, 40년대 남부 백인 기독교인들이 가졌던 백인 우월의
식은 그들에게만 한정적인 것이 아니라 거의 모든 지역의 백인들이 가지
고 있었을 인종 차별 의식에 해당할 것이다. 미개한 족속들에게 기독교
문명을 전파한다는 구실을 들어 미국의 남부 백인들은 아프리카 흑인들
의 노예화를 정당화 시켰고, 제국주의 시대 서양의 국가들은 전 세계에
걸쳐 미개국의 식민 지배를 정당화 하였으며, 제 2차 세계대전 당시 나치
독일은 유대인 대학살을 자행했으니 말이다. 그러므로 리치는 "앞으로
나아가라, 기독교 전사들이여"라는 기독교 성전을 선전하는 문구를 차용
하여 글을 마치는 가운데 백인들이 기독교의 종교적 열정으로 포장하는
지배 논리, 즉, 폭력을 통한 사회 정화와 문명의 진보라는 역설적인 논리
속에 스며있는 인종 이기심을 비판하였다. 그녀가 보기에 그것은 백인들
이 어떤 식으로든 비백인들의 인간적 존엄성을 박탈하여 그들의 인종 학
살과 식민 지배를 합리화시키려는 허울만 좋은 논리이자 더도 덜도 아닌
백인 우월주의를 오롯이 반영하는 프로파간다에 해당할 뿐이었기 때문
이다.

2. 경계선 위의 존재 – 비유대계 유대인non-Jewish Jew

　물론 리치가 아버지 아널드의 백인 행세에 분노했던 이유는 단지 아버
지 세대가 보여준 비겁함과 계층의식 때문만은 아니었다. 그녀는 가부장
의 엄격한 명령에 따라 유대계 혈통을 부인하고 백인 여성의 행세를 하

는 가운데 자기 자신에게 당당하지 못하고 정체성의 발각을 두려워하는 비주체적인 삶을 살아야 했기 때문이다. 예를 들어 리치는 대학에 입학하여 '진짜' 유대인 학생들과 어울리게 되면서 처음으로 자신의 집안 환경을 말하고 자신의 인종 정체성의 고민을 털어 놓을 수 있는 기회를 가지게 되었다. 그때, "진짜" 유대인 학생들은 그녀가 '유대인이 아니다'라고 반응하며 순수혈통의 유대인과는 결혼하지 못할 것이라고 얘기를 해 주었다고 한다. 이처럼 진짜 유대인들로부터 공식적으로 백인이라는 인정을 받게 되자, 리치는 자신이 결코 백인이 아닌데 의도적으로 '백인 행세'를 하는 것이 아니라 사회적 기준에 따라 백인종으로 분류되므로 어쩔 수 없이 백인으로 사는 것이라는 심리적인 정당성을 확보할 수 있었다고 한다. 하지만, 어느 날 그녀는 자신이 가졌던 안도감이 얼마나 부질없는 것이었는지를 깨닫게 되는 사건 하나를 경험하게 되었다. 치마를 수선하려고 수선집에 들른 리치는 재봉사가 자신에게 "유대인인가요?"라고 물어보자 놀라면서 "아니요"라고 대답하고 그 유대인 재봉사에게서 가능하면 멀리 떨어져 서 있으려고 하였는데, 그런 자신의 모습에 매우 놀라고 실망을 하였다는 것이다(230). 기숙사에 돌아온 이후, 리치는 거울에 비친 자신을 바라보며 스스로 백인 여자라고 의심치 않았던 자신의 외모에 대해 의구심을 가지게 되었다고 고백하였다. 그리고 그때 비로소 자신의 아버지가 '백인 행세'를 했던 것이나 자신이 '진짜' 유대인 친구들에게 '유대인이 아니다'라는 공인을 받고 싶어 했던 것이 다른 것이 아니며, 두 사람 모두 유대인이라는 인종 경험에 대한 공포심 때문에 거짓된 안정감을 추구했던 것이라는 사실을 깨닫게 되었다는 것이다(230).

이처럼, 기독교는 유대계 미국인들에게 '백인 행세'를 가능하게 해준다는 점에서 매혹적이지만, 백인 행세를 위해 유대인의 정체성을 죽이는 사회적 자살을 행할 것을 요청하는 양날의 검에 해당하였다. 그러므로 백인 행세를 하는 유대인들은 종종 인간 존재로서 원초적인 고통에 시달리고 불안한 심리상태를 가지게 되곤 했던 것이다. 리치가 고백하듯이, 그녀의 아버지와 가족들은 백인 중산층 기독교인의 행세를 하며 다른 유대인들로부터 떨어져 사회적인 특권을 누리는 것처럼 보였지만, 그들이 진짜 고급 식당에 갔을 때 입장 거부를 당하는 모멸감을 느껴야 했다. 입 밖으로 발설되지는 않지만 암묵적인 규약으로 존재하는 '반유대주의anti-Semitism'의 정서가 백인 주류사회에 편재하였기 때문에, 백인 행세를 하는 유대계 미국인들은 '진짜' WASP 백인들로 구성된 '진짜' 주류 사회에서는 점잖게 배제를 당했던 것이다. 그렇다면 '백인 행세'를 하는 것은 백인 주류사회의 인종차별을 지지하고 참여하는 것과 다를 바가 없지 않는가? 그런 이유에서 리치는 유대인들이 인종적 혈통을 부인하는 것은 자신의 세대에서 끝나는 것이 아니라 후세에게 죄를 짓는 것이었다고 분노하였다.

예를 들어, 리치는 16세 고등학생이었던 1946년 어느 때인가 나치 포로수용소에 관련된 필름을 상영한다는 뉴스를 읽고, 시내 영화관에 가서 "냉혹하고, 직설적이지만, 오해의 여지가 없는 뉴스영화"를 보았던 때를 회상하였다(228). 당시에는 『안네 프랑크의 일기』나 다른 홀로코스트 관련 서적이 출판되지 않았을 때라, 영화를 보고 난 후 리치는 사춘기 소녀가 감당하기 힘든 일종의 "절망감, 불가피성"의 감정에 휩싸였던 기억이

난다고 했다. 집에 돌아가서 부모님께 영화를 보았다는 얘기를 했을 때, 부모님은 즐거운 표정이 아니었고, 오히려 자신을 "병적으로 호기심이 많고, 건강하지 않으며, 긴장과 충격을 맛보려고 죽음 주변의 냄새나 맡고 다니는" 아이로 비난하는 것 같은 느낌을 받았다고 한다(228). 이처럼, 부모님이 전혀 유대계 가계 혈통이나 가족사에 대해 정보를 주지 않고, "인종차별에 저항하는 법"도 가르치지 않고, 그 대신 "백인으로 행세하는 법"에 대해서 가르치는 상황에서, 사춘기 소녀 리치는 홀로코스트 영화가 증언하는 끔찍하고도 비인간적인 사실에 대해 함께 논의할 수 있는 사람이 없어서 매우 외로웠다고 한다(229). 이제 성인이자 유대계 레즈비언 페미니스트가 되어 과거 16세 소녀로서 자신이 느꼈던 번민과 무기력감을 다시 한 번 생생하게 되살아 보게 된 리치는 당시 부모님들이 보였던 침묵에 "때늦은 분노"를 느끼게 된다고 고백하였다(229). 뉴스 영화에서 자신의 의지와 상관없이 백인 중심적 사회 권력에 의해 유대인으로 분류되어 노란 별을 달고 인격의 박탈과 참혹한 고통을 당한 사람들을 보고도 부모님들부터 유대인의 역사에 대해 아무런 설명을 듣지도 못한 채 그저 남의 일인 듯 무심하게 망각하였으며, 백인 사회의 일원으로서 훈육받고 성장한 탓에 자신이 속한 유대계 공동체에서 멀어지고 이 글을 쓰기까지 꽤 오랜 세월 동안 "반유대주의에 대해서 아무런 할 말을 가지지 못한" 정치적 무자격자로 존재했으니 말이다.

실제로 리치는 이 글을 출판하기 직전인 1980년 유대인 친할머니 "해티 라이스"와 손녀인 자신과의 관계에 대해 쓴 시편 「손녀Granddaughter」에서 백인으로 행세하는 가운데 유대인의 정체성을 망각했던 할머니의 세대가 손녀의 세대에게 어떤 죄를 지었는가를 제시하였다.

> 난 그 작은 마을을 거의 생생하게 느낄 수 있단다....
>
> 그 조그만 백인 마을, 주변에는 깜둥이들이 살았는데
>
> [그것이] 백인들에게 짙은 그림자를 드리우는 것 같았어.
>
> 백인 여자로 태어났지만, 호기심 많은 유대계이기도 한,
>
> — 이중으로 주변인인데도, 계속 주류에 포함된다고 믿고 있는 [할머니] —
>
> 그런 식의 절반의 진실로 보호된,
>
> "피"라는 정말 강력하고, 끔찍한 주제
>
> 하나의 이상한 관념 때문에 둘로 갈라졌던,
>
> 작은 마을에 살았던 할머니,
>
> [당신은] 어떤 가르침을 배웠던 걸까요? 만일 내가
>
> 당신들 중 하나의 딸이라면 — 기억상실증이 그 답이었겠죠.
>
> —『문턱 너머 저편』, 376

이 시에 등장하는 리치의 친할머니는 유대인 혈통이 알려지는 것이 두려워서 철저하게 백인 기독교인 행세를 하고 그러면서 완벽하게 자기 자신을 배신하고 죽이면서 살았던 한 여자에 해당한다. 만약 그녀가 백인 가부장적 권력에 굴복하기보다 당당하게 자신의 유대계 혈통을 인정하고, 가족들에게 백인들이 유대인들에게 가했던 인종학살의 역사를 알려주고 인종 차별의 비윤리성을 손주들에게 가르치는 가모장의 주체를 가졌다면 무엇이, 어떻게 달라질 수 있었을까?

리치는 무엇보다도, 친할머니, 아버지를 비롯한 유대인 이민자들이 그들의 비겁함과 역사의식 부재로 인하여 백인 행세를 하면서 자신들이 피해자로 겪었던 고통을 망각하고, 오히려 흑인에 대한 인종차별 의식을 후세대에게 가르치고 인종차별을 실천하는 가해자가 되었다는 점에 주목하며 그 심각한 폐해를 지적하였다. 위에서 인용된 시에서 드러나듯이, 한 개인으로서 해티 라이스는 유대인이자 여자로서 이중적 차별의 현실을 경험한 피해자였지만, 백인 주류사회에 동화되고자 백인 행세를 하던 유대인들의 집단적 "기억상실증"을 실천한 나머지 백인 가부장적 권력에 기생하는 존재가 되어 유대인 인종 대학살에 대한 고통스러운 기억은 잊어버렸던 것이다. 그리고 그렇게 백인 행세를 하며 과거를 망각하는 삶을 사는 가운데 그녀는 흑인노예에 대한 지배를 성경의 근거로 정당화 시켰던 백인 주류 기독교인들에게 가상적인 친족 유대감을 형성하고 또 다른 비백인 집단, 즉, 흑인들을 "깜둥이"로 비하하는 태도를 재생산하고 인종차별을 가하는 가해자로 변신하게 되었다는 것이다.

리치의 할머니의 경우에서처럼 피해자가 가해자로 변신을 하게 되는 심리는 그만큼 인종차별로 인한 고통이 유대계 이민자세대에게 트라우마로 남을 만큼 심각했다는 반증이 되겠지만, 동시에, 유대계 이민자들이 고통스러운 역사를 정확하게 기억하고 유사한 인종차별과 인종학살이 반복되지 않도록 후세에게 교훈을 가르치는 책임을 지지 않았다는 사실 역시 드러낸다. 리치가 보기에 그것은 어떤 변명으로도 용서될 수 없는 것으로서 그들이 후손들에게 명백하게 '죄'를 지었다고 주장하는 근거가 되었던 것 같다. 예컨대, 순진한 유대인, 흑인, 아시아인 어린아이가

"왜 그들은[백인들은] 우리를 미워하는 거예요?"라고 물을 때, 우리가 "우리"라는 말을 써서 대답하기 위해서는 "우리"에 대해 어떻게 말할지 그 방법을 알고 있어야 할 것이기 때문이다(리치, 229). 그렇기에 리치는 아버지 아널드가 스스로 백인 행세를 하고 또한 딸에게도 백인 행세를 하게 함으로써 딸이 '우리'에 대해서 "알지 못하는 죄the guilt of not knowing"를 짓게 하였으며, "부모를 혹은 그 희생자들을, 그 생존자들을 "배신하게 했던 죄"를 짓게 한 것이라고 준엄하게 지적하였던 것이다(229).

리치의 지적은 지금 우리에게도 상당히 커다란 울림을 준다. 가령, 우리가 존경하는 부모님, 선생님, 사회지도층 지식인들이 흔히 여자들을 성희롱하는 것을 보거나, 타국에서 이주한 노동자들이나, 성소수자를 비하하는 농담성의 말을 들을 때 우리가 그저 함께 웃어버리거나, 그들의 의도가 선했을 것이라고 관용을 베풀어 주면서 침묵한다면 어떠한 미래가 만들어 지겠는가? 리치가 이 글을 통해 고백하고, 반성하고, 지적한 대로 우리가 모든 종류의 차별의 상황에서 침묵하고 집단적 기억상실증에 빠져드는 행위는 우리 스스로가 '우리'라는 공동체를 퇴행시키는 결과를 초래할 것이다. 가부장적 권력을 지닌 사회의 주류 집단이 여성적 존재인 사회적 약자들에게 스스럼없이 내뱉는 그런 사소한 농담들이 '우리'의 의식에 차곡차곡 쌓여서 우리의 후세대를 가해자로 변신하게 하고 또 다른 인종 차별과 또 다른 전쟁과 또 다른 인종 학살의 범죄에 휘말리게 할 수 있을지 모르기 때문이다.

그래서인지 이미 1969년 쓴 시편 「현판」에서 자신의 유대계 정체성을 끝내 밝히려 들지않았던 아버지의 비겁함에 대해 차가운 비판의 시선으로 회상한 바가 있었던 리치는 이 글을 쓸 때까지도 자신으로 하여금 반유대주의에 침묵하는 "죄"를 짓게 했으며 유대인 알프레드와의 결혼까지도 반대했던 아버지 아널드에 대해서 분노를 거두지 않았다.[4] 그리고 아버지와 달리, 리치는 공개적으로 백인 신분의 허울을 벗어 버리고 '유대인 되기'를 선택하였다. 사실상, 리치는 유대계 혈통을 지녔음에도 불구하고 어머니가 "이방인" 백인의 혈통에 속했기 때문에 "유대교 종교법에 따라서 스스로를 유대인으로 여길 수" 없었다(226). 그럼에도 불구하고 그녀가 의식적으로 '비유대계 유대인'이 되고자 했던 것은 당시 흑인 인권운동과 페미니스트 운동의 영향때문이었다고 볼 수 있다. 흑인 인권운동가들은 "Black Is Beautiful"이라는 구호를 외치며 백인들이 '비-인간'의 표식으로 사용했던 'Black'이라는 기표를 창조적으로 변용하였다. 그들은 어차피 '흑인'(비-인간)이라는 기의가 백인 가부장적 권력에 의해 임의적으로 설정된 것이라면, 'Black'이라는 기표를 오히려 흑인들의 강인함을 상징하는 기의로 사용하고자 하였다. 그래서 'Black Is Beautiful'과 같이 'Black'이 의미를 생성해 내는 과정을 재설정하는 동시에 '문화적으로 흑인 되기'라는 의식함양 운동을 펼치고 있었다. 그들의 영향을 받은 유대계 미국인 인권운동가들과 페미니스트들도 그들의 의지에 상관없

---

4 리치는 1987~88년 무렵에서야 비로소 아버지 아널드를 유대인 아널드라고 호명한다. 여전히 유대인 아널드는 자신의 정체성을 억제하고 백인 기독교도로서 행세하며, 독일계 피가 흐르는 아랍계 아흐마드와 찍은 사진을 아무런 거리낌 없이 리치에게 보여준다. 리치가 제기하는 백인 행세하는 유대인의 문제는, 백인 기독교인이면 십자군전쟁을 벌인 아랍인과는 적대적인 관계에 놓여 있는 것이고, 유대인이라면 독일계 피가 흐르는 사람과 적대적인 관계에 놓인다는 것이다. 그러나 그런 것에 대해 아무런 역사적인 의식이 없기에, 아널드는 아흐메드와 친교를 맺는 것이다. 어쩌면, 피라는 개념이 허무하다는 것을 드러내기도 한다. 아버지에 대한 원망이 조금 가신듯 하다.

이 백인 가부장적 권력과 사법체제에 따라 혹은 유대교의 종교법에 따라 '유대인'으로 분류되거나 배제되는 현실에 주체적으로 대항하고자 하였다. 흑인과 마찬가지로 유대인이 동물인 개와 함께 분류되어 차별을 당하는 현실에 대해 분노하고 그에 저항한다면 흑인, 백인, 아시아인 누구나 유대인이 될 수 있다는 포괄적인 유대인 의식함양 운동을 그들이 벌이고 있었으며, 리치 역시 그러한 운동에 참여하였던 것이다.[5]

그렇다면, 리치가 '나는 비유대계 유대인이다'라고 선언하는 것은 그녀에게 어떤 의미를 지니며, 어떤 가능성을 시사하는 것이었을까? 2003년 「유대인의 낮과 밤Jewish Days and Nights」이라는 글에서 리치는 백인 행세를 하는 '유대계 비유대인'은 유대교의 가부장적 교리와 순혈주의에 입각한 엄격한 분리주의 노선 때문에 유대인 집단의 유전적 경험에 새겨진 트라우마와 두려움에서 벗어날 수 없고 백인 주류 사회에 계속 기생하게 되는 반면, '비유대계 유대인'은 유대교의 이념적 포박에서 벗어나 오히려 전 세계 혼혈 유대인들이 경험했던 박해와 추방의 역사를 인류 공동체의 기억으로 보존하는 가운데 '국경없는 유대인'으로서 연대의식을 성취할 수 있다고 주장하였다. 즉 혈통에 상관없이 유대인이 겪은 추방의 역사와 인종학살의 경험에 공감하고 그러한 인권 침해의 상황에 반대한다면, 누구든지 후천적으로, 인종과 상관없이, 유대인이 될 수 있다는 의미이다. 리치가 제시하는 '비유대계 유대인 되기'는 이런 의미에서 들뢰즈-가타리의 '되기' 혹은 '탈주선을 타기'와 유사한 시사점을 가진다고 할 수 있

---

5   데이빗 몬테니그로와의 인터뷰 269~71쪽 참조.

겠다. 유대계이지만 '진짜' 유대인으로 여겨지지 않는 리치가 혼혈계 레즈비언의 자격으로 '유대인 되기'를 실천함으로써 경계인의 복수적 존재 양식을 제시하고 순혈주의에 대한 이념적 집착이 초래하는 부정적 의미화의 과정에서 벗어날 수 있는 가능성을 예시해 주기 때문이다.

나아가, 리치는 교리와 분리주의를 앞세우는 가부장적 유대교에 대해서도 「유대력 신년에At the Jewish New Year」라는 시에서 신랄하게 비판을 하였다. 홀로코스트에 대한 침묵과 집단적 망각을 선택하는 대신 새로운 세대를 위하여 역사의식을 새롭게 하고 과거에 대한 망각을 초래했던 과오를 책임지는 용기를 보이자고 설득하였다.

오천 년도 넘는 세월 동안

노랗게 단풍 든

이 고요한 구월의 하루가

시간의 씨알 속에 놓여 있다,

벽 바깥쪽 세상이

격정적인 말을 쏟아내는 동안

그리고 역사가 길다란

뱀처럼 그 길을

계속 기어가는 동안.

우리는 그 끔찍한 과거에 대한 것 말고는

이 명절 혹은 어떤 명절에 대해서도

거의 말을 하지 않았다.

오천 년이란 세월이

어리둥절한 표정으로

그 시간을 대속할 아이 앞에 던져져 있다.

우리 중 몇몇은

젊은 시절의 까칠함으로

혹은 중년의 냉소로 대답했다.

"만약 지금이 불화의 시대라면,

우리 선조들이 겪었던 그 모든 것이

[아직도] 결코 충분치 않은 거라면,

그렇다면, 왜 우리가 망각하는 편을 택하겠소.

우리 그 오래된 논쟁부터

잊기 시작 합시다,

진부한 도덕 군자마냥

그들도 마음에 상처를 받았으니.

우리 선조들이 기반을 닦았지만

[그래서] 소중하지만

우리에게 이미 낯설게 된 그 역사도

잊기로 합시다."

"또는, 요즘은

너무 합리적이라 울고만 있을 수 없는 시대이니,

어떤 [시대적] 취향을

간직하는 것들을 —

비록 뿌리 채 뽑는 짓이긴 해도 —

발로 밟아버립시다.

두려움과 죄책감이 들더라도

타협을 이루어냅시다.

그것들을 기이한 유품들로 봅시다,

예전엔 일상적으로 사용되었지만

세월이 그 오래된 순수함을 변질시킨 신화나 이름들을,

아직 노란 불꽃을 일으키며 타오르지만

그 불은 우리를 위한 것이 아니잖소."

그럼에도 불구하고, 우리는

부인할지 기억할지

선택을 해야 한다, 달력상으로나마

우리는 깨어나 고통을 받는다.

구월의 삼십 일 중에서

오늘은 단지 하루일뿐이다 —

정신의 씨알 속에서

새로운 한 해가 시작되는 이 날을 새롭게 해야 한다,

오천 년에 걸쳐

우리 자신이 되고자

살아온 우리 종족을 위해.

무엇을 잊고자 애쓰던 간에,

우리의 기억은 계속되어야 한다.

가장 신랄한 혓바닥 아래서조차

꿀맛의 여운이 지속되기를 바라며.

—『문턱 너머 저편』, 234~237

위에 인용된 시에서 리치는 비록 '나는 유대인이다'라고 말하는 것이 때때로 어색하게 느껴질지라도, "무지함"과 "망각"이 "우리"를 "위험"에 처하게 할 수 있다"라는 사실을 인식해야 한다고 제시한다(230). 그리고 시의 마지막에서, 리치는 종족이 경험한 쓰라린 상처가 아물고, 불화가 가실 때까지 침묵하며 말할 때를 기다리고 있기보다는 오천 년에 걸친 종족의 역사를 다시 바라보고, 그 의미를 기억하자고 설득한다. 「뿌리에서 갈라진」의 마지막에서 그랬던 것과 마찬가지로, 리치는 박해받은 역사를 기억하고 미래를 위해 그 기억을 말하고 기록으로 남기는 작업이 결코 종결되어서는 안 된다고 믿기 때문이다.

결국, 리치가 주장하는 '유대인 되기' 혹은 '복수적 경계인 되기'는 모든 차원의 정체성 문제와 관련하여 침묵하고 망각하는 모든 형태의 부인否認의 역사에서 벗어날 것을 강조하는 의식함양 운동의 일환이었다고 볼 수 있으며, 그녀의 레즈비언 페미니즘을 한층 더 포괄적으로 발전시키는 기폭제 역할을 했다고 볼 수 있다. 1971년 「우리가 완전히 깨어날 때」

에서 리치가 세 아이를 키우는 어머니이자 페미니스트 시인의 자격으로 보통 여자들을 가부장제의 모성 제도와 강압적 모성애에서 해방시키는 페미니즘을 사유했다면, 이제 1982년 「뿌리에서 갈라진」에서 그녀는 기독교 종교제도와 백인 우월주의 의식뿐만 아니라 유대교 종교제도와 이성애 중심주의에서 비백인 보통 여자들을 해방시키는 레즈비언 페미니즘을 사유하는 것으로 한 차원 더 발전해 나갔던 것이다. 리치는 가부장 아버지의 인정을 받기 위해 백인 행세를 하면서 끊임없는 발각의 공포와 죄의식에 시달렸던 성장기를 회고하는 동시에 결혼 후 또 다른 가부장인 순혈 유대인 남편의 인정을 받기 위해 이성애자 현모양처의 행세를 하면서 자신이 스스로에게 얼마나 정교한 고통을 가하고 있었는지에 대해 분노하였다. 그리고 자신의 개인적인 인종적, 종교적, 성적 억압의 경험을 사회적으로 확장하여 단지 여자라는 이유로, 그리고, 단지 비백인이라는 이유로 사회적 죽임을 당하는 상황에 대해 말하기 시작하였다. 그리고 인권의 보장을 받을 수 없는 헐벗은 여성적 존재들을 모두 포함하는 '우리'의 복수적 존재양식에 대한 각성을 촉구하는 레즈비언 페미니즘의 전망을 펼쳐 나갔던 것이다.

이로써, 의식적으로 '비유대계 유대인'이 되어 리치가 전개했던 레즈비언 페미니즘은 보통 여자들만을 위한 정치 운동이 아니라 자신과 타인 그리고 후세에 죄를 짓지 않고 살고자 하는 의식의 각성 운동으로 확장된다고 볼 수 있다. 그녀의 페미니스트 사유는 국경을 초월하고, 인종/종교/성 정체성에서 자유로운, 어떤 종류의 분파주의에서도 해방된 완전히 자유로운 삶을 실천하는 차원을 가지기 때문이다. 다시 말해 그녀가 인종적 정체성의 임의성과 개방적 잠재성을 주장하는 것은 결국 백인 중심적 가부장적 사회 권력과 기독교 제도의 파시즘적 배제의 논리에 저항하는 페미니스트 전망의 핵심이 된다. 또한 억압당하는 타자가 되어 그의 입장과 위치와 시선에서 가부장적 사회 권력이 그에게 가하는 비하, 모욕, 공격, 지배를 정당화하는 주류 언어를 해체하는 것은 한 인간으로서 다른 인간에게 애정어린 관심을 보여주는 인간주의를 실천하는 것에 해당한다.

이런 맥락에서, 리치가 1982년 우익보수파의 파시즘적 논리가 지배하는 미국사회와 미국 내 유대계 지역사회를 향해 "저도 노란별을 달지요"라고 선언하는 것은 상당히 충격적이고 도발적인 정치적 행동이었다고 볼 수 있다. 레즈비언의 성정체성, 이혼녀, 남편을 죽인 유대인 여자, 급진적 페미니스트라는 사회의 지탄의 시선을 오롯이 받는 것에 대해 두려워하지 않고 그녀는 의식적으로 벌거벗고 서 있는 한 여자, 즉, 생물학적으로 여자이면서 사회적으로 비백인인 레즈비언 존재로서 자기 자신을 객관적으로 냉정하게 바라다보았다. 그리고 정치체제, 사법제도 그리고 종교제도에 의해 보호받을 수 없는 극단적으로 헐벗은 여성적 존재의 위치에 놓인 한 인간으로서 그녀는 생존을 위한 결단을 하였다. 남편을 죽음으로 몰아간 비백인, 유대계, 레즈비언으로서 사회적인 매장을 당하고 순결한 희생 제물로 바쳐질 수 없는 여성으로서 단순히 생물학적인 생명을 연장하며 살 것인가, 아니면, 정치적인 주체가 되어 모든 일상과 문화의 층위에서 '인간적인' 삶의 가치를 독자적으로 결정하는 주체가 될 것인가 사이에서 후자를 선택한 것이었다. 그렇기에 리치가 유대인에 대한 인종적 박해의 상징인 '노란 별'을 달겠다고 선포하는 정치적 행위는 그녀의 레즈비언 페미니즘이 얼마나 근본적이고 포괄적인 인간주의와 사회 변혁의 전망을 담고 있는가를 더욱 상징적으로 제시해 준다. 리치는 2차 세계대전 당시 민주주의 정치체제, 사법체계, 그리고 사회, 종교적인 보호마저도 받을 수 없었던 호모 사케르에 해당했던 유대인들과 1960년대와 70년대 미국사회에서 동일한 처지에 놓인 현대판 도시 난민들, 헐벗은 유색인 존재들, 레즈비언 존재들 사이에 정치적 유비political analogy를 만들어 내며 인종, 성, 종교와 상관없이 모든 인간이 인간답게 살 권리와 인간으로서 살 권리를 보장해 주는 생-정치의 전망을 담은 페미니스트 의식을 전개하겠다고 선포했기 때문이다.

마지막으로, 리치가 '노란 별'을 달겠다는 정치적 선언을 한 것은 억눌려 있는 유대민족의 집단적 트라우마를 기억하는 책임을 지겠다는 의지를 표현한 것이다. 유대교의 지도자들이 그간 백인남성 중심적 사회 권력과 적당히 타협하며 홀로코스트의 역사를 망각하고 유대교의 명절을 상업화 하거나, 백인의 하수인이 되어 또 다른 비백인계를 박해하는 과오를 저지르는 것에 대해서 그리고 순혈주의를 고집하며 혼혈계 유대인을 배제하고, 레즈비언의 존재를 비하해온 적폐를 바라보며 더 이상 침묵하지 않겠다는 선언을 하는 것이다. 다시 말해서, 시 속에서 "노란 별"이 상징하는 과거의 인종 차별과 끔찍한 박해를 현재의 시간 속에 재소환한 리치는 '나치'가 '신나치'의 형태로 재탄생했음을 제시했을 뿐만 아니라 현재의 시간이 과거에서 배운 것이 없이 그저 무책임하게 흘러왔다는 사실에 대해 자성을 촉구하는 것이다. 역사적 트라우마의 망각과 역사의식 부재로 인하여 과거의 파시스트적 괴물이 끊임없이 다시 출현하고, 인종, 종교, 성 정체성에 대한 순혈주의 이념이 '다른' 인종과 '다른' 종교와 '다른' 성적 존재에 대한 사회적 폭력과 공격을 지속하는 한, 우리들은 한가롭게 가정에, 교회에 머물며 세계 평화를 기원할 수 없을 것이기 때문이다. 결국, 자신이 백인과 유대인 가부장적 사회 권력에 의해 '여성'으로서 인격이 박탈당한 괴물같은 존재, 그래서 어떤 차원에서든 인권을 보호받지 못하는 극단적으로 헐벗은 여성적 존재라는 사실을 인정하고 '노란별'을 달겠다고 선언하고, 어떻게든 그 존재의 '인간적인' 고통을 기록하겠다고 결심하는 순간, 그럼으로써 역사에 책임지겠다고 진지하게 선언하는 그 순간, 리치는 역설적으로 가부장적 종교 지도자들이 인정하는 종교적 예술가보다 더 종교적인 존재, 즉, 유대계 가모장 페미니스트 시인으로서 탄생하였다고 볼 수 있다.

제4장

순수 예술의 허상

아드리안 리치의 예술과 정치의식[1]

이처럼 유대계 인종에 대한 차별과 박해의 상징인 '노란별'을 달고 미국사회의 다양한 층위에서 가해지는 여성적 존재에 대한 박해와 그로 인한 원초적 고통에 대해 기록하고 역사적 책임을 지는 페미니스트 예술가가 되겠다고 선언한 이상, 리치의 예술적 상상력과 현실 사회 그리고 정치적 현실은 불가분의 관계를 맺고 있는 것으로 볼 수밖에 없다.

사실상, 모성母性이라는 것은 여자가 임신을 통해 하나의 생명체를 잉태하고 출산을 통해 그 생명체를 하나의 인간 존재로 탄생시키는 과정에서 새롭게 발현되는 모든 신체적, 정신적, 영적인 변화상을 포함하는 복합적인 성질을 의미한다. 이전까지 경험하지 못했던 신체상의 변화가 너무나 뚜렷하게 진행될 뿐만 아니라 이전과 다른 방식으로 방출되는 호르몬들로 인하여 정서적 변화 역시 통제 불가능한 상태로 진행되기 때문이다. 이 과정에서 여자는 이전의 독립적 존재로서 지녔던 자아 정체성을

---

1   제4장의 일부는 저자가 『현대영미시연구』 18권 2호에 게재했던 「"저도 노란 별을 달지요"–에이드리언 리치의 유대계 인종의식과 종교적 예술가의 책임의식」을 다시 쓴 것임.

정신적으로 새롭게 구성할 필요성을 목전에 두게 된다. 즉 한 생명체를 책임져야 하는 어머니의 존재로서 재탄생해야 하는 심리적 압박감을 느낄 뿐만 아니라 그 과업의 중요성과 무게로 인하여 영혼 전체가 막연한 불안감과 두려움에 휩싸이는 경험을 하게 되는 것이다. 그러므로 임신과 출산의 과정에서 어머니가 된다는 것은 근본적으로 여자의 신체라는 물적 기반에서 발생하는 가시적 변화와 인간의 정신과 영혼에서 일어나는 비가시적 변화를 아우르는 경험의 연속체를 의미하는 것으로서, 단순히, 단박에, 그리고 당연히 발생하는 황홀한 모성애를 경험하는 것이 아니다.

동시에 어머니가 된다는 것, 즉 모성을 경험한다는 것은 크리스테바가 『성모의 슬픔*Stabat Mater*』에서 고백한 대로 자신의 살과 피와 땀으로 정성스럽게 탄생시킨 한 생명체를 자신의 몸 안에 지니고 있으면서도 '남자의 씨앗' 주장에 따라 그 생명체에 대하여 온전한 소유권을 주장하지 못할 뿐만 아니라 스스로 자신의 신체의 일부를 '아버지의 성씨'에 따라 '타자'의 소유물로 정의하고 분리, 방출해야 하는 지독히 끔찍한 패러독스를 경험하는 것과 같다. 이런 면에서 모성의 경험은 마치 자본주의 경제체제에서 노동자들이 자신의 노동에서 소외되는 경험을 하는 것과 유사하다고 할 수 있는 바, 여자는 어머니가 되는 그 순간 가부장적 언어로는 형언할 수 없는 소외의 경험을 하게 되는 것이다. 잘 알려져 있듯이 마르크스의 소외이론에 따르면, 자본주의 경제체제에서 노동자는 여러 천연자원들 중의 하나로서 자본가는 그의 노동력을 구입하여 생산과정에 투입하고 생산물에 잉여 가치를 부가할 뿐만 아니라 그것에 대한 독점적 사용권을 가진다. 노동자는 자신의 피와 땀을 흘려 창출한 생산물에 대해 권리를 주장하지 못하고 오히려 잉여가치를 만들어낸 자본가 계층에 종속당할 뿐만 아니라 자신의 노동력보다 비싸게 책정된 생산물을 구입하기 위해 다시 노동력을 팔아야 하는 경제구조에 종속되고 지속적으로 자본의 지배를 당하는 것이다. 마찬가지로, 가부장제 가족체제 안에서 가부장과 어머니 그리고 자녀의 관계 역시 마르크스가 지적했던 노동자의 객체화와 그에 따른 노동의 소외 경험을 기반으로 하고 있다. 앵겔스가 지적했듯이, 가부장은 부르주아 계급에, 어머니는 프로레타리아트 계급에, 그리고 자녀는 부계 혈통의 인증으로 잉여가치가 부가된 결과물에 비유되어 이해될 수 있는 것이다. 그렇다면, 여자가 임신과 출산을 통해 어머니가 되는 과정에서 경험하는 모성은 결코 황홀한 충만감으로만 규정될 수 없다. 오히려, 모성을 경험하는 가운데 여자는 자신의 신체가 가부장인 남편의 자녀를 생산하는 기계로 객체화되는 경험을 하는 것이다. 동시에 임신과 출산의 노동 차체가 자신의 소외를 전제한다는 점에서 지극히 불가해한 비애감과 공허감의 심리적 스키마를 발전시키게 되는 것이다.

이런 두 가지 측면에서, 리치가 모성을 제도와 경험으로 구분하고 가부장적 사회체제 내에서 대부분의 보통 여자들이 어머니의 존재로서 겪게 되는 구체적인 모성의 현실을 드러내고 다양한 진폭을 그리는 부정적인 감정들을 표출하고자 했던 것은 매우 강력한 페미니스트 의식을 담고 있는 선택이었다고 할 수 있다. 그녀는 단순히 여성 시인으로서 여성의 문제를 대변하는 사회적 실천을 하고자 했던 것이 아니라 페미니스트 시인으로서 가부장적 사회의 상부구조에 의해 재생산되고 유통되는 모성 제도에 대항하여 모성의 경험을 구해내고, 보통 여자들로 하여금 어머니의 존재를 둘러싼 소외의 현실을 직시할 것을 촉구하는 정치적인 의식을 실천한 것이기 때문이다. 더불어 모성의 경험을 개인적인 범주에서 사회적인 범주로 재설정하고 모성애를 가족을 포함하여 다른 사람을 먹여 살리려는 여성적 사랑으로 확장함으로써, 그녀는 여자들이 가부장제의 종속되어 자신의 모성 경험에서 소외되고 다른 여자들로부터 소외되는 상태에서 벗어날 수 있는 매우 근본적인 방법론을 모색했던 것이기 때문이다. 이처럼 모성애를 사적인 감정으로 소유하는 것을 적극적으로 지양하고 여자들이 전인격적 변화의 과정을 통해 발전시키는 인간 존재에 대한 사회적 사랑으로 확장함으로써 그녀는 레즈비언 연속체의 개념을 구상할 수 있었다. 그리고 보통 여자들이 공통적으로 가지는 소망, 즉, 더 나은 삶, 더 인간적인 삶에 대한 소망을 담을 수 있는 공동[체]의 언어를 꿈꾸고 시와 비평을 통해 그러한 꿈을 표현하고자 하였다.

그러므로 리치가 사유했던 페미니스트 예술관은 발터 벤야민Walter Benjamin의 '아우라의 붕괴에 대한 테제'에 대한 논의의 맥락에서 설명될 때 그 가치와 의의가 보다 효과적으로 이해될 수 있다. 벤야민에 의하면, 과거의 예술은 "종교의식에 기반을 두든, 세속적인 미의 숭배에 기반을 두든 간에" 독자 및 감상자들에게서 "제의적 숭배의 특성을 띠는 수용 태도"를 요구하였다(최성만, 21). 하지만, 20세기 기술의 발전과 함께 예술작품의 대량복제가 가능해지자, 예술작품이 지니는 아우라적 가치가 붕괴되면서 예술의 사회적 기능이 변화를 겪게 되었다. 가령, 과거의 예술가들이 예술의 제의적 기능에 가치를 두었다면, 현대의 예술가들은 '생산자가 된 작가'로서 예술의 정치적 영향력을 고려하게 되었다는 것이다(최성만, 21). 즉, 예술작품이 "전적으로 그것의 복제 가능성에 의해 규정되는 형식"(최성만, 22)으로 이해되면, 예술가는 감상자에게 종교적인 감흥을 일으키게 하기보다는 예술작품이 지닌 다른 잠재적인 기능에 대해 사유하게 될 것이라는 것이다.

가령, 영화 예술은 복제가능성으로 규정될 수 있는 대표적인 장르로서 벤야민은 카메라 기술로 영화라는 매체를 통해 예술가가 대중 집단에게 미칠 수 있는 긍정적, 부정적 효과를 정신분석학적인 차원에서 논의하였다. 즉, 영화 예술가는 대중들에게 시각적으로 "사디즘적 또는 마조히즘적"(최성만, 26) 세계를 보여줄 뿐만 아니라 손으로 만지듯 실감할 수 있게 함으로서 대중에게 인식론적 충격을 주고 불안과 꿈에 정신병적 위험을 초래할 수 있다. 동시에, 그는 "사디즘적 또는 마조히즘적 망상이 과장되게 발전한 모습"(최성만, 26) 또한 보여줄 수 있기 때문에 대중들에게 "집단적 웃음"(최성만, 26)의 치료를 병행하고 그들의 정신적 에너지가 비정상적으로 분출하는 것을 막는 연출을 할 수 있다. 벤야민은 이처럼 영화를 비롯한 복제기술의 발달이 얼마나 손쉽게 대중의 지각을 조작할 수 있는가를 일찌감치 통찰하였으며, 나아가, "파시즘적 전체주의 국가"의 [가부장적] 권력은 대중들에게 복제가능한 예술을 방영할 수 있는 권리를 주는 대신 "표현만을 부여하는" 경향을 보였다고 지적하였다(최성만, 26). 하지만, 최성만에 의하면, 벤야민은 "대중의 자발성과 자기조직의 역량"(26)에 대해서 지나치게 신뢰하였으며, 복제기술을 이용하는 예술형식이 "파시즘과 문화산업적 조작에 대항하여 대중의 지각을 조직하고 나아가 '예술의 정치화'를 어떻게 구현할 것인가 하는 방법과 전략"의 문제에 대해서는 "화두만을 던졌을 뿐"(26)이라고 설명한다.

　　그러나 과연, "대중의 자발성과 자기조직의 역량"에 대한 벤야민의 희망이 지나치게 낙관적이었을까? 대중은 그가 진단했던 것만큼 진보적이지 않은 것으로 판단되어야 할까? 마치 벤야민의 사유를 공명하는 듯이, 리치 역시 "파시즘과 문화산업적 조작에 대항하여 대중의 지각을 조직"(최성만, 26)하고 나아가 '예술의 정치화'를 어떻게 실천할 것인가 하는 방법과 전략의 문제를 끊임없이 사유하였다. 그리고 「피, 빵, 시」와 「「욤 키푸르 1984」 시의 탄생에 대하여The Genesis of "Yom Kippur 1984"」(1987)에서 대중의 자발적 역량에 대해 전폭적으로 신뢰를 보낼 수 없다는 회의를 드러내기도 하였다. 그럼에도 불구하고, 그녀는, 아마도 벤야민처럼, 예술가는 "대중의 자발성과 자기조직의 역량"을 믿을 수밖에 없다는 신념을 가지고 예술가에게 역사의식과 책임의식을 사유할 것을 촉구하였다.

　　가령, 폭력적 가부장제의 파시즘적 조작에 대응하여 대중들의 인식을 재구성하기 위해 그녀가 사용했던 구체적인 전략중의 하나는 벤야민이 주의를 기울였던 것처럼 카메라의 시각이 지닌 잠재성을 이용하여 독자들의 무의식의 세계에 침투해 들어가는 것이었다. 예컨대, 시인으로서 리치는 자신의 시선을 카메라의 렌즈처럼 사용하여 평범하고 일상적인 삶의 풍경을 의식적으로 포착하고 객관적으로 기술한다. 하지만, 때때로 우리의 의도와 상관없이 카메라의 렌즈에 우연스럽게 포착된 세목들은 우리의 시각 무의식의 세계를 반영하는 것으로서, 우리는 종종 사진 속에 우연하게 포착된 배경 인물들 때문에 깜짝 놀라고 신기하게 생각한다. 리치 역시 유대 명절 욤 키푸르의 의미에 대해 사유하는 「욤 키푸르 1984」

에서 바로 이러한 카메라 기법을 사용하였다. 그녀는 의식적으로 유대교 절기에 '죄를 고백'하는 문제를 사유하지만, 실제적으로 그녀가 독자들의 시선을 잡아끄는 대상은 개인의 인종적, 성적 사생활을 사찰하는 괴물같은 백인 우월주의 사회의 어두운 그림자인 것이다.

이미 리치는 순혈 유대인 공동체로부터 기독교인이 되어 종족을 배신하였다는 질타를 받았으며, 백인 기독교 공동체로부터는 '백인 기독교인 행세'를 하는 유대인이라는 질타를 받아 왔다. 이처럼 기독교인이라서, 유대인이라서, 레즈비언이라서 사방에서 사회적 질타를 받고 마치 죄지은 괴물처럼 고통받는 상황에서 리치는 유대교의 중요한 절기중 하나인 욤 키푸르를 맞이하여 명목상으로 용서의 윤리에 대한 사유를 시작한다. 하지만 실제적으로 그녀가 수행하는 사유는 어떤 종교이든 종교적 의례와 절기를 상업적 축제문화 상품으로 변질시키는 미국 대중문화의 속물성, 개인의 종교적 신념을 공공장소에서 표현하는 것을 허용하지 않는 국가의 전체주의, 그리고 개인의 성적 정체성과 인종 정체성을 억압하는 종교 권력이 마치 '죄없는' 존재처럼 행세하는 역설적인 상황이다. 그러므로, 그녀는 이 시에서 가부장적 사회권력의 파시즘적 사고방식에 물든 대중들이 아무런 죄의식 없이 그들과 '다른' 존재들에게 저지르는 끔찍한 범죄들을 포착하여 스냅사진들처럼 무심히 던져두는 수법을 사용한다. 그리고 독자들로 하여금 신 앞에서 만민의 평등을 주장하는 미국사회에서 벌어지는 끔찍한 인권유린의 현실을 바라보게 한다.

― 고독을 끌어 덮는다 내 몸 위로, 그 긴 해안가에서 ― 로빈슨 제퍼스, 「프

렐류드」

오늘 하루 영혼에 고통을 느끼지 않는 자는 다른 사람들로부터 연이 끊길지
니 — 신명기 23장 29절

고독한 유대인이란 무엇일까?
네 자신의 혹은 네가 네 종족이라고 부르는 무리들에서 멀리 떨어져 있어도
외롭거나 두렵지 않다고 느낀다는 건 무얼 뜻하는 걸까?
고독한 여자란 무엇일까? 여자 동성애자란, 남자 동성애자란?
텅 빈 거리에서, 텅 빈 해변에서, 사막에서
지금 그대로의 세상에서 고독이란 무얼 의미하는 걸까?

절벽 위에 매달려 있는 저 유리알처럼 반짝이는 견고한 팔각형의 집
그 자동문, 그 완벽히 지켜지는 사생활
그런 걸 의미하는 게 아니겠지.
유타 혹은 골란 고원의 분기점에 세워져 있는 총 자루를 집어 드는 것
그런 걸 의미하는 게 아니겠지.
시인이 거주하는 서쪽 대양 쪽을 향한 높은 탑 같은 집, 동쪽을 향해 조성된
드넓은 숲, 자그마한 오두막에서 책을 읽고 있는 여자, 갑자기 벌떡 일어선 그
녀의 경비견
그런 걸 의미하는 게 아니겠지.

한 때 내가 집이라고 불렀던 곳에서 삼천 마일이나 떨어진 곳에서

시집 한 권을 펼쳐 들고 꽃에 대한 몇 마디 내가 기억할 수 있는 부분을 찾

고 있어,

옛날에 한때 나를 저쪽에 묶어두었던 그 앞뜰 라일락 나무처럼

나를 이쪽 해안가에 묶어줄 어떤 걸 — 맞아, 불탄 산비탈에서 보랏빛 꽃피

우는 루핀초같은 걸. 꽃처럼 피었다 지면서 시인에게 소재로 쓰여

시집에 영원히 남게 될 그런 걸.

시집을 펼치니

거기서 시인의 마음속 미움을 발견하게 돼 : 미움가득한 눈초리와 인간일

뿐인 나……

그게 나에 대한 전부. 대중을 사랑하는 당신이 그들을 가져도 좋아요.

로빈슨 제퍼스, 대중은

모호한 덩어리 같아요, 이 내륙 쪽 계곡 그리고 바다 쪽으로 길게 펼쳐진 농

장에

맞서있는 명징한 형상처럼. 보랏빛 루핀초도 군락으로 살잖아요,

햇불처럼 빨간 양귀비도요. 회색빛 태평양은 파도 두루마리를 펼치고

사람들은 각각 떨어져서, 청바지 직물 먼지를 덮어 쓴 재봉틀위로 몸을 구

부리고,

추수한 곡물을 싣고 부서져 내리는 하늘 아래서 몸을 구부리고.

결코 빌 때가 없는 침대에서 교대 순서에 따라 잠을 청하며

사람들은 각자 다양한 꿈을 꾸겠지요,

[뭔가를] 줍고, 상자에 담고, 삶고, 꿰매고, 자르고, 채워 넣고, 긁어내고, 문질러 닦는 일손들은 다른 어떤 것에도 비할 수 없는 두뇌를 가지고 있어요.

내가 그 모호한 형체를 가진 대중을 사랑하는 것에 대해 논해야 할까요,

철조망과 감시조명에 둘러싸인 고독을 옹호해야 할까요, 살아남은 자의 최종 선택을, 난 그 선택권을 가지고 있는 걸까요?

네 자신의 혹은 네가 네 종족이라고 불렀던 무리로부터 멀리 떠돌며 살았어도

이방인의 느낌이 저 멀리서 너를 부르는 것을 들어도

그쪽으로, 오래 그리고 멀리, 위험을 계산하지 않고 걸어가기 위해서

거기서 그 이방인을 두려움이나 무기 없이, 마음 어디에도 방어벽을 세우지 않고 만나기 위해서(크리스마스 전야에 얼음 언, 울퉁불퉁 바퀴자국 패인 길을 달리는 유대인은 또 다른 유대인을 위해, 볼품없이 비틀린 길 그림자 속의 여자를 위해 기도한다. 그림자가 여자의 발자국이 되게 하라, 그녀가 여성 신이라면 믿기라도 할 것처럼)

네 자신과 비슷한 누군가를 찾아라. [네 자신과] 다른 이들을 찾아라.

서로를 져버리지 않겠다고 동의하라

너희 사이에 어떤 틈새라도 있다면 그것이 너를 유인하고 싶어 하는 자들에게 힘을 주는 것이라는 점을 이해하라.

한가운데로, 안전한 곳으로 다가가라. 가장자리로, 위험한 쪽으로 가라.

그래도 난 말하고 싶은 악몽이 있다. 내가 원하는 사람들과 함께 하는 것이 가장

소중한 소원이라고 말하고 싶다,

하지만 난 이방인도 사랑한다고,

혼자 있고 싶은 갈망도 있다고 말하고 싶다.

난 내가 이런 말을 떠듬떠듬 하는 걸 듣는다,

내가 문법에서 실수하기만을 바라는

내가 사랑에서 실수하기만을 바라는

내가 가장 미워하는 친구들에게 그리고 나의 가장 뛰어난 적들에게.

오늘은 내가 지은 죄를 비는 날. 하지만 나의 종족이 나를 용서해 줄까?

구름 한 점이 외로움과 두려움을 안다면, 난 그 구름이 되고 싶다.

이방인을 사랑하기 위해, 고독을 사랑하기 위해 ― 나는 다만 중심에서 멀리

떨어져 부유하며 가장자리로 끌려가는 특권에 대해,

있는 그대로의 세상에서 우리가 누릴 수 없는 특권에 대해 쓰고 있다.

우리는 우리가 속한 종류 때문에 미움을 받는다. 동성애자라고 얼음 같은

강물에 던져지고, 여자라고 주차해 둔 차에서 끌려내어 져서

안개 낀 산으로 끌려가, 사용된 뒤, 난도질을 당해 죽는다,

어느 여름날 저녁 산책을 나가던 젊은 대학교수가 교문에서 총에 맞는다,

그가 받은 상과 연구는 모두 무용지물, 그의 흑인이라서 할 수 있는 것은 아무

것도 없다.

자기 종족에서, 그녀를 제외시키는 법에서, 너무 경건해서 그녀의 손을 만

지는 것조차

할 수 없다는 남자들에게서 벗어났다는 헛된 망상을 가진 유대인. 율법해설

서와 계율을 등지고(하지만 가슴에 가죽 끈 차이 장신구를 걸고) 혼자 하이킹을 떠나

절벽 언저리에서 등에 나치 표식이 새겨진 채 발견된 유대계 여자

(그녀는 동성애자라서 죽은 걸까 유대인이라서 죽은 걸까?)

고독함, 아아 금기여, 안개 자욱한 산에 사는

멸종위기에 처한 동물이여. 나는 총을 써서라도 너희를 보호해주고 싶다,

사막에서, 버려진 길에서, 나는 가질 수 없는 것을 원하고 있다.

너의 큰언니 정의, 그녀가 커다란 농부 같은 손을 펼치고 서 있다.

그녀의 눈은, 절반은 눈가리개로 덮여 있지만, 날카롭고 정직하다.

그래서 스스로에게 물어본다, 나는. 용기를 어디가 갖다 버린 걸까?

내가 이름도 대지 못하는 어떤 거랑 바꾼 걸까?

극단주의자를 만나기 위해 내가 얼마나 극단적인 데까지 갈 수 있을까?

자기 종족이라고 부르는 이들을 보호하는 일을 멀리하면서

영혼의 깨달음을 얻으려는 나의 욕망 혹은 다른 이의 욕망을 보호하려 한다면

난 무엇을 해야 하는 걸까?

아아, 고독이여 내가

너의 깃털을, 가슴을, 내 뺨에 스치는

머리카락을, 어릴 때처럼, 앵무새처럼

그래, 너는 사랑받고 있어 라고 노래하는 너의 목소리를 더듬거려야 할까?

그렇지 않다면 왜 이 노래를 하는 걸까?

그 오래된 곳에서, 어떤 곳에서든?

고독한 유대인이란 무엇일까?

고독한 여자란 무엇일까? 여자 동성애자란 혹은 남자 동성애자란?

겨울철 밀물이 암석 위에 선 탑을 들썩이게 한다면, 선지자의 곳을 무너뜨
린다면,

농장이 바다 속으로 무너져 내리게 한다면,

거대한 바다 속 괴물 고래가 멸종되고 요나가 복수를 이룬다면,

중심과 가장자리가 서로를 무너뜨리고, 세상의 시원에서 극단주의들이 서
로를 부숴버린다면, 우리의 영혼이 서로 충돌한다면, 아랍인과 유대인이 종족
내부에서 고독하게 울부짖는다면, 피난민 어린이와 추방된 어린이가 폭파되
고 금지된 도시를 다시 열게 된다면, 여자와 남자가 여성과 남성으로 살기를
거부한다면, 대중 속에서 느끼는

고독한 삶의 이야기를 우리가 말할 수 있다면,

그런 세상이 가능하다면, 그런 세상에서, 새로 태어나 존재할 수 있다면,

고독은 무엇을 의미하게 될까?

—『아드리안 리치의 시와 산문』, 124~126

이미 언급했듯이, 이 시에서 리치는 표면상으로는 유대교의 주요 절기
인 욤 키푸르의 날 종교 교리에 따라 자신의 죄를 속죄하고 타인의 죄를
용서하는 의식의 의미에 대해 사색하고 있다. 리치는 다른 유대교인들처
럼 그날에 지은 죄를 반성하고자 속마음을 열심히 파헤쳐 본 결과, 자신

이 지은 '죄'를 발견한다. 즉 그녀가 지은 '죄'라고 할 수 있는 것들이 있다면, 그것은 개인적으로 유대 종족에서 멀리 떨어져 있고 싶어 했다는 것, 그리고 로빈슨 제퍼스처럼 대중들의 현실에서 멀리 떨어져 안전한 거처에서 보호된 채 자기의 시간을 예술창작에 온전히 집중할 수 있는 특권을 누리고 싶어 했던 것이라고 고백하는 것이다. 그러면서 자연스럽게 리치는 사유의 대상을 시인과 대중의 관계라든지 시인의 위치에 대한 문제 같은 것으로 변경하지만, 그 한켠에 매우 충격적이고 도발적인 스냅사진들을 던져둔다. 신문 사회 란에 실린 끔찍한 사건들의 사진들, 가령, 겨울 어느 날 살해되어 강물에 방치된 동성애자의 모습, 성폭행을 당하고 난도질을 당해 살해당한 여자의 모습, 총격으로 사망한 흑인남자 대학교수의 모습, 폭행을 당하고 등에 나치 표식이 새겨진 채 사망한 유대인 여자의 모습 등이 그것들이다.[2] 이러한 스냅사진들에 실린 사람들은 유대교 교리에 따라 죄를 묵상하는 리치 개인과는 전혀 상관이 없는 사람들이다. 그렇기에, 그녀가 그들에게 저지른 죄가 없으며 속죄할 일도 없는 것이다. 그럼에도 불구하고, 그녀의 묵상에 대한 이야기를 듣는 독자들의 시야에 불특정한 사람들의 이야기들이 아무런 설명이나 맥락도 없이 그저 강렬한 심상들을 동반한 채 무심코 들어왔다 재빨리 사라진다.

이러한 리치의 시적 전략은 충분히 도발적이면서 매우 정치적이다. 매체에 실렸어도 대다수의 독자들이 무관심하게 지나쳤을 헐벗은 존재들에게 일어난 사건들을 "재빨리 스쳐 지나가는 은밀한 심상"(최성만, 17)의

---

2 『아드리안 리치의 시와 산문』에 실린 「욤 키푸르 1984 시의 탄생」, 254쪽 참조.

형식으로 다시 보게 하고, 그 시각적 충격이 "관찰자[독자]의 [자유]연상 메커니즘"(최성만, 17)을 붙잡아 독자들이 정지된 시각적 심상 너머에 있는 사건의 세계로 빠져들고 인간의 폭력성과 잔인성, 광기에 대해 사유하게끔 하기 때문이다. 또한, 사건이 누구에 의해서 저질러졌으며, 어떤 이유에서 행해졌으며, 피해자는 누구인가 등등의 사건의 상황을 문자화하여 설명하지 않고 날 것 그대로의 끔찍한 폭력을 '시'라는 프레임／액자에 담아 '자, 한번 바라보라'라고 대담히 보여줌으로써, 리치는 독자들에게 상당한 정신적 충격을 준다. 리치가 무심히 건네 준 이 심상들을 보기 전까지 일반 독자들은 아마도 강가를 조깅하는 일, 산속에서 캠핑하는 일, 오후에 산책을 하는 일, 하이킹을 떠나는 일 등등은 모두 안전하고, 평화롭고, 자유로운 개인적인 활동으로 여겼을 것이다. 가부장적 사회 권력 역시 매체들을 통해 민주사회의 시민들에게 권장하는 대단히 일상적이고 평범한 활동들이었을 것이다. 하지만 그런 일상성, 평범함, 자유를 감싸고 있는 미국문화의 민주주의의 아우라는 불특정한 누군가가 불특정한 누군가를, 가령, 인종이 다르다는 이유로, 종교가 다르다는 이유로, 여자라는 이유로, 성정체성이 다르다는 이유로, 이런 저런 이유로 폭행하고 살해할 수 있다는 점에 생각이 미치는 순간 순식간에 금이 가고 깨어지고 만다. 시민-독자들은 이제 더 이상 등산로가, 강변길이, 대학로가, 캠핑장이, 주차장이, 지하도가 안전한 곳이 아니라는 사회적 현실을 불현듯 깨닫게 되는 것이다.

리치가 독자들의 의식과 감각을 일깨우기 위해 사용하는 이러한 시적 카메라의 전략은 시야에 포함되지만 시야각을 벗어나는 시각 무의식에 존재하는 세계를 시인의 시선으로 포착하여 시적 프레임에 담아 보여주는 것을 핵심으로 삼는다. 스냅샷 기술을 차용하여 그녀는 독자들로 하여금 의식적으로 쉽게 포착되지 않는 편견과 차별의 세계를 생생하게 감각하게 하고, 일상성의 아우라를 걷어내고 파시스트적 사회의 광기를 감각적으로 구체화시키며, 비일상적인 폭력의 편재성을 깨닫게 한다. 더불어 그녀가 스냅샷으로 포착하는 심상들 역시 순수 서정시의 심미적, 서정적 심상들 보다는 잠든 의식을 깨울 수 있을 만큼 충격을 줄 수 있는 생경한 심상들, 시든 꽃, 말라비틀어진 고기 조각, 가슴이 뭉툭 잘려 나간 편편한 여자의 흉상 등등 브레히트적인 소외를 불러일으키는 심상들로 가득 차 있다. 가령, "노란 별"을 단 괴물, "괴물들"과 함께 잠을 자는 "생각하는 여자", "자신을 물고 있는 부리가"된 여자, "괴물의 형상을 입은 한 여자/여자의 형상을 입은 한 괴물", 가족을 돌보는 "여자 괴물" 등등이 그러한 사례들이 된다.

리치는 육십 세가 되었을 무렵 스스로를 "가장 용감한 괴물"이 되었다고 자평하였을 만큼 예술과 정치의 불가분의 관계를 사유하였다. 그녀는 순수 예술의 이상을 추구하기보다 예술의 종교적 기능의 회복을 주장하고 자신의 시예술을 통해 사회적 약자이자 여성적 존재들에 대한 미국 사회의 파시스트적 광기를 진단하고, 개개인의 의식을 일깨우고, 대중들의 집단적인 인식의 변화를 일으킬 수 있는 가능성을 모색하였다. 그러므로 「욤 키푸르 1984」에서 그녀는 속죄를 하는 것이 허락된 명절에 로빈슨 제퍼슨처럼 '예술가의 고독'이라는 특권을 누리고 싶어 하는 자신의 개인적 욕망을 진지하게 바라보던 끝에 애초와는 달리 진심어린 참회를 하게 된 것이다. 예술가가 마주하는 세상이 예술가의 고독, 예술의 순수성을 유지할 수 없게 만드는 억압적인 현실들로 가득 차 있을 때, 예술가가 순수성을 찬양하는 것이 무슨 의미가 있을까를 진지하게 사유하였기 때문이다. 그렇다. 리치처럼 유대계 레즈비언 페미니스트 이혼녀 시인이라는 이유로 혹은 다른 이유로 사방에서 가부장적 사회 권력의 질타를 받았던 경험이 있다면, 그리고 자기와 유사한 입장에 있는 이방인들이 자기와 유사한 고통을 받고 있는 사실을 알고 있으면서도 예술의 순수성을 고집한다면, 그것은 오히려 예술가의 사치이고 책임의 방치로 비난받을 수 있을 것이다. 정치가들이 종종 그랬던 것처럼, 그런 예술가 역시 예술의 힘을 사유화하고 예술을 통해 사적인 이익을 추구하는 것이나 다름없기 때문이다. 그러므로 한평생 유대계 레즈비언 괴물로 살 것을 결심하고 괴물의 표식인 "노란별"을 가슴에 달기로 선언한 리치는 진정으로 자신의 삶에 대해, 자신의 예술에 대해, 그리고 독자들을 위해 자신이 처한 시대와 역사에 대해 책임을 지는 예술가였다고 할 수 있을 것이다.

그래서인지 피에타상의 동정녀 마리아를 보며 리치가 읊조렸던 「남루한 송영기도」는 더욱 독자들에게 깊은 여운을 준다. 미켈란젤로는 마리아의 천사같은 순결하고 연약한 모습을 조탁해 세상의 죄를 대속한 아들 예수를 바라보며 지고지순한 모성애를 보이는 한 여성의 성스러운 아름다움을 찬양했었다. 하지만, 유대계 레즈비언 시인인 리치는 사랑하는 이들의 죽음, 사고, 상처 소식에 눈물 흘리며 고된 삶을 견뎌나가야 하는 세상의 모든 여성적 존재들의 애닳은 마음을 대변해 기도를 올려주기 때문이다.

야생 능금 밭의 반인반수 형상의 추수꾼

열아홉 번째 해와 열한 번째 달에

안개의 문서를 수집해

진흙탕을 달려 온 전령

자살한 모든 이들을 위해 당신의 남루한 송영기도를 말하라.

삶을 찬양하라 비록 그것이 터널 같이 [어두운] 곳에서

우리가 알고 사랑했던 사람들 위로 무너졌을지라도.

삶을 찬양하라 비록 그 창문이 우리가 알고 사랑했던

사람들의 숨 쉴 공간 위에서 부서지고 닫혔을지라도.

삶을 찬양하라 비록 우리가 알고 사랑했던 사람들이

그것을 몹시, 매우, 그러나 충분하진 않게 사랑했을지라도

삶을 찬양하라 비록 그것이 우리가 알고 우리를 사랑했다고 생각했던

사람들의 마음 위에 옹이가 박히게 했을지라도

삶을 찬양하라 우리가 알고 사랑했던 사람들이 찬양할 수 없다고 여겼던

삶에 [살아 갈] 기회와 이유를 주나니

그들을 찬양하라, 그들이 사랑할 수 있었을 때,

얼마나 삶을 사랑했는지.

—『문턱 너머 저편』, 517~518

리치가 말했듯이, 확실히 어머니가 되어 모성을 경험해 보는 것은 우리들을 급진적으로 변하게 할 수 있을지 모른다. 모성의 경험은 남자 예술가들이 종종 제시하는 것처럼 여자를 더욱 순수하고 세상과 멀리 떨어진 성녀로 만드는 것이 아니라, 오히려 세상의 차별적 현실과 박해의 상황들에 대해 생생한 감각을 일깨우고 생활밀착형 정치의식을 강화시켜 줄 것이기 때문이다. 또한 대부분의 보통 여자들이 사회적 차별이 편재한 현실 세상에서 그리고 무책임한 정치가들이 선동하는 세상에서 보호받지 못하는 삶을 살더라도, 너덜너덜 헤진 가슴으로 버티고 살아가더라도, 그들조차 모성의 측은지심을 발휘하며 자신들과 관계없는 이들을 위해 사회를 보수하려는 작업에 동참하는 의지를 작동시킬 수 있을지도 모를 일이다. 그런 의미에서 리치가 자신의 시예술을 통해 시민-독자들이 모성의 의미를 다시 생각해 보고 모성 경험의 정치적 잠재성을 사유하도록 했다는 점이 감동적이다. 시와 정치를 별개의 영역으로 간주하고, 순수예술을 주장하는 시인들과 달리, 그녀는 자신과 가족을 살릴 뿐만 아니라 다른 존재, 비주류 아웃사이더, 그리고 이방인들 역시 가슴에 품고, 가부장제 사회 권력의 파시즘적 향해 분노하며 모두가 인간으로 살아갈 가치 있다고, 모두를 먹여 살려야 할 이유가 있다고 외치기를 두려워하지 않았으니 말이다. '레즈비언 괴물'로, '노란 별을 단 괴물'로 평생을 살고, 그래서, 고통을 받았으면서도 그녀는 "삶을 찬양하라"고 말하기를 멈추지 않았으니 말이다.

제5장

여성이 여자에게 보내는 사랑

아드리안 리치와 '레즈비언'이란 언어의 가능성[1]

지금까지 설명하였듯이, 리치는 제2세대 급진주의 페미니즘 운동에 참여하면서 다양한 인종과 계층의 페미니스트들과 교류하고 성차별과 인종차별에 대한 정치적 사유를 거듭하는 가운데 자신만의 고유한 페미니스트 전망을 발전시킬 수 있었다. 우선 그녀는 여러 권의 시집을 통해 자신을 포함한 다른 많은 보통 여자들의 삶을 다시 바라보며 '모성애'의 이름으로 모성 경험을 왜곡하고, '어머니-되기'를 '괴물-가모장 되기'의 경험으로 변질시키는 가부장제의 역설을 드러내는 정치성을 보여주었다. 이후, 그녀는 유대계 레즈비언이라는 '노란별'을 가슴에 달고, 인종/종교/성 정체성의 면에서 극단적으로 헐벗은 여성적 존재들이 처한 주변부 언저리의 삶을 조명하고 그들의 존재론적 고통을 기록하는 역사적 책임의식을 보여주었다. 그런 과정에서 리치는 '나는 페미니스트다'라고 선언했던 곳에서 한 걸음 더 나아가 '나는 유대계 레즈비언 페미니스

---

1   이 글의 일부는 『젠더와 문화』에 게재된 저자의 논문 일부를 수정한 것이며, 추가연구로 보충되었음.

트이다'라고 선언을 하고 가부장적 사회 권력이 구성해 놓은 '진정한 여성'의 백인여성 중심적 사유를 완전히 깨부수고 나올 수 있었다. 더불어 시예술과 정치의식의 불가분의 관계를 제시하며 리치는 독자들에게 아름다운 여성의 얼굴을, 행복한 주부의 얼굴을, 그리고 거울에 비친 자신들의 모습을 정면으로 다시 바라보라고 요청하였다. '당신은 거기서 어떤 여자를 보는가?', '그 여자는 누구인가?', '그 여자를 사랑할 수 있는가?'라고 물으면서 말이다.

이런 맥락에서 볼 때, 리치의 레즈비언 페미니즘은 결코 레즈비언들만 혹은 여자들만을 위한 페미니즘이라고 볼 수 없다고 여겨진다. 오히려, 그녀의 페미니즘은 흑인 인권운동가들이 'black'이라는 임의적 기표가 추동하는 의미화의 과정을 변주하였던 것처럼 '레즈비언'이라는 기표를 '여성적 사랑'으로 창의적으로 변용하여 탈양성적post-androgynous 사회로 나아갈 것을 전망하는 사유로 이해하는 것이 보다 적절할 것이다. 무엇보다도, 그녀는 다른 급진적 레즈비언 페미니스트들과 달리 양성주의가 진정한 여성의 해방을 약속해 줄 수 없을 것이라는 점을 지적하면서 양성주의의 전망을 포기하는 대신 매우 포괄적인 사회변혁의 전망을 발전시키고 있었다. 사실상, 여자들이 남성성을 회복하고, 남자들이 여성성을 회복할 것을 주장하는 양성주의 캠페인은 이미 사회적 이분법의 시각으로 정의된 여성성과 남성성이 해체되지 않는다면 시민 대중들의 집단적인 사회심리 구조의 표피만을 건드리고 사라지기 십상일 것이다. 예컨대, 양성의식을 가지더라도 여자들은 여전히 가부장제 가족체제 하에서 어머니의 역할과 책임감에서 벗어나지 못하는 처지에 놓이고, 남자들 역시 모성의 신성화와 모성애의 강압적 영향력 사이에서 갈등하는 가운데 가부장적 가족체제가 여자들에게 억압적이라는 점을 이해하면서도 그들의 편의를 위해 대안을 찾기보다는 그대로 존속시켜 체제안정을 유지하는 편을 선호할 것이기 때문이다.

그렇다면, 리치가 "다만 언어가 있는 곳에 세상이 있다"라고 말하면서 제시했던 진정한 성의 해방은 우리가 남성 / 여성, 이성애 / 동성애, 남성성 / 여성성, 백인 / 유색인 등등 기존의 낡고 오래된 가부장적 범주와 언어가 우리의 탈양성 의식을 담아낼 수 없다는 점을 인정하고, 거기에서 새로운 의미화의 과정이 일어나도록 언어를 사용할 때 이루어 질 수 있지 않을까? 다시 말하여, 그동안 우리가 가부장적 가족체제에서 사용하던 모성애와 모성 경험을 다르게 바라보고, 다른 언어로 표현하고, 사회적 젠더 의식을 탈양성적으로 변화시킨다면, 새로운 인간의 존재양식, 혹은, 21세기 포스트 휴먼 시대에 적절한 인간의 존재 양식을 창안해 낼 수 있지 않을까?

저자의 상상과 상관없이, 리치가 '레즈비언'이라는 낙인찍힌 언어를 창의적으로 변용하고자 했을 때에는 적어도 가부장적 사회 권력의 언어체제가 실패했다는 점, 즉, "압제자의 언어"가 여자들 사이의 사랑 혹은 여성적 사랑의 실제를 반영하지 못한다는 점을 강조하고자 했던 것이 분명하다. 가령, 요즘 대중문화에서는 '브로맨스'라는 표현이 유행하면서 남자들 사이의 깊은 애정을 다루는 작품들이 심심치 않게 등장하고 있다. '브로맨스'란 'brother'와 'romance'를 합성한 신조어로서 남자들이 서로에게 애틋하고 미묘한 단순한 우정 이상의 감정을 느끼는 관계를 지칭한다. 하지만, 동일 선상에 있는 여자들 사이의 관계는 무엇이라고 표현할까? 한 여자가 다른 여자에게 애정어린 관심을 갖게 될 때, 그 애정을 어떻게 표현해야 할까? 여자들이 서로 우정을 넘어서는 깊은 애정을 느끼지만 성적인 관심은 아닌 것이 분명할 때, 그런 여자들의 사랑을 표현할 수 있는 언어가 도대체 있기나 한가?

리치가 지적했던 대로, 가부장적 사회체제의 "압제자의 언어"는 남자들의 경험을 중점적으로 반영하고 있기에 여자들이 느끼는 우정 이상의 애틋한 관계를 표현할 수 있는 언어는 없다. 가부장적 사회 권력이 허용하는 여자들 사이의 애정 혹은 애정어린 관심이란 오로지 "모성애"와 "자매애"인데, 사실상, 두 가지 모두 일반적으로 한 인간이 다른 인간에 대해 가지는 인도주의적 관심이나 측은지심의 범주로 이해되고 있어, 여자가 여자에게 가지는 애정이나 애틋한 감정을 지칭하기에는 부족한 감이 있다. 그 이외에 여자들에게 허용된 사랑의 감정은 남자들을 향한 이성애 혹은 아들에 대한 모성애이다. 딸이 어머니에게 가지는 사랑 역시 이름이 없다. 한 여자가 자매가 아닌 다른 여자에게 가지는, 성적인 관심이 아닌 사랑도 이름이 없다. 여자의 사랑이 이성애, 모성애, 자매애에 국한되지 않는다면 남성 중심적 가부장제 가족체제가 유지되기 어렵기 때문이다. 그런 이유에서, 한 여자가 혈연관계가 아닌 다른 여자에 대해 애정어린 관심을 지속적으로 가지고 친구 이상의 관계를 유지할 때 그 여자는 가부장적 사회로부터 비정상적인 '레즈비언'의 감정을 보이는 것으로 질타를 당하거나, 그녀가 성적인 관심을 표현하는 것이 아님에도 불구하고 종종 레즈비언 성애자가 아닌지 의심을 받는다. 결국 그녀는 다른 여자들과 더불어 살면서도 그들에게 애정을 느끼거나 표현하는 것이 금지된 삶을 살게 되며, 혹시라도 그런 '부적절한' 혹은 '비정상적' 감정을 느끼는 경우 자신의 성정체성에 대해 큰 혼란을 느끼게 된다.

실제로 한국의 문학작품이나 대중문화상품 속에서 친구이면서 친구 이상인 여자, 하지만, 성적인 관계가 아닌 그런 여자를 위해 대신 죽거나 하는 식의 지극한 애정어린 우정을 보이는 '정상적인' 여자 인물은 등장하지 않는다. 오히려 한 여자가 혈연관계가 아닌 다른 여자를 위해서 그런 정도의 친밀감과 애틋한 관심을 보인다면, 그녀는 곧 '비정상적'이고 '퇴폐적인' 레즈비언의 성향을 가진 것으로 드러난다. 가령, 〈아가씨〉(2016)는 여자 주인과 여자 하녀 사이의 충성, 연민, 미묘한 끌림, 애틋한 관계를 '비정상적'이고 '퇴폐적인' 레즈비언의 성애에 대한 남성 중심적 판타지 말고는 상상할 수 없었던 가부장 감독의 한계가 고스란히 드러나는 작품이다. 반면, 가부장적 남자 감독들의 판타지에서 남자 친구, 남편, 자녀들 혹은 부모를 위해서 자기 한 몸을 희생하는 여자 인물은 수도 없이 일상적으로 등장하고, 심지어 그 여자가 그들의 생계를 위해 매춘 행위를 하는 극단적인 상황조차 '숭고한 희생'으로 눈물겹게 인정된다. 이창동 감독의 〈시〉(2010)에 등장하는 조손가정을 보면, 생활보호 대상자인 가난한 할머니는 이혼하고 일을 하는 딸에 대한 모성애로 중학생 외손주를 돌보고 간병 도우미로 생활비를 번다. 외손주가 여학생 집단 성폭행에 연루된 사실을 알게 되었을 때에도 합의금 5백만 원을 마련할 길이 없어 고민하다가 결국 외손주에 대한 모성애 때문에 매춘을 한다. 본인이 치매 사실을 알았을 때에는 가난한 홀몸 딸과 외손주에게 부담이 될까봐 차라리 죽어서 그들의 마음을 편하게 해주고자 하는 깊은 모성애를 보여준다. 마지막으로, 늘 시쓰기를 좋아하는 마음을 잃지 않았던 할머니는 성폭행을 당한 여학생의 흔적을 따라 그녀와 그녀의 어머니가 겪었을 고통을 상상하고 공감을 하면서 마침내 참회하지 않는 외손주 그리고 다른 다섯 명의 가해자들과 그 부모들을 대신하여 죽음으로 그들의 죄를 대속하는 숭고한 모성애를 보여준다.

어떤 면에서, 이창동 감독은 자식들에게 어머니의 자격을 끊임없이 증명해야 하는 가부장제 가족체제의 모성 제도가 함축한 괴물적 본성을 괴물-가모장의 심상으로 전면에 드러냈던 봉준호 감독에 비해 한 걸음 진보한 것으로 여겨진다. 아들-감독으로서 이창동은 할머니에게서 시를 사랑하던 양미자라는 여자-인간을 발견해 주고 그녀가 자살을 통해서 어머니의 역할을 끝내기로 결심하는 서사를 구성하여 그녀를 특별한 여성으로 인정해 주었으니 말이다. 게다가 그녀가 충성스럽게 걸어온 진창 같은 어머니의 삶을 한 편의 아름다운 시라고 명명해 주고, 그녀를 자신의 한 목숨을 희생하여 공동체가 마땅히 보여야 할 양심의 꽃을 피워낸 한국 어머니로 승화시켜 자작시까지 지어 헌정하며 그녀의 깊은 모성애에 숭고미를 추가해 주었으니 말이다. 하지만, 아들-감독이 그려내는 숭고한 모성애의 판타지 속에서 아들을 맡기고 홀로 생계벌이를 하고 있을 딸의 존재감이 거의 없다는 것은 이상하지 않은가? 오히려 그런 정도로 깊은 모성애를 지닌 어머니가 가졌을 법한 딸과의 애정어린 관계는 철저하게 어둠 속에 가려져 있어, 성모 마리아급의 모성애를 지닌 양미자 할머니가 보여준 죽음을 통한 초월의 행위는 가부장적 가족체제의 모성애 신화를 더욱 강화시키는 도구로서 다시 한 번 빛을 발한다.

그러나, 사실 미국사회도 우리 사회와 별 다를 바가 없어서, 리치는 '레즈비언'이란 부정적인 낙인이 찍힌 언어를 폐기하는 대신 가부장적 사회체제에서 남성 예술가들이 여성적 사랑에 대해 그려내는 모순적인 상황을 지적하는 방식으로 새롭게 사용하였다. 예컨대, 그녀는 '레즈비언의 관계'를 남자들이 생각하는 '비정상적인' 여자들 사이의 성적 관계를 지칭하는 것으로 사용하기보다 한 여자가 다른 여자에게 애정어린 관심을 가지고 돌보고 양육하는 행위를 포괄적으로 지칭하는 사회적 공동체의식으로 변용하여 사용하였던 것이다. 실제로 레즈비언의 관계를 맺고 있거나 혹은 단순히 애정어린 깊은 우정을 나누는 여자들은 모두 가부장적 사회에서 이름을 붙일 수 없는 사랑을 나누는 존재들이거나, 비정상적이라고 폄하되는 성적 관계를 맺고 있는 존재들이다. 또한, 직장에서 한 여자가 남자 상사보다 여자 동료들에게 인정을 받고 관심을 받고자 한다면, 혹은, 여자 직원들의 집단적인 민원을 처리하기 위해 행동을 한다면, 그녀의 처신은 이미 정치적 의미를 가지게 된다. 사회적 영역에서 '여성' 혹은 '여성적인 것'을 우선순위에 두려는 의식은 가부장적 사회 권력이 이름을 붙일 수 없고, 이름을 붙일 수 없기에 통제할 수 없는 혁명적인 페미니스트 의식을 실천하는 것이다. 그러므로 리치는 가부장제 사회체제에서 이성애 이외에 여자들에게 허용되지 않았던 여자들 사이의 사랑과 애정어린 연대의 관계가 있다는 점을 지적하고, 그런 사랑, 즉, 일상적으로 '레즈비언의 사랑'으로 낙인찍히는, 그런 사랑이 오히려 여성의 독립적인 주체성을 강화해 줄 것이라고 주장하였다. 한마디로, 그녀는 가부장제 사회체제 하에서 여성적 사랑의 범주와 외연을 확장하고자 했던 것이다.

　지금처럼 여자들에게 이성애와 모성애만 인정하는 경우, 여자의 존재론적 가치는 남자들에게 그리고 자식들에게 이성애와 모성애를 주는 데에서만 발견된다. 여자가 나이가 들고 늙어서 더 이상 이성적인 매력을 가질 수 없거나 아이들이 자라서 독립하여 더 이상 모성애를 주지 못하는 경우 그 여자는 쓸모없는 존재, 제 기능을 못하는 폐물로 여겨지는 것이다. 그렇기에 여자들은 종종 젊은 여자들에게 경쟁심을 느끼고, 질투를 하고, 자신의 잠재적인 적으로 여기게 되거나, 할머니가 되어도 '어머니-임'을 증명하고 어머니의 역할을 수행하며 인정받기 위해 노구를 희생한다. 하지만, 만약 이성애, 모성애 이외에 한 여자의 존재론적 가치를 다른 여자가 인정해 줄 수 있는 애정어린 관계가 인정된다면 어떨까? 나이가 들어서 여성적 매력이 줄어들어도, 자녀가 자라서 어머니의 품을 떠나도, 그 모든 삶의 여정에서 동고동락하며 서로를 돌보고 서로에게 애틋한 연대를 나누어 온 여자들 사이의 애정어린 관계가 여전히 남아 있다면, 혹은 더욱 굳건하게 지속된다면, 여자들은 굳이 남자에게, 가부장에게, 자녀들에게 '어머니-임'을 증명하기 위해 희생을 무릅쓰거나 '어머니-되기'에 실패하여 스스로를 쓸모없는 존재로 여기고 우울감을 느끼거나 하지 않아도 충분히 자족할 수 있는 또 하나의 존재양식을 만들어 낼 수 있지 않을까? 남자 애인이 없어도, 남편이 없어도, 아이를 못 낳아도, 그녀는 여전히 자신을 타인에게 사랑받는 존재로 여기고 자신이 할 수 있는 만큼 자기만의 방식으로 타인들과 애정과 관심어린 돌봄을 나누며 건강하게 여성의 생애주기를 걸어 나가는 여정을 지속할 수 있지 않을까? 아무튼, 리치는 '레즈비언'이라는 언어가 불러일으킬 수 있는 있는 사회적 파장과 반감에도 불구하고 그 언어가 지닌 사회변혁의 잠재적 에너지에 보다 주목하며 레즈비언 페미니즘을 가장 근본적인 여성 해방의 전망으로 발전시켜 나갔다.

사실, 리치가 레즈비언 페미니스트 비평을 주장했던 때는 제2세대 급진적 페미니스트들이 이성애 중심주의와 전통적인 가족관의 해체를 주장하며 정치운동을 펼치는 가운데 유색인 페미니스트들과 유색인 레즈비언 페미니스트들이 "인종주의와 동성애 혐오증"으로 인해 페미니즘 분야의 비평과 정치 운동에서 자신들의 "목소리가 매우 심각할 정도로 지워져" 있다고 주장하던 시기였다(Rich, 1980 : 204). 가령, 폴라 건 앨런Paula Gunn Allen(1986), 벨 훅스Bell Hooks(1989), 바바라 스미스Barbara Smith(1984), 앨리스 워커Alice Walker(1981), 오드리 로드Audre Lorde(1978), 이블린 토튼 벡 Evelyn Torton Beck(1982) 등을 포함하는 유색인 페미니스트들과 리치는 각각 원주민계·아프리칸계·유대계 페미니즘, 레즈비언 페미니즘을 주장하며 백인 이성애 중심적 페미니즘의 이론과 비평의 지형에서 자신들의 독자적인 목소리를 내기 시작하였다. 무엇보다도 그들은 남성 비평가들이 — 페미니즘을 지지하든, 하지 않든 상관없이 — 레즈비언 여성을 이성애의 이항대립에 해당하는 범주 혹은 동성애 남성의 거울상으로 정의하며 동성애집단 속에서 또 다른 하위 '여성' 집단으로 축소하는 태도를 보이는 점, 또, 백인여자 이성애 페미니스트들 역시 레즈비언 여성을 '비정상적인' 성적 욕망을 지닌 존재로 바라보며 페미니즘의 주류에서 소외시키는 태도를 보인다는 점에 대해 강력하게 비판하였다.

물론 리치를 비롯한 유색인 레즈비언 페미니스트들의 맹렬한 비판의 목소리를 높였던 당시 남성 중심적인 학계와 문화예술계 그리고 이성애 중심적인 백인 페미니스트 지식 공동체에서는 '레즈비언의 존재'에 대한 차별적인 시선이 여전히 유지되고 있었다. 더구나 1980년대 미국 사회는 전반적인 경기 침체로 인하여 실직율이 상승하고 사회적 불안감이 증가하는 어려운 시절을 겪고 있었다. 그러므로 어떤 여자가 유색인일 뿐만 아니라 레즈비언이라는 사실이 알려지면, 그녀는 곧바로 직장에서 해고되고, 최저 생계비를 지원받을 때에도 온갖 수모를 겪어야 할 정도로 미국 사회에서 동성애 혐오증과 인종적 차별의 수위가 높아지고 있었다. 리치 역시 레즈비언의 정체성을 드러낸 이후 남편의 자살로 인하여 세간의 비난을 온 몸으로 받았을 뿐만 아니라 세 아이를 키우는 홀몸 유대인 어머니로서 자신뿐만 아니라 동료 흑인 레즈비언 페미니스트 시인이자 비평가였던 로드나 스미스 등등이 문학 활동을 하는 가운데 정부의 지원금 때문에 수모를 당하는 상황을 목격하기도 하였다.

그런 맥락에서 리치가 「당위적 이성애와 레즈비언의 존재Compulsory Heterosexuality and Lesbian Existence」(1980)[2]에서 자신의 글이 정치성을 띤다는 점을 도입부에서 명백히 밝혔던 점이 참으로 공감된다. 리치는 자신을 포함한 유색인 레즈비언 페미니스트들이 "레즈비어니즘"을 "대안적 생활방식"으로 수용해 달라고 요청하거나 레즈비언 여성 시인들과 비평가들

---

2   이 글은 1978년 『싸인(Signs)』지에 「섹슈얼리티」라는 제목으로 처음 게재되었고 이후 『거짓말, 비밀, 침묵에 관하여』에 포함되었다. 저자는 『아드리안 리치의 시와 산문집』, 203~223쪽에서 이 글을 인용한다.

에게 '특별한 여성'이라고 관심을 보여 달라는" 한가로운 투정을 하는 것이 아니라는 점을 분명히 하였기 때문이다. 그녀는 다만 '레즈비언'인 여성이 당면하는 참담한 현실에 대해 목소리를 높여 말하면서 페미니즘을 지지하는 지식인들뿐만 아니라 사회 전체가 레즈비언 여성의 문제를 인간의 '생존의 문제'로서 진지하게 바라봐 달라고 요청할 뿐이었던 것이다(206). 그만큼 리치를 포함한 레즈비언 여성들이 당면하던 고용 및 해고의 불안정과 불평등, 그로 인한 경제적 빈곤과 보건 복지상의 소외, 인종과 계층적 차별, 남자들에게 당하는 성적 괴롭힘, 강간, 폭력, 이유 없는 살해의 문제, 동료들의 따돌림 등등이 매우 심각했었다. 그러므로 리치는 그러한 차별과 폭력의 상황이 단지 레즈비언 여성에게만 특별히 해당되는 것이 아니라 모든 형태의 사회적 약자를 포함한 '여성적인 존재' 전체에게 해당되는 생존과 직결된 절박한 문제라는 주장을 펼치며 논의를 이끌어 나갔다.

이미 리치는 1971년 「우리가 완전히 깨어날 때 – 다시 보기로서의 글쓰기」에서 우리가 사용하는 가부장적 사회의 언어가 남자들의 경험을 근간으로 형성된 남성 중심적 상징체제와 의미화 과정을 실행한다는 점을 지적한 바가 있었다. 남성 중심적 상징체제 하에서 '여성'이라는 명사가 쓰일 때 그것은 인종, 계층, 성에 상관없이 보통 여자들이 직면하는 빈곤, 고용불안정, 강간, 폭력, 따돌림, 소외 등등의 경험들을 반영하지 않으며, 오히려 가부장적 사회 권력이 인정하는 '진정한 여성성'의 자질들을 우수하게 보여주는 소수의 특별한 여자들의 경험들을 반영하고 있을 뿐이라는 것이다. 하지만 가부장적 사회에서 성공한 여성, 특별한 여성, 진정한 여성이란 과연 누구인가? 앞서 언급했듯이 그들은 가부장적 사회체제에서 남성의 지위와 권위를 인정하고, 남성적 경쟁원리를 수용하고 남성적 업적에 자신의 능력을 동일시하는 여자들이다. 그녀는 가부장적 사회 권력의 남성 중심적 언어를 체화하고 가부장들의 보호를 요청하며 스스로 남성적 경쟁 원리에 종속되거나 남성의 성공을 내조하고 빛내주는 잉여적 존재양식을 수용하는 여자들이다. 하지만 한 번 생각해보라. 만약 어떤 여자가 자신의 존재 가치가 전적으로 남성의 평가에 달려있다고 느낀다면, 그래서, 혼자서는 아무런 가치도 가질 수 없는 존재라고 느낀다면, 그녀는 아마도 심각한 자기혐오의 감정을 마음속에 축적하고 있는 셈이나 마찬가지일 것이다. 스스로를 사랑할 수 있는 기준이 내면에서 생성되지 않기에, 그녀는 거울에 비친 자신의 모습을 진정으로 인정할 수도, 사랑할 수도 없을 것이다. 또한, 다른 여자들의 평가를 신뢰하지 않기에, 그녀는 지속적으로 자신을 남자들의 시선에 노출시켜야 하며 자신이 그들의 사랑을 받을 만한 지 아닌지를 끊임없이 의심하고 확인해야 할 것이다. 따라서 리치가 「당위적 이성애와 레즈비언의 존재」의 도입부에서부터에서 보수적인 평단과 학계에 대해 자신을 포함한 '레즈비언의 존재'를 특별하게 혹은 예외적인 여성으로 보아 달라고 요구하는 것이 아니라고 항변하는 맥락을 이해하는 것은 매우 중요하다.

이어서, 리치는 압제자의 언어체제에서 부정적인 낙인이 찍힌 '레즈비언'이라는 언어를 사용하지만, 기존의 사용법에 따라 "레즈비언 여성"이라고 말하는 대신 "레즈비언 존재"와 "레즈비언 연속체"라는 새로운 표현법을 사용한다. '레즈비언'이라는 기존의 남성 중심적 사용법이 이성애자 여성과 이항대립의 관계를 전제하고 "레즈비언 여성"에 대해 부정적인 연상 작용을 일으키는 의미화의 과정을 보수하기 위해서였다. 또한, '레즈비언 존재'라는 표현이 여성의 자아정체감에 새로운 의미화의 과정을 일으킬 수 있도록 하기 위해서였다.

> 나는 레즈비언의 존재와 레즈비언 연속체라는 용어를 사용하기로 선택하였다. 레즈비언이라는 단어가 임상적이기도 하고 의미를 제한하는 느낌을 주기 때문이다. 레즈비언의 존재는 역사적으로 사실로서 레즈비언의 존재와 그 존재의 의미에 대해서 우리가 지속적으로 창안해 내는 의미, 둘 모두를 제시한다. 레즈비언의 연속체로 의미하는 바는 각각의 여성의 삶에 있어서 그리고 역사상 여성적인 경험으로 파악되는 것들의 범위를 포괄적으로 지칭하는 것이다. 그것은 단순히 한 여자가 다른 여자와 성적인 관계를 맺기를 의식적으로 욕망한다는 점을 지시하지 않는 것이다.
>
> ─『아드리안 리치의 시와 산문집』, 217

만약 주의를 기울여 읽어보지 않는다면, 위의 인용문에서 리치가 "레즈비언 존재" 혹은 "레즈비언 연속체"라는 표현을 쓸 때, 우리는 그녀가 그저 기존의 언어 사용법을 되풀이한다고 여기면서 그녀가 가부장적 사회의 낙인이 찍힌 언어의 사용법을 보수하려 한다는 의도를 파악하지 못할 수 있다. 혹은 그녀가 기존의 이분법적 범주를 토대로 삼아 남성적 판타지에 자주 등장하는 아마존 여전사의 집단처럼 남자들을 배제하는 '여자들만의' 공동체 혹은 '레즈비언 성소수자들 만의' 집단을 상상하고 있다고 오해할 수 있을 것이다. 마치 '여자'나 '여성'의 경험에 대해 표현하거나 논의를 하면 거의 자동적으로 페미니스트 전망을 지닌 예술가 혹은 비평가로 여겨지듯이 말이다.

리치 역시 이런 점에 대해서 우려하였던지 「당위적 이성애와 레즈비언의 존재」를 게재하기 이전이 벌써 「우리 안의 레즈비언It is the Lesbian in Us」(1976)에서 '레즈비언'이라는 기존의 표현을 계속 사용하기로 한 결정에 대해 보충 설명을 한 바가 있었다.

> 레즈비언들에게조차, 그 [레즈비언이라는] 단어는 많은 의미를 공명한다. 우리들 중 몇몇은 그 단어를 완전히 없애버리고자 한다. 다른 몇몇은 의미를 변화시키고자 하지만, 그래도 나머지는 그 단어를 말할 수 없었던 세월을 겪고도 그 단어에 대한 소유권을 열렬히 주장하고 말한다. 페미니스트들은 만약 그들이 레즈비언이라고 인식되면 "신망을 잃게" 될까봐 두려움을 가지도록 강요되었다. 몇몇 레즈비언들은 [그 사실을] 철회하거나 "똑바른" [이성애] 여자들을 거부하고 폄하는 "비-페미니스트 소수자 공동체들(가령 "동성애" 운동)에 가입하도록 강요되었다…… 우리에게 이름을 붙이고 정의하는 과정은 단순한 지적인 유희에 해당하는 것이 아니라, 우리의 경험을 파악하고 행동을 취하는 열쇠가 되는 것이다. 레즈비언이라는 단어는 지켜져야 한다. 그 단어를 폐기하는 것은 우리 자신의 존재를 침묵시키고 거짓말을 하게 했던 권력에 부역하는 것이기 때문이다. 옷장 속에 숨는 놀이를 하거나 말할 수 없는 것에 대해 창작을 할 때처럼 말이다.
>
> ─『거짓말, 비밀, 그리고 침묵에 대하여』, 202

대부분의 가부장적 이성애자들은 레즈비언과 게이가 한 종류의 동성애 성소수자 집단으로 범주화될 수 있다고 여기지만, 사실 그런 자동반사적인 연상법과 이분법적 논리 때문에 레즈비언 페미니스트들은 그들의 페미니즘을 문화 예술 비평이론으로만 사용하지 않고 정치적 행동주의로 확장시킬 수밖에 없었다. 즉 가부장적 사회 체제의 일반적 범주화와 프로이드 심리학에 따른 여자의 일생을 고려하자면, 여자들은 생물학적 성별을 공유하는 여성 집단으로 분류될 수 있고, 대부분의 여자들은 양성 중 반쪽에 해당하는 남자와 이성애를 나누지 않으면 완전한 행복을 누릴 수 없으며, 임심과 출산의 경험을 통해 자연스럽게 여성의 유전자 속에 프로그램된 모성애를 발현하면서 성숙한 여자로서 존재가치를 입증하는 생애주기를 가질 것이다. 하지만 앞서 여자/여성, 여성다움, 페미니스트의 개념적 차이를 설명하는 부분에서 언급하였듯이, 제2세대 페미니스트들은 가부장제의 근간에 스며있는 그러한 자동연상법과 이분법적 논리가 다수의 여자들에게 어떠한 사회적 차별을 가하는지를 제시하고 그러한 차별적 사회를 변혁하고자 하는 정치의식을 실천적으로 보여주었다. 그럼에도 불구하고, 제2세대 페미니즘을 주도했던 밀레트까지도 사회 여론에 밀려 '레즈비언'에서 '양성애자'로 입장을 후퇴하는 것을 목도하면서, 그리고, 심지어는 페미니스트 집단 안에서도 '레즈비언'에 대한 분열의 양상을 목도하면서, 리치는 이 글을 통해 '레즈비언'이라는 압제자의 언어를 폐지하는 것이 불가능하다면, 그 언어를 유지하되 적어도 창의적으로 변주하여 긍정적인 의미화가 이루어지도록 보수 작업을 할 필요성이 있다는 점을 제시하였던 것이다. '레즈비언의 사랑'이 실제 레즈비언 여자들 사이의 사랑뿐만 아니라 여성적 사랑을 포괄적으로 의미하는 범주로서 재정의될 수 있도록 말이다.

그런 뒤, 몇 년이 지나 「당위적 이성애와 레즈비언의 존재」의 글에서 다시 한 번 리치는 '레즈비언'이라는 표현이 새로운 의미화를 이루어낼 수 있도록 비평작업을 수행했던 것이다. 가령, 1960년대 흑인 인권운동가들이 백인들이 임의적으로 그들에게 이름을 붙인 'Black'이라는 언어를 폐기하기보다는 오히려 더욱 창의적으로 차용하여 'Black Is Beautiful'이라는 의식함양 캠페인을 벌였듯이, 리치 역시 '레즈비언'이라는 이름을 유지하되 과거 역사 속에서 '우리안의 레즈비언'에 해당하는 경험, 즉 '여자들 사이의 관심과 사랑의 관계'를 나누고 글로 표현했던 보통 여성 작가들 혹은 특별한 여성 작가들을 모두 '레즈비언 존재'라는 이름으로 재조명해 내고, 그들이 구성하는 역사를 '레즈비언 연속체'라는 전망으로 비준하고자 하였다.

매리 달리Mary Daly 역시 리치가 사용하는 '레즈비언'의 언어가 포괄적이라는 점을 지적하였다. 달리는 리치가 '레즈비언 연속체'의 표현을 통해 그간 남성 중심적 학계와 비평계에서 의도적이든 비의도적이든 침묵되었던 보통 여자들의 "초라하고 불안정한 삶의 측면들"에 대한 기록을 복원하고, 타인을 위해 희생하는 삶을 선택하는 것이 아니라 "자신과 서로에게 우선이 되는" 삶을 살기를 갈망했던(250) 여자들의 기록물들을 발굴해 내는 것을 의미한다고 주장하였다. 그렇게 함으로써, 리치는 백인 남자들이 주류를 이룬 가운데 소수의 특별한 여자들과 유색인 남자들이 장식품 꽃처럼 군데군데 꽂혀 있는 백인 남성 중심의 역사가 아니라, 다양한 보통 여자들이 '있는 그대로의' 존재성을 드러내며 다양한 보통 남자, 여자들과 서로의 삶에 얽히고 연결되어 있는 공동체의 역사 혹은 '통합된 전체the integrated whole'로서 미국 역사를 형성해 낼 수 있을 것이라고 전망하였다는 것이다.

흥미로운 것은, 달리가 주목했던 "통합된 전체"에 대한 전망 역시 1975년 리치가 「여성과 명예Women and Honor」[3]에서 이미 공명하고 있었다는 점이다. 리치가 보기에, 가부장적 사회 권력은 소수의 특별한 여성들만 누릴 수 있는 특권과 지위에 대한 상징체계를 만들어 다수의 보통 여자들을 유혹하고, 그들로 하여금 허상에 불과한 사회적 명예를 쟁취하기 위해 서로를 비난하고, 경쟁하고, 적으로 여기고, 멀어지게 만들었다. 동시에, 가부장적 사회 권력은 양성 중 반쪽인 남자가 없으면 그들이 사랑의 감정을 느낄 수 없고 인생에서 행복감도 누릴 수 없다는 이성애 문화를 '정상적인' 것으로 조장하여, 다수의 여자들로 하여금 가부장, 남편, 남자 애인에게 버림받는 것에 대한 불안과 두려움을 가지고 독신 노처녀의 외로움에 대한 공포심을 조성해 왔다. 그렇기에, 대다수의 보통 여자들은 비록 그들이 가부장적 이성애의 허상을 깨닫는다고 하여도, 그리고 남자들이 그들의 행복을 위해 반드시 필요하지 않다는 점을 알고 있으면서도 '비정상적'인 여성으로 소외되는 심리적 불안감을 피하기 위하여 결혼을 한다는 것이다. 또한, 그들이 동성인 여자에게 애틋한 감정을 느끼거나 관심을 표현하고 싶어도, 그들을 '레즈비언'으로 규정하는 이성애자

---

3   이 산문은 『거짓말, 비밀, 그리고 침묵에 대하여』 및 『아드리안 리치의 시와 산문집』에 실려 있다. 이 글에서는 후자의 195~202쪽에서 인용함.

들의 시선 때문에 그런 언행을 하는 것에 대해 극도의 두려움과 거부감을 느끼게 된다는 것이다.

하지만, 사실상 이성애자들 혹은 이성애자 페미니스트들이 주장하는 자매애 역시 한 여자가 다른 여자에 대한 사랑과 관심을 보이는 것이 아니던가? '여성주의'를 주장했던 워커 역시 자신이 호명하는 '여성주의자'를 정의하며 "다른 여자들을 성적으로 그리고 / 혹은 성애와 무관하게 사랑하는 여자a woman who loves other women, sexually and / or nonsexually"(xi)라고 말하지 않았는가? 서양 문명의 근간을 이루는 성경에도 '타인을 내 자신처럼 사랑하라'라고 하지 않았는가? 한 남자가 타인에 대한 적극적인 사랑과 관심의 행위를 다른 남자에게 실천할 가부장적 사회는 아무런 문제도 제기하지 않으며 오히려 그런 행위를 인도주의와 박애정신의 실천으로 추앙을 하는데, 한 여자가 다른 여자에 대해 동일한 행위를 할 때는 왜 이상한 시선으로 바라볼까? 만약 리치가 한국에서 여자들끼리 함께 한 침대에서 잠을 자고, 팔짱을 끼고 다니고, 함께 목욕을 하고, 공동 목욕탕에서 일면식도 없는 다른 여자에게 등을 밀어달라고 스스로의 몸을 맡기고 또 그것에 스스럼없이 응대하여 다른 여자의 몸을 만지는 문화를 경험했더라면, 아마 「우리 안의 레즈비언」을 쓰면서 '레즈비언'을 모호하게 단순화했다가 추후 부연설명을 붙이는 불편한 과정을 겪지 않았을지도 모른다. 서양의 이성애자들에게는 충분히 동성애 레즈비언의 관계로 오인될 수 있는 그런 관계가 실제로 한국 사회의 문화적 관습의 한 형태로 남아있기 때문이다. 그럼에도 불구하고, 우리 역시 이런 관계를 부르기에 적합한 언어를 가지고 있지 않다.

이제까지 리치의 레즈비언 페미니즘에 대해 연구한 학자들은 그들 안의 남성 중심적인 언어 사용법을 조명하기보다는, 리치가 기존의 백인, 이성애 중심적 페미니스트들의 문법에서 레즈비언의 여성들을 해방시키고자 하는 점에만 초점을 맞추었다. 그들은 리치가 '레즈비언'이라는 가부장적 언어의 사용법을 보수하여 남성 중심적으로 편향된 미국의 역사를 보완하고자 했다는 점의 의미를 심각하게 논의하지 않았다. 가령, 알버트 겔피Albert Gelpi(1973), 조안 디엘Joanne F. Diehl(1990), 크레이그 워너 Craig Werner(1988)와 같은 학자들은 리치가 당대 급진적 여성주의자의 위치에 있었다는 점을 주목하면서, 그녀가 여성이 중심을 이루는 '특별한' 대안적 공동체를 형성해 내고자 했다고 파악하였다. 클레어 키이즈Claire Keyes(1986)나 셰리 랭델Cheri Langdell(2004)과 같은 비교적 최근의 학자들 역시 「스물한 개의 사랑시Twenty One Love Poems」를 레즈비언 텍스트로 분석하고, 리치가 말하는 레즈비언의 사랑에서 남성의 존재는 결코 상상될 수 없다는 결론을 내렸다. 또한, 리치의 "공동 언어" 개념에 대해서도 알티에리는 리치가 전통적인 여성의 심상을 "거부"(354)하였다고 지적하고, 디일은 리치가 "남자들을 독자 및 애인으로 거부하는" 여자들만의 공동체의식을 반영하는 "대체 언어"(420)를 창안한 것으로 이해하였다.

하지만, 「우리가 완전히 깨어날 때」에서 리치는 "압제자의 언어"를 거부하기보다는 그것이 독자들과 소통을 하기 위하여 이용할 수 있는 유일한 언어이므로 그 상징체제 안에 머무르며 새로운 의미화의 과정을 창안해 내겠다는 의식을 보여 주었던 바가 있었다. 또한 리치의 성정체성과 그녀의 레즈비언 페미니즘을 연결시키는 자동적인 연상은 「당위적 이성애와 레즈비언의 존재」를 자세히 읽어볼 때 그 허점이 드러난다. 그녀가 "레즈비언 존재lesbian existence"와 "레즈비언 연속체lesbian continuum"를 명백히 구별하기 때문이다(217). 리치에 따르면, 전자가 역사 속의 레즈비언 여성들의 존재를 언급하는 반면, 후자는 "의식적으로 다른 여자를 향해 성적욕망을 느끼"는 여성들의 역사를 지적하는 것이 아니라, 역사를 통해서 그리고 삶을 통해서 느껴온 여성적인 경험들의 연속성을 제시할 수 있다(217). 이렇게 명확히 두 개념을 구분한 뒤 리치는 자신이 논의하는 레즈비언 페미니즘을 후자에 근거하여 설명하였다. 그녀는 레즈비언의 육체에 한정된 경험으로 보기보다는 '레즈비언 상상력'에 근거한 "정신적 기쁨을 나누는" 경험도 포괄하는 경험으로, 그리고 '레즈비언의 관계'를 보통 여자들이 자신의 "현재 모습 그대로의 여자, 그녀 그 자체인 여자를 사랑하는 것"으로 재정의 하였다. 이어서 '레즈비언 연속체'의 관념에 근거하여 남성 중심적 언어와 남성이 지배하는 세상에서 그동안 보이지 않았고 말해지지 않았던 보통 여자들에 대한 기록을 발굴하여 미국 역사의 기록에 종적으로, 횡적으로 이어 붙여 남성 중심적, 이성애 중심적 시선을 보수하고자 하였다. 사실상, 가부장적 사회에서 레즈비언은 '정상적인' 이성애를 벗어난 '비정상적' 동성애집단에 속할 뿐만 아니라 그 속에서조차 사회적 소수자의 위치를 점하는 존재들이다. 그러므로 리치가 그들의 존재를 미국 역사 속에서 명명하고 그들의 삶에 대한 기록을 남기고자 했던 시도는 남녀 간의 이성애 이외의 성적관계를 '비정상'으로 금기시하는 가부장적 사회와 남성 중심적인 가치관에 대해 가장 근본적이고 급진적인 도전을 하는 것에 해당하였다.

하지만, 리치의 '레즈비언 연속체'의 관념은 흑인 페미니스트들이 주장했던 '여성주의'나 급진적인 레즈비언 페미니스트들이 주장했던 양성애 '레즈비어니즘'과는 차이점이 있다. 앞서 설명하였듯이, 앨리스 워커는 '여성Woman'이라는 언어를 백인 중심적 사회에서 침묵되고 억압받은 흑인 여성들 전체에게 돌려주고 흑인 하층민 중심의 서민문화에 깊숙이 배어 있는 모성애의 가치를 당당히 주장하는 '여성주의' 캠페인을 주도하고 있었다. 워커와는 다소 입장의 차이가 있었지만, 벨 훅스 역시 "백인[여성]의 특권"을 포괄적으로 상징하는 여성성을 흑인 여자들에게도 인정해주자는 논리를 펼치고 있었다.

> 백인 여성주의자들은 "여자"라는 어휘를 단지 백인 여자를 의미하도록 사용하는 인종적, 성적 경향을 지녔다는 사실을 인식하지 못했다. 그들에게 그것은 두 가지 목적을 가지고 있었다. 우선, 그것은 백인 남자들을 세상의 압제자로 부를 수 있도록 허용해 주었으며, 백인 여자들과 남자들 사이에 공통된 제국주의적 인종주의에 근거한 어떤 연대도 불가능하게 해 주었다.(140)

보다 급진적인 레즈비어니즘을 주장하고 있었던 바바라 스미스Barbara Smith나 릴리안 패더만Lillian Faderman의 경우, 그들은 여자들 사이의 강렬한 성적 사랑의 감정의 유무를 중시하였다. 특히 스미스는 토니 모리슨Toni Morrison의 『술라*Sula*』를 비평하며, "여성들에 대한 강력한 [성적] 심상이 있다면, 어떤 직선적인 전개를 거부하는 태도가 드러난다면, 그것을 본질적으로 레즈비언 문학작품이라고 볼 수 있다"고 주장하면서, 넬과 술라의 관계를 "본질적으로 레즈비언"의 성적 관계로 보았다(33). 그러므로『술라』는 모리슨의 성적 취향에 상관없이 레즈비언 문학작품이라고 주장하였다(33). 반면, 패더만은 '여성'을 매우 협소하게 정의하면서 "두 여자가 서로에 대한 매우 강한 감정과 애정을 드러내는 관계"를 유지하는 것이 그려지는 작품이라면 "성적인 접촉" 유무와 상관없이 "레즈비언" 문학작품으로 볼 수 있다고 주장하였다(18). 그렇다면, 당대 레즈비언 비평가들이 제시했던 '레즈비어니즘'은 워커가『어머니의 정원을 찾아서In Search of Our Mother's Gardens』에서 "우리는 모두 레즈비언이다"라고 주장했던 데에서 함축적으로 시사되듯이, '여성'의 본질에 대한 신념을 근거로 하는 가운데 이성애와 동성애를 모두 수용하고 '여성 연대'를 강조하는 포괄적인 전망이었거나 급진주의 레즈비언 비평가들이 제시하듯이 여자들 사이의 성적 사랑만 강조하는 분리주의적 전망이었거나 두 가지 중 한 가지 방향으로 전개되고 있었다.[4]

이런 상황에서 리치가 레즈비언 연속체의 개념으로 제시하고자 했던 여자들 사이의 애정어린 관계는 차라리 크리스테바가「여자의 시간Women's Time」에서 주장했던 대로 "여성에 대한 [그간의] 믿음에서 자유롭게 되는 것" 혹은 여성이 지닌 "복수 언어plural languages"를 지향하는 태도를 보여준다고 할 수 있다(Belsey에서 재인용, 214). 앞서 설명하였듯이, 리치는 여자에게 고유한 여성적 본질을 사유하기보다는 가부장제 사회체제에서 모든 여자들에게 공통적으로 주어진 여자의 일생에 관심을 가지고 다양

---

4   '여성적 글쓰기' 혹은 '여성적 본질'에 대한 분리주의를 지향하는 프랑스 여성주의자들로는 헬렌 식수(Helen Cixous)와 루스 이리가레이(Luce Irigaray)가 있다.

한 삶의 조건과 환경을 살아내는 '보통 여자'들을 대변하고자 하였다. 그녀는 자신이 '보통 여자'로서 경험했던 바들을 시공을 초월하여 또 다른 보통 여자의 경험에 연결시키면서, 여자들이 서로 간에 애정어린 결속감과 연대감을 형성하게 되면 '미국의 보통 여자'라는 집단 무의식이 성립하게 될 것이라고 기대하며 '연속체'의 개념을 들여왔던 것이다. 그런 점에서 볼 때, 리치는 동시대에 활동했던 다른 급진적 여성주의자들이나 레즈비언 페미니스트들과 지향점이 매우 달랐다고 할 수 있다. 그녀는 '보통 여자'를 일종의 집합명사로 사용하면서 그간 북미대륙의 역사와 연대기 속에서 삭제되고 침묵되었던 다수의 보통 여자들의 삶의 이야기들을 복원하고자 하였고, 남성 중심적으로 흘러가던 역사의 시간 속에 여자들의 시간을 삽입하여 '공동 언어' 혹은 '통합된 전체'로서의 미국 역사를 복원하는 작업을 수행하고자 했기 때문이다.

나아가 리치가 '레즈비언 연속체'의 관념을 설명하는 부분을 자세히 검토하더라도, 그녀는 동성애를 선택한 여자들 사이의 사랑과 관심이 이성애를 선택한 여자들의 것과 '본질적'으로 다르거나 특별한 상상력을 발휘하게 한다고 강조하지 않았음을 알 수 있다. 다만, 그녀는 가부장적 사회 권력이 우리에게 여자들의 행복을 위해 반드시 필요하다고 제시한 이성애적 사랑을 다시 바라보자고 하였다. 그렇게 할 때 비로소 우리는 이성애 때문에 보통 여자들이 실제 사랑의 관계에서 얼마나 폭력적 상황들을 참아내는 지, 또 남자들의 폭력적인 이성애가 종종 '낭만적 사랑'의 이름으로 정당화되면서 여자들을 침묵시키는 지 알 수 있을 거라고 주장하였다.

우리가 그것을 여성들 사이의 관계를 굉장히 우선시 하는 매우 많은 형태들을 포함하는 것으로 확장시킨다면, 가령, 풍성한 내면적 삶을 나누는 것, 남성적 폭압에 대항하기 위해 연대를 하는 것, 실제적이고 정치적인 지지를 주고, 받는 것 등등… 우리는 그동안 배타적이고, 대부분 임상적이었던 레즈비어니즘의 정의들의 결과로서 우리의 상상할 수 있는 영역 밖에 있었던 여성의 역사와 심리의 폭을 파악하는 작업을 시작하게 될 것이다.

—『아드리안 리치의 시와 산문집』, 217

마지막으로, 리치가 1975년 「집안의 활화산 – 에밀리 디킨슨의 힘Vesu-vius at Home: The Power of Emily Dickinson」에 붙인 서론을 보더라도, 그녀의 레즈비언 페미니스트 비평과 양성애를 지향하는 레즈비어니즘이 다르다는 점을 알 수 있다.

레즈비언 페미니스트 비평은 어떤 여성 예술가이든 그녀가 "실제 레즈비언"이었나 아니었나를 증명하는 것을 넘어서 그녀의 작품을 조명할 수 있는 힘을 가지고 있다. 그러한 비평을 통해 지금까지 지나쳐졌던 문제들에 대해 질문을 할 수 있을 것이며, 이성애적인 낭만적 사랑을 여성 예술가의 삶과 작품을 이해하기 위한 열쇠인양 집착적으로 파고들지 않을 것이다. 또한 그녀가 어떻게 자신의 현재 모습을 지니게 되었는지 그리고 어떤 식으로 스스로의 정체성을 파악하는지, 여성의 문화, 여성의 전통을 이용할 수 있었는지, 다른 여성들의 존재가 그녀의 인생에서 어떤 의미를 지녔는지 등등을 탐구하게 해 줄 것이다. 그러므로 그러한 비평은 남성-주류의 시각으로 수행하는 관습적인 비평으로는 밝혀낼 수 없는 암묵적인 메시지, 비유, 전략, 강조점 등등을 파악하게 해 줄 것이다. 이러한 과정은 과거의 여성 예술가들을 — 현재도 마찬가지로 — 우리가 아직 예견하거나 상상할 수 없는 방식으로 만나볼 수 있게 해 줄 것이다.

— 『거짓말, 비밀, 그리고 침묵에 대하여』, 158

위의 인용에서도 명확히 제시되듯이, 리치는 디킨슨에 대한 비평작업을 수행하며 그녀를 레즈비언 여성 작가로 그리고 그녀의 시를 레즈비언 문학으로 새로 조명하고자 했던 것이 아니었다. 다만, 수세기에 걸쳐서 남성 작가들과 비평가들과 출판담당자들에 의해 디킨스의 삶과 시가 '여성답게' 편집, 각색 되었던 점, 즉, 그녀가 특별한 재능을 지녔지만 "순진무구하고, 소녀다운 무지함과 여성다운 전문성 부족"을 드러낸 "감상적인 존재"로 제시되고 있는 점에 대해 문제를 제기하고자 했던 것이었다 (167). 여성 시인으로서 그녀는 디킨슨이 "여자로서" 살아가는 삶의 현실 속에서 "스스로를 경험하는 것"에 대해 그리고 "마음속에서 느껴지는 어떤 것 그리고 자신의 존재의 핵심에 대해" 쓰고자 했던 점에 주목하고 그녀의 내면에서 활활 끓어 넘쳤던 열정적인 목소리에 대해 같은 여자로서 적극적인 지지를 보내고자 했던 것이다(175). 그런 가운데 그녀는 디킨슨이 작품을 통해 어떤 방식으로 "여성[독자]들에게 말을 걸고 [자신의] 실제 삶에 대해서 말하고, 새롭게 발견한 용기를 가지고 이름을 붙이고, 서로를 사랑하고, 위험과 억울함과 기쁨을 나누고자"(176) 했는지의 문제를 여자들 사이의 애정어린 관계라는 비평적 시각에서 검토하고자 하였다.

그 결과 리치는 여성 시인들이 남성 작가들의 작품 속에서는 결코 들려지지 않았던 보통 여자들의 애환, 즉, "봉건영주의 아내로부터 마녀를 거쳐" 나이 든 여자이든, 십대 소녀이든, 강간의 폭력을 당한 여자이든, 과거로부터 현재에 이르기까지 "여자들에 대해 가해졌던 [다양한 종류의] 폭력의 역사, 흑인, 가난한 사람들, 여자들을 비인간적으로 취급한 것, 무시이든 거부이든 직접적 폭력이든 우발적 잔인함이든 권력이 없는 자들이 스스로와 서로서로에게 저질렀던 폭력, 가부장제 문화체제 하에서 여자들이 정신적으로 육체적으로 기력이 소진되는 것"(250) 등등을 작품 속에서 사실적으로 그려냈다는 점을 새롭게 조명하고 여성 시인의 내면이 아름다운 정원이 아니라 거친 달 표면 혹은 활화산 혹은 사막과 같은 심리의 지형을 가지고 있다는 점을 드러낼 수 있었다.

확실히, 모든 여자들이 진정한 여성 해방을 경험하기 위해 레즈비언 동성애를 선택해야 한다면, 그런 전망은 아무리 급진적이라 할지라도 여자들에게 또 하나의 억압적인 존재양식을 제시하는 것이 될 수 있다. 하지만 우리가 레즈비언 동성애가 아니라 레즈비언적 상상력을 발휘한다면 가부장적 사회 권력이 강요하는 '여성'으로서의 존재양식과 '여자'로서 개별적인 존재양식에 대한 욕구 사이에 차이가 있다는 점을 인식할 수 있을지 모른다. 또한 여성의 존재양식에 대한 단일한 상상력에서 벗어나 '여성'을 남성과 이항대립의 관계를 이루는 단수적 존재가 아니라 '여성이자 여자'인 복수적인 존재로서 다시 바라보는 '레즈비언 상상력'을 발휘할 수 있을지도 모른다. 리치가 제시하듯이, '레즈비언 상상력'은 보통 여자들에게 "성적인 선택the erotic choice"을 하는 것에 버금가는 "정신적 기쁨"을 가져다 줄 수 있으며, 다른 여자들과 "풍부한 내면세계"를 나누고, "남성적 전제에 항거하여 연대"를 하고 "실제적이고 정치적인 지지"(217)를 주고받을 수 있는 공동체적 관계를 형성하게 해 줄 것이기 때문이다.

이런 점에서 리치가 시에서 언급하는 "공동 언어"는 레즈비언 상상력의 연장선상에서 이해하는 것이 적절할 것이다. 그녀의 "공동 언어"는 가부장적 사회 속에 존재하면서도 개인적인 실존의 욕구를 부인하지 않는 복수적 존재양식, 즉 '여성'으로 존재하면서 내면에 살아 숨쉬는 '여자'의 욕망을 부인하지 않고 그 둘의 통합된 전체를 여성의 온전한 자아로 인식하는 페미니스트 전망을 담고 있다고 여겨지기 때문이다. '여성'과 '여자' 모두를 살리는 리치의 '공동 언어'는 '여성'을 포함한 사회적 약자들로 하여금 가부장적 사회의 "압제자의 언어" 체계를 이용하면서도 그 언어로 표현할 수 없는 여자들의 경험들을 표현하기 위한 전략들을 지속적으로 상상하도록 추동하기 때문에 무한한 사유의 확장을 제시해 줄 수 있는 언어가 된다. '공동 언어'의 복수적 존재 양식이 지닌 잠재성을 고려해 볼 때, 리치가 연작시 『천연 자원*Natural Resources*』의 제4편에서 세상을 남성과 여성의 이분법으로만 구획하는 단수적 상상력을 지닌 기자에게 짜증을 내는 심정이 잘 이해될 수 있다.

여자들만의 세상을 상상할 수 있나요,
인터뷰 기자가 물었다. 여자들이 없는 세상을

상상할 수 있나요.(난 그가 농담을 하는 것으로 믿었다.)

하지만 나는 상상해야 했다.

그 순간 동시에, 두 개의 세계 모두를. 왜냐면

난 그 두 세계에 살고 있으니까. 남자들의 세계를,

그 인터뷰 기자가 물었다. 상상할 수 있나요?

(난 그가 농담을 하는 것으로 여겼다.) 그럼, 만약 그렇다면,

남자들이 없는 세계는요?

아무 생각없이, 피곤해져서, 난 대답했다. 그래요.

— 『문턱 너머 저편』, 337~338

　　나아가 연작시 『스물한 개의 사랑시』에서 리치가 "우리"라는 공동 언어를 통해 그간 가부장적 사회의 상징체제에서는 대변되지 않았던 '보통 여자'가 자신을 사랑하는 방식과 다른 보통 여자와 관계를 맺는 방식이 어떤 차이가 있는가를 드러내고자 했던 창작 의도 역시 충분히 공감될 수 있다. 즉 리치는 평범한 일상 속에서 보통 여자들이 '여성적 존재'에게 애정어린 관심을 보이는 행위는 '레즈비언의 존재'가 되어 보는 실천을 하는 것으로써, 기존의 압제자 언어체계 속에서 레즈비언 여성으로 차별받는 여자들에 대해 '우리'의 이름으로 사랑을 표현하는 것일 뿐만 아니라 인종적, 계층적, 정치적 약자인 '여성적인 존재'를 "어떻게든, 우리 각자가 상대방을 살리는" "영웅적인 행위"를 하는 것에 해당한다고 보았던 것이다(298, 318). 그리고 시집 전체를 통해 '보통 여자들'과 '특별한 여자

들' 그리고 '정상적인 여자들'과 '비정상적인 괴물 여자들' 사이를 연결하여 '레즈비언 연속체'를 만들어 내고 남성 중심적 역사 속에 여성 연속체의 역사를 삽입하여 "공동 언어"로 존재하는 미국의 통합된 역사를 만들어 내려는 소망을 열정적으로 담아내었다.

그러므로 리치의 "공동 언어"가 미국사회의 절대 다수를 이루는 보통 사람들의 경험이 중심이 되는 언어로 확장될 수 있으며, 기존의 소수 백인 가부장들의 남성 중심적 경험들을 토대로 편향적인 의미화가 이루어지던 역사 속에 '여성적 존재'로 파악되는 다수의 비백인, 성소수자, 아웃사이더 이방인들의 경험들이 얽혀 있는 진정한 민주 공동체의 언어로 변주될 수 있다는 점에 대해서는 이견이 없을 것이다. 다만 이때 'Common Language'를 '보통 언어'로 번역할 것인가 '공동 언어'로 번역할 것인가의 문제가 있을 수 있는데, 저자는 1980년 리치가 「당위적 이성애와 레즈비언의 존재」를 출간할 당시의 맥락 때문에 후자가 더 의미가 있다고 생각한다. 당시, 리치는 공공연하게 유대계 레즈비언이자, 페미니스트이자, 좌파 지식인으로 여겨지고 있었기 때문에 리치는 "보통"이라는 단어에 유달리 신경을 쓰는 태도를 보여 주었다. 그녀는 "보통"이라는 언어가 "막시스트적" 계급의식을 연상시키는 정치성을 가지거나 앤드류 잭슨Andrew Jackson 대통령이 표방했던 "보통사람의 시대"를 연상시키는 진부한 정치적 구호가 될까봐 우려하면서도 '여성 전체'에 대해 매우 포괄적인 연상 작용을 이루어 낼 수 있는 언어로 사용하고자 매우 조심하고 있었다(256).[5]

---

5   미국사에서 1812년 미·영 전쟁 이후 20년 동안 전개되었던 미국 정치생활의 민주화 시대. 1829년 취임한 앤드류 잭슨대통령이 이 구호를 표방했던 대표적인 인물이다. 그는 제퍼슨이 말했던 '타고

그것은, 매우 단순하게 말해서, 여자들 사이에서 보통인 것이, 그 어휘가 지닌 모든 의미를 드러내며, 정신적으로 그리고 행동으로 "일어난다"는 것이다. 우리가 "특별하거나" "비범한" 존재가 되는 것은 실패를 의미한다. 역사를 보면 "특별한" "본보기가 되는" "비범한" 여자들로 치장되어 있지만, 그러한 "특별한" 여자들의 삶을 나머지의 삶에 변화를 일으키지 못했다. "보통 여자"는 사실상 수많은 평범한 여자들의 생존에 대한 비범한 의지, 임신과 육아를 넘어서는 생명력의 구현체를 의미한다. 없애버릴 수 없는, 염색체에 새겨진 현실과 같은 것이다. 우리가 이 힘을 서로에게서, 모든 곳에서 의지할 때, 그 힘이 온전히 우리를 위해 존재한다는 사실을 이해할 때, 우리는 비로소 "우리가 사랑하는 이들"을 버리고, 그들로부터 버림을 받는 악순환을 멈출 수 있게 될 것이다.

—『아드리안 리치의 시와 산문집』, 255

위의 인용문에서 제시되듯이, 그녀가 사용했던 'Common'이라는 단어는 그녀의 레즈비언 페미니즘, 즉 가부장적 이성애 중심의 역사 속에서 억압되고 침묵당했던 레즈비언 여성들과 이름을 붙일 수 없는 여자들 사이의 애정어린 관계에 대한 기록을 수집하고 기록하여 미국의 역사 속에 통합시키고자 했던 전망을 함축적으로 담고 있다. 그러므로 'Common'은 '보통'이라기보다는 '공동'이라는 복수적인 의미를 활용하여 여성적 위치를 점한 사회적 약자들이 '통합된 전체'로서 상정한다고 보는 것이

난 귀족'을 불신했으며 일반상식만이 공직을 담당하기 위한 유일한 요건이라고 생각했다. 그는 참여 정부를 표방하며 공적 영역에서 상당부분 국민에게 정치 참여의 길을 열어주었다.

적절하다. 그녀는 이처럼 'Common'이라는 단어의 복수적인 의미 전체를 활용하여 여성적 위치를 점한 사회적 약자들이 '일상적'이고 '평범'하고 '공통적으로' 겪는 사회적, 정치적, 경제적, 성적 폭력의 문제를 '공동'의 인식의 장에 끄집어냄으로써 자연스럽게 남성 중심적 역사가 보수되는 미래지향적인 전망을 열어 보이고자 했던 것이다.

이제 다음 장에서 리치의 레즈비언 페미니스트 비평의 실제를 살펴보며, 남성 비평가들, 편집자들, 선집 제작자들, 그리고 출판업자들이 보려고 하지 않았던 성공한 여자들의 내면세계, 이성애 중심의 비평가들에 의해서 아주 쉽게 주변부로 밀리고 어둠 속에 버려졌던 레즈비언 여성의 존재, 그리고 백인 비평가들에 의해 버려졌던 비백인 여성적 존재들을 리치가 어떤 방식으로 보통 여자들의 연속체에 그리고 미국 역사의 연대기에 통합시키는지 살펴보기로 하자.

제6장

레즈비언 페미니스트
비평의 실제 I

가부장의 진정한 딸들의 또 다른 심리적 지형 조명하기

리치는 미국 문학사에서 특별한 여성 시인으로 사회적 명예와 특권적 지위를 부여받았던 세 명의 여성 시인 앤 브래드스트릿Ann Bradstreet, 에밀리 디킨슨Emily Dickinson, 엘리자베스 비숍Elizabeth Bishop의 시세계를 애정 어린 시선으로 다시 바라보며 남성 중심적 시선으로 구성된 그간의 비평에 새로운 비평시각을 삽입하는 레즈비언 페미니스트 비평 작업을 수행하였다. 이에 저자는 리치가 각각의 시인에 대해 썼던 비평문을 그녀가 제안했던 대로 "다시 보기"의 방법으로 자세히 읽어 나가면서, 리치가 어떤 식으로 남성 작가들에 의해 창조된 여성 작가의 내면 혹은 "특별한 여성의 신화"를 벗겨내고 그간 조명되지 않았던 여성 시인들의 "완전히 새로운 심리적 지형a whole new psychic geography"을 조명해 내는지 설명하고자 한다.[1]

---

1   「우리가 완전히 깨어났을 때」, 168쪽.

그렇다면, "다시 보기"라는 비평적 접근법은 과연 무엇일까? 리치는 「우리가 완전히 깨어날 때 – 다시 보기로서 글쓰기」에서 "다시 보기"의 의미를 다음과 같이 정의하였다.

다시 보기 — 되돌아보는 행위, 새로운 시각으로 보는 행위, 새로운 비평적 지향점을 가지고 낡은 텍스트 속으로 들어가는 행위 — 는 여자들에게 문화사의 한 장을 차지한다는 것 이상을 의미한다. 그것은 생존의 행위이기 때문이다. 우리가 흠뻑 빠져있는 전제들에 대해 이해를 할 수 있게 될 때까지 우리는 우리 자신에 대해서 알 수가 없다. 그래서 자기 자신에 대한 지식을 얻으려는 이 충동은, 여자들에게는, 정체성을 찾는 행위 이상을 의미하게 되는 것이다. 부분적으로 보자면 그것은 남자들이 지배하는 사회의 자기파괴성을 거부하는 행위이다. 급진적인 문학비평 작업을 수행하는 것, 그런 충동을 가지는 것은 [물론] 페미니스트의 성향이지만, 그것은 무엇보다도 우리가 어떻게 사는지, 우리가 어떻게 살아왔는지, 우리가 스스로에 대해 어떻게 상상하도록 인도되어 왔는지, 우리의 언어가 어떻게 우리 자신을 자유롭게 하는 동시에 옥죄어 왔는지, 이름을 붙인다는 행위가 지금까지 어떻게 남자의 특권일 수 있었는지, 우리가 어떤 식으로 [다시] 바라보고 새롭게 이름 붙이는 행위를 시작할 수 있는지 — 그래서 숨을 쉬며 살 수 있는지 — 에 대해서 어떤 실마리를 제공한다는 점에서 무엇보다 우선적으로 수행되어야 하는 작업이다. 만약 우리가 낡은 정치 질서가 모든 방향에서 새롭게 일군 혁명에 영향력을 다시 행사하게 되는 것을 보고 싶지 않다면, 성정체성의 개념에서 변화를 이루어 내는 것은 [무엇보다도] 필수적일 것이다. 우리가 과거의 전통을 그대로 물려주지 않기를 바란다면, 그 전통이 우리에게 가했던 위협에서 벗어나고 싶다면, 우리는 과거에 쓰여 진 글들에 대해서 알 필요가 있으며, 그것도 우리가 이전에 알았던 것과 다르게 알아야 할 필요가 있는 것이다.

　　　　　　　　　　　　　　　　　　─『거짓말, 비밀, 그리고 침묵에 대하여』, 35

리치가 태어났던 1929년은 버지니아 울프Virginia Woolf가 『자기만의 방 A Room of One's Own』을 출간했던 때였다. 20세기 초 여자가 '생각'이라는 것을 하고 자기를 '표현'하기 위해서는 독립된 물리적 공간뿐만 아니라 심리적 공간을 가지는 것이 얼마나 중요한지 서술할 당시, 울프는 가부장제 가족체제에서 이상화되는 '특별한 여성'과 실제 현실 속의 여자가 얼마나 대조적인 모습을 보이는가를 지적한 바가 있었다.

　여자는 태고부터 모든 시인들의 모든 작품들 속에서 횃불처럼 활활 타올랐다. 남자들이 쓴 소설을 제외하고는 여자가 존재감을 가질 수 없다면, 우리는 정말 여자를 지극히 중요하거나, 매우 다채로운 감정을 지니거나, 영웅적이거나 상스럽거나, 화려하거나 지저분하거나, 아름답거나 끔찍한 극단을 오가는 어떤 사람으로, [혹은] 남자 못지않게 대단하거나, 때로는 보다 더 위대한 어떤 사람으로 상상할 것이다. 하지만 이 모든 묘사는 허구 속의 여성에 관한 것이다. 트리벨리안교수가 지적하였듯이, 현실 속에서 여자는 방에 감금되거나, 두들겨 맞고 방에 처박히곤 하였다. 그러므로 매우 기이하고 복잡한 존재가 모습을 드러내게 된다. 상상력의 세계에서 그녀는 가장 중요하지만, 현실에서 그녀는 완전히 미미한 존재이다. 그녀[의 존재감은] 시집의 첫 장부터 마지막 장까지

[곳곳에] 스며있다. [하지만] 그녀는 역사에서는 거의 존재감이 없다. 그녀는 허구의 세상에서 제왕과 정복자들의 삶을 지배하만, 현실에서 그녀는 부모가 억지로 손가락에 끼워준 반지 덕분에 [반지의 주인인] 남자의 노예로 살아간다. 그녀의 입술에서는 고매한 문장과 심오한 사유가 흘러나오지만, 현실에서 그녀는 거의 읽지도, 글을 쓰지도 못할 뿐만 아니라, 남편의 소유물에 불과하다.[2]

울프는 이러한 대조적인 여성의 삶을 상상하며, 셰익스피어의 여동생 "주디스 셰익스피어Judith Shakespeare"라는 허구의 여성 인물을 창조하였다. 그리고 가부장제 가족체제에 얽매여 가족을 돌보고 가사를 담당하느라고 교육의 기회를 박탈당한 여성이 자신의 생각, 상상력, 모험심, 열정을 유지하고 계발하는 것이 얼마나 어려운 일인가를 역설하였다. 더불어, 울프는 "메리 카마이클May Carmichael"이라는 허구의 여성 작가를 창조하여 "종종 여자들은 여자들을 좋아하는 게 사실이죠"라고 말하며 레즈비어니즘에 대한 사유를 풀어놓기도 하였다. 실제로 이 작품이 출간되기 몇 달 전 울프는 여동생 바네사에게 비타 색빌 웨스트Vita Sackville-West와의 레즈비언 관계를 고백했기 때문에 제인 마커스Jane Marcus가 주장하는 대로 허구의 여성 메리 카마이클은 울프의 페르소나로 볼 수 있다. 제인 마커스가 주장하는 대로, 블룸즈베리 문학동인들이 성에 대해 진보적인 성향을 가지고 있었기 때문에 울프 역시 성의 문제에 있어서 매우 개방적인 태도를 보였고, 이 작품에서 여자들끼리 대화를 나누는 설정을 통해 울프가

---

2   울프의 작품은 〈구텐베르그 온라인〉에서 인용하여 저자가 번역한 것임.

기탄없이 자신의 속마음을 드러낼 수 있었다는 것이다.

그리고 약 40여년이 흐른 1971년 리치는 이 글을 쓰면서 울프가 살았던 시절을 회상하며 여성의 심상이 여전히 남성 중심적 시선을 반영하고 있다는 사실에 씁쓸한 느낌을 지울 수 없었을 것이다. 허구의 세상에 거주하는 여성 인물들이 언제나 '소년과 소녀가 만나, 첫 눈에 사랑에 빠져, 역경을 극복하고, 결혼하여, 일하는 아빠와 가족을 돌보는 엄마가 되어 행복하게 잘 살았습니다'라는 주제에서 크게 벗어나지 않는 삶을 사는 것을 바라보면서 리치는 "과거에 [남성 중심적 시선에서] 쓰인 글들"에 대해 "우리가 이전에 알았던 것과 다르게 알아야 할 필요가 있다"고 주장하였던 것이다. 영국, 미국, 한국이라는 다른 공간 그리고 1929년, 1971년, 2017년이라는 다른 시간대를 살고 있지만, 울프, 리치, 그리고 우리는 모두 동일한 생물학적 조건인 여자의 신체를 가지고 있으며 여성의 생애주기에 책임을 지는 방법을 생각하며 인간답게 살아가기를 소망하는 존재들이다. 하지만, 시공간을 달라져도 여전히 변하지 않는 허구적 여성의 삶과 현실 속 여성의 삶 사이에서 극단적인 차이를 대면하면서 우리는 울프가 그랬듯이, 리치가 그랬듯이, 가부장제 가족체제 하에서 자기 자신을 여자로서 사랑하는 법을 억누르고 또, 다른 여자를 사랑하고 애정어린 결속감을 성장시키는 것 역시 두려워하며 살고 있는 것이다.

가령, 우리는 ― 적어도 이 책을 읽고 있는 독자들이라면 ― 교육을 받았고, '생각'이라는 것을 할 수 있는 심리적 여유를 누리는 '특권층'의 여자에 속한다고 할 수 있다. 우리는 감당할 수 없는 정도의 노동을 해야 하거나, 잡다한 집안 일 혹은 노약자나 어린 아이들의 끊임없는 요구에 응

대하고 돌보는 일을 하느라 아무 생각도 할 수 없거나, 하기 싫거나, 그저 끝도 없이 밀려오는 피곤에 쩌들어 잠만 자고 싶지만, 그래도 아주 짧게라도 '생각'하는 습관을 유지하고 싶어하는 사람들이라고 할 수 있다. 집안일을 빨리 끝내 놓고, 노약자, 아이들을 빨리 재워 놓고, 끼니를 대충 때우면서라도 스스로 여자로서 살아가는 자신의 인생에 대해 제대로 '생각'을 하고 싶어 하는 사람들이다. 우리는 이런 자신을 바라보며 스스로 대견하다고 여기는 경향이 있고, 자기 '생각'을 가진 여자들이 특별하게 여겨지기를 바라고, 때때로 우리 같은 여자들이 문학이나 문화예술작품 속에 낭만적으로 그려질 때, 그런 '특별한' 여성 인물에 대해 애정어린 관심과 공감을 보내는 사람들이라고 할 수 있다.

하지만, 리치가 지적한 바가 있듯이, 이런 '특별하다'는 느낌이 한편으로 우리를 여자이기에 당면하는 여성의 현실에서 해방시켜주는 동시에 다른 한편으로 우리 자신을 끝없는 죄의식과 분노, 희생자 의식과 좌절감의 늪에 빠지게 한다는 점을 알아야 한다. 독서를 하고 생각이라는 것을 할 시간을 쥐어짜기 위해 우리는 우리가 사랑하는 약한 할머니, 아픈 어머니, 일하느라 녹초가 된 남편, 끊임없이 질문을 하고 뭔가를 해달라는 아이들에게 쉽게 짜증을 내거나, 경제적으로 풍요로운 삶을 살면서도 중산층 주부의 존재양식에 대해 만족감을 느끼지 못하고 우울해하거나, 누군가를 위해 자신의 꿈과 시간을 희생해야 하는 역할로 인해 좌절감을 느끼면서, 속으로 '내가 누구 때문에 이렇게 되었는데?'라는 희생자 의식과 분노를 느끼곤 하기 때문이다. 물론 우리 대부분은 '살아가는 일'에 바쁜 나머지 그러한 희생자 의식과 분노의 감정을 제대로 충분히 느낄 수 있는 물리적인 시간도 심리적인 여유도 없을 때가 많다. 또한, 가족에 대한 모성애의 절대적인 가치를 실천하는 주체로서 그런 '불경스런' 혹은 '불건전한' 생각이나 감정이 들더라도 입 밖으로 표출하지 않고 속으로 삭이면서 한 순간이나마 그런 생각과 감정을 느꼈던 자기 자신에 대해 죄의식을 느낄 때가 많다. 우리가 짜증을 내고 분노했던 그 대상들은 우리가 진심으로 사랑하고 우리가 진심으로 행복을 빌고 있는 존재들이기 때문이다. 나아가, '가족 모두의 행복을 위해 나 하나쯤 희생하는 것이 뭐 그리 큰일인데?', '가정의 평화를 위해 나 하나만 참으면 되는데?' 하는 데까지 생각이 미치게 되면, 그때 우리는 자책 모드에 빠져 '내가 오만한 탓이지', '내가 감사를 모르는 탓이지', '내가 괴물인가 보지'라고 속말을 하며 자신의 꿈을 향해 나아갈 것을 속삭이는 내면의 소녀를 이기적인 여자로 비난하고, 그 소녀가 흘리는 눈물에 무덤덤하게 반응하려고 애를 쓰고, 못 본 체할 때가 많다. 결국 우리의 내면에서 생기발랄하고 상상력이 충만한 여자로 성장했을 수도 있었을 그 소녀는 점점 생기를 잃고, 그 소녀가 어느 순간 어디론가 사라져 버리고 마는 것이다.

그렇다. 가부장제 가족체제 하에서 '생각'이란 것을 하려는 특별한 여성은 그 행위로 인하여 '남성못지 않다'는 정신적 충만함을 맛보기도 하지만 동시에 그만큼 사랑하는 가족을 배신했다는 죄책감으로 인하여 분노와 좌절감 역시 맛보게 되는 수많은 보통 여자들 중의 한 사람으로 살아가는 것이다. 문제는 예나 지금이나 탁월한 문학 작품이나 영감을 주는 예술품을 가만히 바라보면, 대다수의 여자들이 일상적으로 겪는 여성의 존재론적 역설과 그로 인해 초래되는 경험들과 감정들이 의미있게 재현되거나 창작의 영감을 주는 원재료로 사용되는 경우가 드물다는 점이다. 이에 대해, 리치는 제인 해리슨Jane Harrison이 1914년 친구 길버트 머레이 Gilbert Murray에게 보낸 편지를 인용하면서 여성 작가들이 창작 과정에서 당면하게 되는 자아의 분열 혹은 자아의 죽음의 의미를 독자에게 환기시 켰다.

> 그런데, "여자"에 대해서 말인데, 그게 종종 내 맘을 거슬리거든 — 왜 여자 들은 반대 성별을 가진 존재로서 남자에 대한 시를 절대로 쓰고 싶어하지 않 는 거지? — 왜 여자는 남자에게 꿈이거나 공포를 주는 존재로 등장하고, 그 반대는 없는 걸까? (…중략…) 그게 그저 관습이나 예의범절에 해당하는 걸 까, 아님 더 깊은 의미가 있을까?
>
> —『거짓말, 비밀, 그리고 침묵에 대하여』, 36쪽에서 재인용

리치는 해리슨이 의구심을 가졌던 점들이 바로 가부장적 사회 권력이 구축해 온 여성 작가에 대한 신화의 핵심을 건드린다고 보았다. 남성 작 가들은 그들의 경험을 중심으로 여성 인물들을 상상하고 서사를 만들어 내면서 허구의 세상 속에 창작의 영감을 주는 아름다운여신, 가녀린 몸으 로 사뿐사뿐 걸어다니는 요정, 따뜻한 위로의 손길과 품을 내어주는 어 머니, 맛있는 음식을 만들어 주는 뚱뚱한 아줌마, 자신의 생명을 위태롭 게 하면서도 타인을 돌보는 헌신적인 간호부, 집안의 고귀한 혈통을 이어 주는 씨받이, 웃으면서 잔심부름을 도맡아 해주는 도우미 등등을 창조해 낼 수 있었다. 하지만 여성 작가들은 그저 "사랑이 여성 인물들에게 고통

의 원천"이 되는 낭만적 사랑 이야기를 풀어 놓거나, 그들 자신이 "사랑의 희생물이 되어" 맛보는 지옥같은 고통에 대해 토로하는 서사를 작성하는 것이 전부였다(36). 게다가, 남성 비평가들은 여성 시인이 사랑에 대해 "시를 쓸 때 성적인 문제에 대해서는 정확히 측정된 거리감을 유지"하는 (36) 경우에 한하여 그녀를 '우아하다', '요조숙녀답다', '교양있다', '지적이다', '세련되었다', '신중하다' 등등의 수식어로 호평을 해 주었기 때문에 그나마 사랑에 대한 이야기를 할 때조차 가부장의 시선을 염두에 두어야 했다는 것이다.

심지어, 리치는 울프의 『자기만의 방』을 다시 읽으면서 울프의 어조에서 예전에 느끼지 못했던 "망설임의 목소리를 듣고 깜짝 놀라게" 되었다고 서술하였다. 다소 길지만, 이 부분이 리치가 지적하는 '여성 작가가 가지는 이중적 감정'의 핵심에 해당하므로 모두 인용한다.

그렇다, 나는 그 어조를 분명히 알 수 있었다. 그것은 내 자신에게서 그리고 다른 여성 작가들에게서, 내가 매우 자주 들었던 목소리였다. 그것은 자신의 분노를 거의 생생할 정도로 느끼고 있으면서도, 자신의 인격에 인신공격성 언사를 주고받을 수 있는 남자들이 방안에 가득한 곳에서 화를 내는 모습을 보여주지 않으려고 단단히 버티고 있는, 억지로 차분하려고, 거리감을 두려고, 심지어 매력적으로 보이려고 애를 쓰고 있는 여자의 목소리였다. 버지니아 울프는 여성 독자들을 대상으로 삼고 말을 하고 있었지만, 그녀는 민감할 정도로 — 그녀가 늘 그랬던 것처럼 — 자신의 말이 남자들에게도, 즉, 몰간, 리튼, 메이나드 키인즈, 그리고 그렇게 보자면 그 누구보다도 그녀의 아버지 레슬리스티븐에게도, 엿들어지고 있다는 점을 의식하고 있었다. 그녀는 [일부러] 언어를 길게 늘여 절망의 실을 가닥가닥 잣고 있었다. 자기 자신만의 감수성을 갖고자 애를 쓰면서 [동시에] 그것이 자기가 아는 남자들에 의해 망쳐지지 않도록 보호하려고 굳게 결심하였기 때문이다. [그러므로] 그녀의 글에서 독자들은 아주 드물게도 그녀의 목소리에 실린 열정을 들을 수 있다. 그녀는 제인 오스틴처럼, 올림퍼스 산에 거주하는 신과 같은 셰익스피어처럼, 냉철하고 멋있게 말하려고 애를 썼다. 그런 것이 교양 있는 남자들이 생각하는 작가의 어투였기 때문이었다.

어떤 남성 작가도 주로 혹은 대부분의 독자들이 여성일 거라고 생각하며 글을 쓰거나 여자들이 내릴 비평을 의식하고 그가 다룰 소재, 주제, 언어에 대해 숙고를 하지는 않았을 것이다. 하지만 보다 덜하거나 보다 더하다는 정도의 차이가 있을 뿐, 모든 여성 작가들은 남성을 독자로 삼고 글을 썼으며, 버지니아 울프처럼 여성[독자들]에게 말한다고 여겨지는 경우에 조차 그러했다. [여성 작가가 느끼는] 이러한 균형[감각]이 바뀌기 시작한다면, 혹은 여성 작가들이 "관습과 예의범절"을 의식해서 뿐만 아니라 자기 자신에 대해 스스로 말하는 것에 대해 내면적인 공포심에 더 이상 시달리지 않는 때가 찾아온다면, 그것은 여성 작가에게 — 그리고 독자들에게 — 굉장한 순간이 될 것이다.

—『거짓말, 비밀, 그리고 침묵에 대하여』, 37~38

자기만의 방에서 자기만의 표현을 담은 글을 써서 자기만의 방식으로 세상에 존재할 수 있는 독립자존의 방식 혹은 완전히 자유로운 여성의 존재 방식에 대해 모색했던 울프조차 그리고 리치조차 남성 작가들의 작품들을 읽을 때마다 창백하고, 아름답지만 자애로움이라고는 한 오라기도 비춰지 않는 냉정한 줄리엣, 테스, 살로메 등등을 반복적으로 만나는 가운데, 여성의 독립자존을 부정하는 문단계의 현실을 마주했던 것이다. 리치의 말대로, "시를 쓰는 작업을 하면서 스스로의 정체성을 형성하고자 했던 소녀"와 "남자들과의 관계 속에서 스스로를 정의하도록 운명이 지워진 소녀" 사이에서 울프와 리치는 ― 그리고 우리도 역시 ― 모두 공포심을 느끼고 자아분열감을 느끼면서도 그러한 존재론적 고통에 대해 미처 깨닫지 못했던 가부장의 딸로 살고 있던 것이다(『거짓말, 비밀, 그리고 침묵에 대하여』, 39). 리치는 울프를 통해서 자신을 다시 바라보며 자신이 의식 속에서 자신의 말을 듣거나 엿들을 수 있는 남성적인 존재를 끝내 지우지 못하는 보통 여자에 불과했다는 사실을 비로소 깨달을 수 있었던 것이다.

그러므로 리치는 "우리가 이전에 알았던 것과 다르게 알아야 할 필요가 있다"고 주장하며 앤 브래드스트릿, 에밀리 디킨슨, 엘리자베스 비숍에 대해 이전에 남성 비평가들이 보여주었던 지적이고, 신중하고, 교양있는 요조숙녀 여성 시인의 초상을 다시 바라보았다. 그리고 그간 그들의 시에서 조명되지 않았던 여성의 "완전히 새로운 심리적 지형" 즉, 비주류 작가의식을 발굴해 내는 비평작업을 수행하였던 것이다. 또한, 가부장적 비평계의 관심을 거의 받지 못하고 주변부로 소외되었던 엘레노어 로스테일러, 쥬디 그란, 오드리 로드에 대해 다시 바라보며 아웃사이더 작가로서 그들이 보여준 특별한 시적 성취를 발굴해내고 긍정적으로 평가해주었다. 레즈비언 페미니스트 비평가로서 리치가 시공을 초월하여 다른 여자들에게 애정어린 관심을 보이고, 그들에게 말을 걸고, 그들이 가졌던 불안, 우울, 좌절, 분노, 성적 욕망, 슬픔, 기쁨의 이야기가 독자들에게 들려질 수 있도록 비평의 세상을 바꾼 덕분에, 특별한 여성시인으로 기억된 보통 여자들과 여자의 형상을 입은 괴물들로 기억된 보통 여자들 사이가 레즈비언 연속체로서 다시 이어질 수 있었다. 동시에, 레즈비언 페미니스트 시인으로서 리치가 남성 중심적 주류 비평계의 권위에 도전하여 여성이 여자를 사랑하고 양육하고자 하는 모성능력을 실천한 덕분에 여성적 시각으로 보수된 '민주적 공동체democratic ensemble'의 연대기가 남겨질 수 있었다.

1. 앤 브래드스트릿 – 비주류 아웃사이더 의식을 드러낸 최초의 미국 여성 시인[3]

리치는 1966년 하버드 대학교 출판사의 요청을 받고 제닌 헨슬리 Jennine Hensley가 편집한 『앤 브래드스트릿 작품집The Works of Anne Bradstreet』에

---

3   일반적으로 남자 시인들에게는 '시인'의 호칭이 붙는 반면, 여성 시인들에게는 거의 언제나 '여성 시인' 혹은 '여류 시인'이라는 호칭이 붙는다. 이러한 호칭 방식은 유색인 시인에게도 적용되는 바, 월트 휘트만은 '미국 시인'으로 불리는 반면, 랭스턴 휴즈는 '미국 흑인 시인'으로 불린다. 결국 미국 사회에서 호칭이 수여되는 방식은 주류사회의 가부장적 권력이 백인 남성에게 있다는 점을 반영한다는 점을 시사해 준다. 리치가 백인 남성 중심적 가부장의 언어의 한계를 인식하면서도 독자들과 소통을 하고, 그들의 인식을 깨우고 재구성하려면 그런 '압제자의 언어'를 사용할 수밖에 없다는 결론에 도달하였듯이, 저자도 성과 인종을 구분하는 사회적 관습의 한계를 인식하지만 제6장과 제7장에 걸쳐 '여성 시인'이라는 호칭을 그대로 사용하면서 사회적인 인식의 틀에 갇힌 '여성 시인'이 어떤 식으로 '비주류 아웃사이더' 의식을 가질 수 있었는지를 조명하고자 한다.

대한 서평을 쓰면서 비평가로서 처음 앤 브래드스트릿의 작품을 관심있게 읽었다고 하였다. 이후 십년이 지난 뒤 1976년 그녀는 더글라스 대학Douglass College에서 미국 여성시인에 대한 강연을 하게 되었는데, 그때 비로소 자세히 브래드스트릿의 시세계를 다시 바라보는 가운데 그녀의 성취한 시적인 업적과 여성 시인으로서의 그녀가 가지는 의미를 레즈비언 페미니스트의 비평시각으로 새롭게 평가할 수 있었다. 그때의 강의 글을 수정하여 그녀는 1979년 산문집 『거짓말, 비밀, 그리고 침묵에 대하여On Lies, Secrets, and Silence』에 「앤 브래드스트릿이 보여준 [내적] 긴장감The Tensions of Anne Bradstreet」이라는 제목으로 실었다.

　무엇보다도 리치가 십년이 지난 후에 브래드스트릿의 시를 다시 읽으면서 새롭게 볼 수 있었던 것은 가부장의 명을 따라 하루아침에 문명의 세계 영국에서 식민지 미국으로 이주해 온 여성으로서 브래드스트릿이 자연스럽게 가졌을 법한 심리적 불안과 긴장감이었다. 그 이전까지 브래드스트릿은 일반적으로 미국의 최초 여성시인이자 일찍부터 주변의 남자들과 남성 비평가들로부터 현모양처라는 여성의 명예를 수여 받았던 특별한 여성시인으로서만 제시되었다. 당대 여성상에 부합하듯 수줍음이 많았던 브래드스트릿을 대신해서 시숙 우드브릿지가 그녀의 시편들을 모아 영국에서 『미국에서 탄생한 열 번째 시의 여신The Tenth Muse Lately Sprung Up in America』이란 제목으로 출판을 해 주었던 것은 물론이려니와, 그 시숙은 여성 시인으로서 브래드스트릿이 보여주는 특징을 다음과 같이 적어 두었다.

이 시집은 고향에서 자애로움, 고상함, 경건한 대화, 예의바른 품성, 자신의 위치에 최선을 다하는 근면함, 신중하게 가정사를 돌보는 태도로 칭송이 자자하고, 매우 존경을 받는 여성의 작품이 담겨있다. 무엇보다도, 이 시집의 시들은 수면시간을 줄이고 기타 활동을 줄여서 얻은 얼마 안 되는 시간에 들인 정성의 결실이라는 점을 말해두고 싶다.

—『거짓말, 비밀, 그리고 침묵에 대하여』, 28

우드브릿지는 소개문에서 브래드스트릿이 가진 시적인 재능보다는 여성다운 자질, 즉 자애로움, 고상함, 경건함, 예의바름, 근면함, 신중함을 강조하면서, 가부장으로서의 자부심이 어린 어조로 '질부의 시적인 소양이 그녀가 지닌 여성다움을 더욱 부각시켜 주니 금상첨화가 아닌가'라는 식으로 상찬을 하였던 것이다. 시숙 외에도 자칭 "아가왐의 소박한 신발 수선공simple cobbler of Agawam"으로 행세했던 나다니엘 워드Nathaniel Ward는 브래드스트릿 가문의 오랜 친구이자 이웃으로서 그녀의 시집에 대해 리치가 보기에 "친근하지만 약간 젠체하는 느낌을 주는 추천글을 운문"(28)으로 지어주었다. 거기서 그는 브래드스트릿을 "여자 뒤 바르타스Du Bar-tas[4]라고 해도 온당"하다고 말하며 그녀를 독자적인 시인으로 대접하기보다는 탁월한 남성작가를 나름대로 모방한 귀여운 여성 정도로 평가를 하였다.[5] 시간이 흐르면서 브래드스트릿의 명성은 더욱 널리 알려졌지만,

---

4   당시 미국에서 매우 유명했던 프랑스 칼뱅파 시인으로서 『신성한 주님과 그의 작업』이 번역되어 큰 인기를 누렸으며, 앤 브래드스트릿 역시 그의 작품을 사랑했던 것으로 알려져 있다.

5   물론 그는 동시에 "나는 이런 여성들이 결국 어디로 가게 될지 골똘히 생각해보게 된다"는 뼈있는 농담을 던지기도 하면서 특별하지만 여성의 영역을 벗어날 수 없는 여성시인의 한계점을 제시하기

리치는 대부분의 남성 비평가들이 브래드스트릿을 진지한 "소명의식"을 지닌 시인으로 평가하기보다는 "문학애호가"정도로 공인해 주었으며 그 댓가로 미국의 시문학사에서 그녀는 신화적 위치를 차지하게 되었다고 보았다.

물론 리치가 브래드스트릿을 다시 바라보자고 하면서 그간의 남성 비평가들이 보여주었던 거들먹거리는 태도를 지적하고자 했던 것은 아니었다. 다만 그녀는 브래드스트릿이 "영웅주의"가 삶의 필수조건이었던 시공간, 즉, 남녀가 모두 공동체로서 그리고 개인으로서 생존을 위해 투쟁을 해야 했던 시공간에 살았었던 최초의 미국의 여성들 중 한 사람이었다는 사실에 주목하였던 것이다. 그리고 그녀를 특별한 여성이 아닌 식민지 미국의 거친 환경 속에서 생존을 고민했을 한 사람의 보통 여자로서 다시 바라보고 그런 현실에서 발전시키게 되었을 특유의 심리적 지형을 탐색하고자 했던 것이다. 가령, 그녀가 보기에, "여덟 명의 아이를 양육하면서, 자주 아파 몸져누워 있으면서, 불모지의 끝자락에서 가정을 꾸리면서 시를 썼다는 것, 그것도 미국에서 최초로 제법 시다운 시를 썼다는 것은 [그녀가] 어떤 미국 시인만큼이나 가혹한 제한을 당면하면서도 한 시인으로서 자신이 지닌 [상상력의] 다양성과 확장성을 어떻게든 이루어냈다는 것을 의미"하였다(32). 그렇기 때문에, 리치는 브래드스트릿이 여자로서 감당하기 힘든 식민지의 삶을 견디어 내면서도 종교적 명상으로서는 "직접적인 효용성이 없을 [시를 쓰는] 지적활동"을 하고자 했던 절박

도 하였지만 말이다.

한 이유를 다른 측면에서 찾아내고자 했다. 예컨대, 기존의 남성 비평가들과 달리 리치는 그녀가 황량한 식민지 생활환경 속에서 시를 썼던 이유를 여성다운 우아함과 문명세계 교양인의 품격을 유지하고자 했기 때문이 아니라, 생각하는 여자로서 "자기 주장과 활력"을 잃어버리지 않으려는 의지 때문이었을 것으로 추정하였다(32). 선배 시인의 시 쓰기 작업에 대해 비평하는 가운데 "자기 주장과 활력"을 잃지 않으려는 여성의 의지를 초점으로 삼을 수 있었던 것은 아마도 리치 역시 세 아이를 키우는 홀몸 어머니이자 유대계 레즈비언 페미니스트 시인으로서 어머니의 삶과 개인의 삶을 양립하는 것이 얼마나 어려운 일인지를 충분히 이해하고 있었기 때문에 가능했을 것이다. 그러므로 그녀는 브래드스트릿이 청교도 사회의 제약에도 불구하고[6] 오히려 '여성다운' 감수성의 가면을 장착하고 그 밑에서 자신의 생각과 의견을 은밀히 소통할 수 있었던 능력을 그녀가 보여준 참다운 시적 재능이라고 파악했던 것이다.

리치는 앞서 설명하였듯이 「우리가 완전히 깨어날 때」에서 레즈비언 페미니즘의 정치성을 설명하며, 여성 작가들은 "남성 작가에 의해 제시된 여성의 이미지"(171)가 아니라 "여자로서 스스로를 경험하는 것"(175)에 대해 그리고 "마음속에서 느껴지는 어떤 것 그리고 나의 존재의 핵심에 대해"(175) 쓸 필요를 느낀다고 강조한 바가 있었다. 이러한 관점에서 보자면, 브래드스트릿은 아이를 양육하며, 가족들을 수발하고, 육신의 질

---

6 앤 허친슨의 지성에 대해 1645년 가부장적 사회 권력자 존 윈쓰롭은 다음과 같이 평가하였다: "경건한 젊은 여성이자 특별한 부분을 타고난 그녀는 애석하게도 [정신적] 질병에 걸려, 이해력과, 독서와 글쓰기에 몰입하고 많은 책을 쓰면서, 다양한 이력의 세월을 거쳐 성장시켰던 [종교적] 이성을 상실하게 되었다."

병을 견디며, 불모지와 다름없는 식민지의 땅에서 새로운 삶을 일구어 나갔던 것으로서, 여자의 육신을 입은 한 인간이 '여성다운' 삶을 살면서 스스로를 '여성'으로서 경험한 것에 해당한다. 또한 당대 가부장들이 제시하는 획일적인 여성의 삶을 살면서도 그녀는 다양한 감정들과 생각들의 스펙트럼을 시를 매개체로 삼아 여성의 삶에 대한 미묘한 양가감정이나 모호한 내면적 심리를 표현한 시인에 해당한다. 이는 남성 비평가들이 보고도 포착하기 어려운 여성의 이중적 속내로서 리치 역시 「제니퍼 이모의 호랑이」에서 앙상한 손가락에 끼고 있는 결혼반지의 무게를 느끼는 한 여자, 「법적 딸의 스냅 사진들」에서 장딴지에 난 털을 면도하는 여자, 그리고 「천체 관측소」에서 원망을 가슴에 품은 채 죽은 수많은 여자들의 모습을 통해 드러낸 바가 있었다. 그러므로 브래드스트릿은 리치가 '레즈비언 연속체'를 형성하기 위해 반드시 다시 바라봐야 했던 여성 시인었으며, 그녀의 이중의식은 식민지 청교도 사회의 역사를 보완하기 위해 그녀가 반드시 시어로 번역해 내야했던 초창기 미국 여성의 심리적 지형에 해당했던 것이다.

그렇다면 리치가 비평적으로 번역해 낸 브래드스트릿의 여성 의식은 어떤 것이었을까? 일단 리치는 브래드스트릿이 당대의 가부장적 사회의 틀에서 벗어나지 않고 스스로를 강인한 청교도 여성으로 경험하였다는 점을 분명히 한다. 그녀는 "헌신적이고 열정적으로" 결혼생활을 하였으며, 아버지와 남편이 영국으로 출장을 가게 되어 혼자 남게 되어도 "그 길게 늘어진 [매사추세츠의] 들쭉날쭉한 해안가에서, 연료를 비축하고, 옥수수를 비축하고, 반쯤 아픈 자신의 몸을 추스르고 죽어가는 자들의 침대 곁을 지켜"가며 "지역사회 공동체의 삶에 밀접한 삶"을 살았다(24). 또한, "친구들의 죽음에서뿐만 아니라 자기 자신의 빈번히 앓게 되는 병, 만성적인 장애, 아버지와 윈스롭 총독 사이의 정치적인 긴장관계, 8년간 네번의 이사, 아기를 임신하는 데 있어서의 어려움, 사적, 공적 불안감과 역경" 속에서도 "신의 뜻을 읽어내고 받아들이기 위해" 극도로 자의식적인 청교도의 삶을 살았다(24). 그녀의 삶에서

> 어떤 사소한 사건도 신의 메시지를 전하지 않는 것이 없었고, 어떤 실망스러운 일도 "교정"을 약속하는 일종의 감추어진 축복으로 여겨지지 않는 것이 없었다. 신앙은 매시간 검증되어야 했고, 가정에서 일어나는 세속적인 일상사들은 극적인 장면들에 필적했으며, 솥을 저을 때 하는 단편적인 생각조차 예수님 안에서의 삶을 "정당화" 해주는 단서들이 되어야 했다.
> ─『거짓말, 비밀, 그리고 침묵에 대하여』, 24

이처럼 브래드스트릿은 현대인에게는 사라진 그 강렬한 신앙과 은총을 경험하며 "지적으로 활발하고, 감각적으로 명민한 정신"을 간직하고 살았던 초창기 미국 여성이었다. 진실로 브래드스트릿은 "그녀가 살았던 시대에 진심으로 몸을 담구고 있었던 사람"이었으며, 남자 비평가들이 지적했듯이 강력한 "믿음과 내적 성찰"이라는 힘을 소유한 '특별한 여성'이자 주류 사회에 속한 여성에 해당하였다(23).

그럼에도 불구하고, 리치는 남성 비평가들과 달리 브래드스트릿을 비주류 의식을 지닌 시인으로서 재평가하였다. 그녀가 보기에 17세기 가부

장적 사회에서 주류를 형성하고 있었던 남성 시인들은 종종 하나님을 경험하는 "개인으로서 보다는 하나님을 드러내는 방식"(30)에 관심을 가지는 청교도적 심미주의를 추구했지만, 브래드스트릿은 그런 식의 비개성적인 시를 쓰지 않았기 때문이다. 오히려 초기시에서 1650년 이후 후기시로 발전하는 과정을 살펴보면 브래드스트릿은 여자들의 삶에서 종종 일어나는 "소박한 일화"들을 시의 소재로 삼아, 때로는 부드럽고, 때로는 격한 감정들을 드러냈을 뿐만 아니라 함축미와 절제미가 어우러진 개성 있는 예술적 표현을 구사하였다. 더불어 브래드스트릿은 시를 짓는 의도를 설명할 때 "나 자신을 위해 시작했다기보다 하나님께 영광을 돌리고자 한다"(31)라고 말하며 겉으로는 청교도 시인의 입장을 일관성 있게 유지하고 있지만, 사실상 매우 개인적인 속마음을 표현하였다.

> 나의 주제는 헐벗었고, 나의 두뇌는 미약하다네,
> 그렇지 않다면 그대는 더 나은 시를 읽을 수 있었을 텐데.
> 첫 행이 너무도 자연스럽게 나오는 바람에
> 그걸 어떻게 지나쳐야 할 지 나도 몰랐다네....
> ─『거짓말, 비밀, 그리고 침묵에 대하여』, 26

이 시에서 브래드스트릿은 자신이 남성 시인들만큼 뛰어나지 않다는 점을 첫 두 행에서 겸손하게 인정하면서도, 마지막 두 행에 걸쳐서 '그럼에도 불구하고' 자신의 '미약한' 두뇌를 사용하여 '헐벗은' 주제에 대해 의견을 표현하고 싶은 욕망을 주체할 수 없었다는 개인적인 사유를 달아 자신의 시 쓰기를 변명하고 있다. 함축적인 시어와 절제된 어조에도 불구하고 그녀는 이미 몰개성적인 청교도 종교시인의 규범적 한계를 뛰어넘고 있었던 것이다.

이 외에도 「우리 집이 화재로 소실된 것에 대하여Upon the Burning of Our House」에서 브래드스트릿은 "자신만 은밀하게 아는 것을 생동감 있는 문체로 언급하며 고조된 개인적 감정"(31)을 드러낸다.

>잿더미 옆을 지나칠 때
>
>나는 슬픈 눈을 옆으로 내리깔고
>
>내가 자주 앉았던 곳이나 오랫동안 잠자던 곳
>
>여기 저기를 슬쩍 슬쩍 쳐다보았다.
>
>여기 그 트렁크가 있었고, 저기 그 서랍장이 있었고,
>
>거기 내가 제일 아끼던 그 장롱이 놓여있었지.
>
>내가 아끼던 것들이 잿더미로 변해서
>
>이제 더 이상 볼 수가 없게 되었네.
>
>저 지붕 아래로 손님을 모실 수 없을 테고
>
>저 식탁에선 어떤 음식도 건네지지 않겠지.
>
>즐거운 이야기도 이젠 나누어지지 않을 테고
>
>옛날의 추억도 다시 회상되지 않을 거야.
>
>저 집에선 어떤 초에도 다시 불이 붙여지지 않을 테고
>
>남편의 목소리도 결코 들리지 않을 거야.
>
>　　　　　　　　　　　　―『거짓말, 비밀, 그리고 침묵에 대하여』, 31

청교주의 시 전통의 관점에서 보자면, 브래드스트릿의 시는 종교교리의 심미적 전승의 면에서는 실제적인 효과가 없는 시이다. 화자의 고백에서 신의 뜻을 찾으려는 종교적 노력보다는 개인의 서정이 두드러지게 나타나기 때문이다. 그럼에도 불구하고, 리치는 이 시에서 브래드스트릿이 평범한 여자로서 아깝고, 안타깝고, 서글픈 감정에 휘둘리는 속내를 진솔하게 드러내는 점에 주목하고, 청교주의 초월의식과 종교적 미학은 아니지만 "보다 넓은 의미에서 미학적 우수성을 충족시키고 있다"고 평가하였다(31).

나아가, 리치는 남성 비평가들이 "섬세하고 조심스런 표현"을 극찬했던 브래드스트릿의 「자식들 중 한 명이 태어나기 전에Before the Birth of One of Her Children」를 다시 읽으며 그녀의 목소리 저변에 깔린 "17세기 청교도 여자들이 완전히 현실적으로 느꼈던 불안감, 즉 출산 중 사망하는 것"에 대한 여자들의 "오래된 공포"(30)를 드러내는 음색을 식별해 내었다.

> 내게서 어떤 가치나 덕목을 발견한다면
> 당신의 기억 속에 신선하게 보관해 주세요
> 내게 어떤 원망이 없었던 것처럼, 당신이 어떤 슬픔도 못 느끼게 될 때
> 그래도 당신 팔에 오래 안겨 살았던 당신의 망자를 사랑해 주세요.
> 당신이 상실한 것이 얻은 것들로 빨리 채워지더라도
> 내 어린 아가들, 내 소중한 유산을 바라봐 주세요
> 당신이 스스로를 사랑한다면, 혹은 나를 사랑했다면,
> 이 아가들을, 아, 상처담당부의 걸음에서 지켜 주세요.

혹시라도 이 시가 당신의 시선을 받게 된다면,

빈 장례 수레를 [당신의] 한숨으로 곱게 덮어주세요

그리고 당신의 소중한 사랑을 위해 이 종이에 키스로 답해주세요.

마지막 인사를 짠 눈물로 적은 사람이랍니다.[7]

　의학기술이 발달하지 않았던 17세기 미국의 여자들에게 출산은 그야
말로 끔찍한 경험이 아닐 수 없었을 것이다. 리치가 지적했듯이, 출산 중
에 산모가 사망하거나 태아가 사망하는 일이 종종 일어났기 때문이었다.
브래드스트릿 역시 당대 수많은 보통 여자들과 다름없이 출산을 앞두고
건강한 아기를 낳고 싶다는 소망과 함께 아기를 낳다가 죽을지 모른다는
공포심 때문에 심각한 내적인 불안감에 시달리는 경험을 했을 것이다. 그
런 경험을 소재로 삼아 브래드스트릿은 위에 인용된 시에서 여자로서 불
안한 심경, 어머니로서 혹시라도 남겨질 아이에 대한 걱정, 아내로서 사
랑하는 남편이 느낄 상실감과 애도에 대한 걱정을 진술하게 표현하였다.
리치는 '죽음'이라는 오래된 주제와 '공포'라는 식상한 감정을 다룸에 있
어서 브래드스트릿이 보여준 참신함에 감탄을 하면서, 여자 시인이 여성
의 삶을 소재로 시를 창작할 때 비로소 반영되는 새로운 통찰력을 높이
평가하였던 것이다.

　결과적으로 그 시는 일종의 실제 자료이자 소박한 형태의 증언이기도 한 것

7　리치는 이 시를 싣지 않았기에, Poetry Foundation에 게재된 시의 마지막 부분을 번역하였다.

이다. 어떤 점강법이나 자기 연민도 시행에 스며든 함축미를 희미하게 하지 않는다. 시행들은, 마치 연인들이 친구로 지내기도 하는 결혼 생활에서 주고 받는 편지에서처럼 정직하고, 온화하며, 소박하다. 그 시의 정서적인 관심은 인간의 현재와 미래에 놓여 있다. 다만 결론부분에 이르러서야 그녀는 간절히 염원하는 불멸성에 대한 표시를 살짝 드러낼 뿐이다. 그래서 작가의 고통은, 죽음 뒤에 놓여 있는 것에 대한 두려움에서 연원한다기보다는 사랑하는 남편 과 아직 다 양육하지 못한 아이들에 대한 걱정에서 연유되는 것이다.

—『거짓말, 비밀, 그리고 침묵에 대하여』, 30

이처럼 리치는 브래드스트릿이 17세기 청교주의 시대를 살면서 당대 의 시대정신, 즉, 자연의 모든 과정에 하나님의 섭리가 지배하고 있다는 종교적 의식을 공유하면서 본질적으로 "청교주의 문학의 관습적 틀 안에 서" 시를 썼지만, "그녀의 눈은 그녀 앞에 놓인 현실이나 성서의 이미지를 정확히 바라"보는데 머물렀던 주류 시인의 시야를 넘어섰다고 파악하였 다(31).

진실로, 리치의 비평 덕분에 미국시사에서 최초로 식민지 미국의 보통 여자들의 삶에서 일어나는 소박한 일화들, 가령, "갑작스런 병환, 아들이 영국으로 떠나는 것, 곁에 없는 남편이 보낸 편지들의 도착, 앤도버 집에 일어난 화재, 자식 또는 손자의 죽음, 메리맥 강가 숲이나 들판으로의 산 책 등등"(29)이 시적인 소재로 가치를 가지게 되었다. 또한 그녀의 레즈 비언 페미니스트 시선 덕분에 식민지 미국의 자연을 묘사하는 데 있어서 기존의 남성 중심적 전통과 구별되는 전통이 성립될 수 있었다. 브래드스트릿처럼 자연 사물에 "형이상학적 이미지"를 덧씌워 하나님의 섭리를 찬양하는 영국식 종교시의 전통을 추종하던 주류 남성 시인들의 창작방식에서 벗어나 "투명성이 도드라진 시어"로 있는 그대로의 자연을 사실감 있게 표현하고 "직설적이고 마음을 움직이는" 어조로 심경을 드러내는 미국 여성 시인의 서정시 전통이 성립될 수 있었던 것이다(31).

이런 점에서 리치가 브래드스트릿이 여성 시인으로서 당대 주류 남성 작가들의 청교도적 심미주의와 구별되는 비주류 아웃사이더 의식을 드러내고, 자신의 진솔한 감정을 표현했던 용기를 높이 칭찬하였던 것은 상당히 적절하다고 할 수 있다. 브래드스트릿이 시 속에 녹여 낸 고백들을 17세기 미국의 청교주의 시대를 살았던 여자의 소박하고 현실적인 삶에 대한 "일종의 실제 자료이자 소박한 형태의 [정치적] 증언"(29)으로 조명하는 가운데, 리치는 그간 기록보관 아카이브에 처박혀 빛도 보지 못하고 대변되지도 않았던 초창기 식민지의 보통 여자들의 경험을 미국 문학사에 기록할 수 있었기 때문이다. 실제로, 리치는 생애주기에 따라 여성이 경험하는 다양한 감정들과 생각들을 시적 언어로 기록해 둔 브래드스트릿을 페미니스트 여성 시인의 시원으로 삼고 레즈비언 연속체를 발전시켜나갔을 뿐만 아니라 자신의 시편들에서도 브래드스트릿과 대화적 관계를 이루며 그녀와 진솔한 정서적 교감을 나누고자 시도하였다.

가령, 연작시 『미국의 오래된 집From an Old House in America』중 제7편에서 리치는 현대 여성으로서 식민지 미국의 시대를 살았던 브래드스트릿의 삶에 대해 상상하였다. 이때 리치는 브래드스틀리이 보여주었던 개성적인 언어 사용법, 즉, "자신만이 은밀히 알고 있는 것을 생동감 있는 문체"

로 제시하여 개인적 감정을 고조시켜 나가는 가운데 독자들로 하여금 시인의 개인적인 정서에 공감하게 하는 언어 사용법을 자신도 시도하면서 자연스럽게 최초의 미국 여성 시인에게 느끼는 레즈비언 연속체 의식을 드러내었다.

나는 미국 여자이다.
그 사실을 난 뒤집어본다

책갈피에 꽂혀 있는 잎새 하나를 바라보듯
나는 멈춰 서서 눈을 들고

난로 속 석탄을
혹은 검은 사각형같은 창문을 쳐다본다.

부지런히 베링 해협을 건너
아벨라 호에서 내 죽음을 향해 돌진한다.

(…중략…)

난 밀밭도 아니고
처녀 숲도 아니다

난 결코 이곳을 선택한 적이 없다
하지만 지금은 그 일부가 되었다

(…중략…)

두 손으로 야생 닭들의 목을 비튼다.
난 피를 보는 일에 익숙하다.

남자들이 유랑 길을 떠날 때
난 닭들과 함께 머물렀다.

내 힘은 일시적이고 지역적이지만
난 내 힘을 알고 있다.

—『문턱 너머 저편』, 255~257

    역사서에 따르면, 브래드스트릿은 영국의 교양있는 상류층 가정에서 자라 "상당한 장서량을 보유한 서재에서, 세상사에 대한 이야기들을 듣고, 역사를 사랑하는 지식인 아버지의 격려를 받으며 성장"한 이후, 18세에 아버지의 뜻에 따라 결혼하고, 결혼 후 2년 만에 아벨라호를 타고 식민지 미국에 도착하였다. 남성 역사가들은 브래드스트릿을 강인한 청교도 여성으로 제시했지만, 리치는 외피적 심상을 걷어내고 그 안에 생생하게 보존되어 있었던 보통 여자 브래드스트릿을 상상하고 그녀가 느꼈을 외로움과 피로감 그리고 고향에 대한 그리움으로 가득 찬 속내를 시어로 번역하였다. 가령, 그녀가 승선할 때 가졌을 원대한 희망과 아름다운 자연에 대한 환상과 달리, 아무런 문명의 흔적이라고는 발견할 수 없는 원시 자연 상태 그대로인 황무지 정착지에 도착했을 때 브래드스트릿이 속으로 얼마나 실망하였을까를 상상해 보는 것이다. 그리고 그녀는 브래드스트릿이 아마도 그런 감정에 탐닉할 새도 없이 17세기 청교도답게 "결코 이곳을 선택한 적이 없다 / 그러나 지금은 그 일부가 되었다"고 스스로를 다독이며 가부장들을 도와 일군들을 부리며 가족들을 위해 집을 짓고, 토양을 경작하고, 아이를 낳아 가족을 이루고 그들을 양육하며 살아갔을 것이라고 상상한다. 또한, 리치는 브래드스트릿이 쓴 시편들에 담긴 생각들과 감정들을 고려할 때 그녀가 식민지에서의 삶을 견뎌내는 과정에서 너무나 많은 내적 갈등과 불안과 긴장감에 시달렸을 것이라고 상상해본다. 그리고 브래드스트릿이 "두 손으로 야생 닭들의 목을" 비틀며 황량한 앞마당을 볼 때마다, 가부장들이 그녀를 혼자 아이들과 남겨두고 영국으로 "유랑 길을 떠날 때"마다 아마도 그녀는 두고 온 영국의 정겨운 집과 아름다운 정원과 유럽의 문화를 떠올리고 슬픔에 빠졌을 것이라고 말하며 브래드스트릿이 침묵으로 덮어 두었을 법한 속내를 번역하여 대신 드러내주었다.

하지만 리치는 역사를 왜곡하지 않기 위해 기존의 남성 비평가들의 해석을 따라 브래드스트릿이 영국에서의 삶을 그리워하는 자신의 욕망을 죽이고 현재 당면한 식민지에서의 삶에 적응했을 것이라고 인정하였다. 다만 리치는 그녀가 "난 내 힘을 알고 있다"고 스스로를 다그치는 모습을 제시하면서 남성 비평가들이 전시해 두었던 현모양처 브래드스트릿의 초상화 옆자리에 강인하고 독립적인 주체를 소유한 미국 여성의 초상화를 하나 더 전시해두었다. 물론 이때 리치가 브래드스트릿의 내면적 주체성을 상상하고 시어로 번역해 낸 "내 힘"이라는 것은 그간 남성 비평가들이 파악했던 청교도 여성의 힘을 의미하는 것이 아니라 브래드스트릿의 자기표현 의지와 시적 재능을 제시한다는 점은 두말할 것도 없을 것이다.

마지막으로, 「시인에게To A Poet」에서 리치는 브래드스트릿이 그랬던 것처럼 20세기 미국의 보통 여자로서 살아가는 소박하고 일상적인 삶의 현장을 사실적으로 그려냈다. 그리고 예나 지금이나 변함없이 심리적 불안, 고통, 분노와 좌절로 휘둘리는 개인적인 속내를 진정성이 담긴 어조로 드러냈다.

> 나는 이것을 써 좌절하지 않으려고 싸우면서
> 당신만의 단어들을 써 내려고 분투하는
> 당신을 위해서가 아니라
> 다른 여자를 위해서 외로움에 지쳐있는
> 먼지 속에서 아이들과
> 집에서 일회용 비닐포장 음료를 마시면서
> 거기선 언어가 떠다니고 뱅글뱅글 돌다가
> 유산이 되지
> 변기 속으로

—『전시집 1950-2012』, 454

이 시 외에도 리치는 「사십대에 죽은 어떤 여자」, 「엘비라 샤타예프를 위한 판타지」, 「에셀 로젠버그를 위하여」, 「나의 할머니들」, 「기록을 위해」 등 미국 보통 여자들의 다양한 삶에 대한 증언 형식을 취하는 시를 여러 편 창작하며 과거 식민지 미국의 보통 여자 브래드스트릿과 후세대 미국의 보통 여자들 사이의 레즈비언 연속체를 구성하려는 의지를 실행해 보였다. 이처럼 시를 통해 역사 속에서 한 번도 들려진 적이 없었던 보통 여자들의 구체적이고 현실적인 삶의 모습들로 구성된 역사적 현장들을 시적으로 기록함으로써, 리치는 백인 남성 중심적으로 치우친 미국 역사의 편향성을 보수할 수 있었던 것이다.

2. 에밀리 디킨슨
— 비주류 아웃사이더 의식으로 끓어오르던 여성 시인[8]

리치가 1975년 「집안의 활화산 - 에밀리 디킨슨의 힘」[9]에서 보여준 레즈비언 페미니스트 비평은 그간 남성 비평가들에 의해 "특별한 여성의 신화"에 포장되어 화석화되어 있었던 에밀리 디킨슨을 '레즈비언 연속체'의 역사에 위치시켰다는 점에서 매우 중요하다. 가령, 리치는 대중에

---

8   에밀리 디킨슨에 대한 글은 저자가 『영어영문학』 61권 4호에 게재한 「레즈비언 여성주의 비평가 아드리안 리치 '특별한 여성'의 신화에서 '보통 여자' 에밀리 디킨슨 구해내기」(2015.12, 703~724)를 다시 쓰고 추가 연구를 보완한 것이다.

9   리치의 비평문 「집안의 활화산 - 에밀리 디킨슨의 힘(Vesuvius at Home: the Power of Emily Dickinson)」은 『거짓말, 비밀, 그리고 침묵에 대하여』, 157~184쪽에 실려 있음.

게 친숙한 디킨슨의 몇 개의 시편들과 독신 여성으로서 그녀가 기록했던 일기와 편지들에 근거하여 만들어진 "앰허스트의 아름다운 숙녀"라는 전설이 일인극으로 각색되어 1976년에서 77년까지 브로드웨이와 텔레비전에서 최고의 인기를 끌었을 뿐만 아니라 자신이 비평문을 쓰던 1975년 당시 영화로도 만들어 지는 가운데, 디킨슨의 외모가 대중의 취향에 따라 윤색되는 것에 매우 불편한 심경을 표시하였다.

　　1971년 디킨슨을 기리는 우표가 발행되었다. 그녀의 초상은 단 하나 남아 있는 사진은판에서 따온 것으로서, 곱슬머리가 아닌, 가운데 가림마를 탄 머리스타일, 카메라 너머 어딘가를 쳐다보는 두 눈, 작은 꽃다발을 잡고 있는 두 손이 정확히 19세기 스타일을 보여준다. 발행 첫날 우표를 붙인 편지봉투를 친구가 나에게 보내주었는데, 우표 외에도 거기엔 시인의 모습이 찍혀 있었다. 그녀의 모습은 대중적인 상상력에 근거해서 그려져 있는데, 17세기식의 하얀 레이스 주름장식의 옷을 입고, 부풀려 올린 머리스타일을 하고 있는 모습이 마치 보스턴의 미장원에 다녀온 듯한 느낌을 주었다. 또, 미국 대중에게 알리고자 선택된 그녀의 시도 이슬 머금은 장미와 함께 초상화 바로 밑에 찍혀 있었다.

　　　　　　　　　　　　　　　　　　— 『거짓말, 비밀, 그리고 침묵에 대하여』, 163

더불어, 리치는 디킨슨의 전기 작가들이 "그녀의 시를 얕잡아 보는 듯한 태도를 보이거나 일지를 적어놓은 듯하거나 감상적인 어조"로 쓰고 있다는 점에 대해서도 불만을 털어 놓았다. 실제로 디킨슨의 삶을 들여다

보면, 그녀가 "다른 여자들과 맺었던 관계가 그녀의 삶과 예술에서 중심적인 요소"인데도 불구하고 남성 중심적인 "문단계와 문학사" 집필가들이 그러한 점을 전혀 언급하지 않았다는 것이었다(157). 나아가, 그녀는 그간 비평가들이 디킨슨 시의 종교적인 소재와 언어에 초점을 맞추는 바람에 그녀가 이성애적 욕망을 "초월"하고 절대 고독을 시적 열정으로 "승화"시킨 고고한 여성 시인으로 화석화되었다는 점을 강력하게 비판하였다. 그러한 편향적인 비평적 시선 때문에 오히려 그녀가 보여주었던 열정적인 아웃사이더 의식이 지워져 버렸다는 것이었다(157).

리치의 주장을 염두에 두고 디킨슨의 시에 대한 그간의 비평문을 살펴본다면, 리치가 레즈비언 페미니스트 비평가로서 문제의식을 가지게 된 배경을 다소 나마 이해할 수 있다. 가령, 1983년 샌드라 길버트Sandra Gilbert는 디킨슨의 시 「시실리에 있는 화산들Volcanoes be in Sicily」에 대해서 다음과 같이 비평하였다.

변화의 신비로움을 이뤄내는 안주인인지라 디킨슨은 단순히 화려한 기적 제조자 혹은 갈보리산의 여왕이 아니었다. 그녀는 평범한 것을 이용하는 마법사였고, 그녀의 마법은 앰허스트의 신화에 해당했는데, 즉, 그 신화는 일상적이고 가정적인 것의 신화이며, "뉴잉글랜드적"인 것으로 여겨질 수 있는 신화였다. 더불어, 일상성에 헌신하는 가운데, 정체모를 인물을 시신으로, 고녀를 동력으로 탈바꿈시키는 대화에서보다 더욱 더, 그녀는 남다른 여성성의 신비로움을 실현시켜 주었다. 그녀의 여성성은 그녀의 예술뿐만 아니라 그녀가 조

모의 위치를 차지하는 여성시인의 전통에 매우 중요한 의미를 가진다.[10]

　　길버트는 디킨슨의 "신화"에 대해 논평하는 가운데, "안주인", "여왕", "조모"에 대해 언급하였지만 정작 이 시의 핵심을 이루는 성적 욕망에 대해서는 "여성성"이라고 매우 모호하게 표현하고 있다. 그 바람에 길버트가 언급하는 "여성성"은 "뉴잉글랜드적인"이라는 표현과 더불어 이해되는 가운데 디킨슨이 일상적, 가정적인 소재들에 대해 매우 '여성다운' 사색을 한 것으로 여겨지게 되는 것이다.

　　사실 디킨슨이 이 시에서보다 더욱 함축적으로 성적 욕망을 표현하는 시로는 「잠잠한 ― 화산같은 ― 삶A Still ― Volcano ― Life」을 들 수 있다. 기존의 비평가들은 디킨슨이 사용한 "입술lips"이라는 표현을 어떻게 해석할 것인가에 대해 다양한 의견들을 제시하였지만, 기본적으로 그들은 "입술"을 디킨슨 자신의 내면적 갈등과 관련된 기이한 상징 혹은 환유법의 예로 해석하는 태도를 견지하였다. 페미니즘의 관점에서 볼 때 명백히 성적인 비유를 디킨슨이 사용하였는데도 비평가들은 '뉴잉글랜드의 요조숙녀'라는 대중적인 이미지에 도전을 하기보다는 그녀가 '이런 성향도 있다'는 정도로 간단히 언급하고 지나가는 경향을 보였던 것이다.[11]

　　이처럼 한계가 드러나는 그간의 디킨슨 비평을 보완하기 위해 리치는 레즈비언 페미니스트의 시각으로 디킨슨을 새롭게 바라보고자 시도하였

10　『Modern American Poets』 Online의 「Volcanoes be in Sicily」 편 참조.

11　『Modern American Poets』 Online의 「A Still ― Volcano ― Life」 편 참조.

다. 하지만 '레즈비언'이라는 표현이 함축한 부정적 의미를 인식하고 있었는지, 리치는 디킨슨이 "다른 여자와 혹은 여자들과 함께 잠자리를 했는지 아닌지를 증명"하려는 것이 아니라 "그녀를 둘러싼 신화와 사실들이 혼란스럽게 [얽혀있는] 성운에서" 그녀를 벗어나게 할 수 있는 "가장 정확한 접근법"에 해당한다고 밝혔다. 그러면서, 레즈비언 페미니스트의 시각이 평단과 학계에 기여할 수 있는 점을 설명하였다.

레즈비언 페미니스트 비평은 어떤 여성 예술가이든 그녀가 "실제 레즈비언"이었나 아니었나를 증명하는 것을 넘어서 그녀의 작품을 조명할 수 있는 힘을 가지고 있다. 그러한 비평을 통해 지금까지 주목받지 못했던 문제들에 대해 질문을 할 수 있을 것이며, 이성애적인 낭만적 사랑을 여성 예술가의 삶과 작품을 이해하기 위한 열쇠인양 집착적으로 파고들지 않을 것이다. 또한 그녀가 어떻게 자신의 현재 모습을 지니게 되었는지 그리고 어떤 식으로 스스로의 정체성을 파악하는지, 여성의 문화, 여성의 전통을 이용할 수 있었는지, 다른 여성들의 존재가 그녀의 인생에서 어떤 의미를 지녔는지 등등을 탐구하게 해 줄 것이다. 그러므로 그러한 비평은 남성-주류의 시각으로 수행하는 관습적인 비평으로는 밝혀낼 수 없는 암묵적인 메시지, 비유, 전략, 강조점 등등을 파악하게 해 줄 것이다. 이러한 과정은 과거의 여성 예술가들을 — 현재도 마찬가지로 — 우리가 아직 예견하거나 상상할 수 없는 방식으로 만나볼 수 있게 해 줄 것이다.

—『거짓말, 비밀, 그리고 침묵에 대하여』, 158

위의 인용문에서도 명확히 제시되듯이, 리치는 디킨슨이 레즈비언이 었나 아니었나를 증명하고자 하는 데 관심을 두었던 것이 아니라, 다만 비평가들에 의해 디킨슨의 이미지가 특별한 재능을 지녔지만 "순진무구 하고, 소녀다운 무지함"과 "전문성이 부족"한 여성다움을 드러내는 "감 상적인 [여성] 존재"로 형상화된 점에 대해 문제를 제기하고자 함이었다 (167). 오히려 리치는 브래드스트릿을 비평할 때 그랬던 것처럼, 디킨슨 이 보통 여자로서 당대 현실과 문화 전통 속에서 자신의 정체성을 어떻 게 파악하였는지 그리고 여성의 삶에 대해 "마음속에서 느껴지는 어떤 것 그리고 자신의 존재의 핵심에 대해" 얼마만큼 진솔하게 표현할 수 있 었는지 등등 기존의 남성 중심적인 비평에서는 "예견하거나 상상할 수 없는 방식"으로 그녀의 심리적 지형을 새롭게 조명하고자 했던 것이다 (175).

어떤 면에서 리치의 레즈비언 페미니즘은 이미 「우리가 완전히 깨어날 때」에서 예견되어 있었다고 할 수 있다. 그 글에서 리치는 가부장적 사회 의 언어가 남성의 경험을 근간으로 성립된 남성 중심적 의미화 과정을 추동한다고 지적한 바가 있었다. 또한 그러한 남성 중심적 언어가 만들어 낸 '여성'의 이미지에는 대다수의 보통 여자들의 직면하는 가난, 해고, 강 간, 폭력 등등의 경험이 반영되지 않지만, 가부장적 사회에서 여성의 존 재로 살아가는 한 그런 압제자의 언어를 보수하여 사용할 수밖에 없다는 인식을 보여준 바가 있었다. 그런 맥락에서 리치는 보수적인 남성 중심 적 평단과 학계에 대해 디킨슨을 '특별한 여성'이 아닌 '보통' 여자로 보 아 달라고 항변하는 것이다. 그녀는 '보통'이라는 언어가 '막시스트적' 계급의식을 연상시키는 정치성 가지거나 앤드류 잭슨 대통령이 표방했던 '보통사람의 시대'를 연상시키는 진부한 정치적 구호가 되지 않으면서 여성 전체에 대한 매우 포괄적인 연상 작용을 이루어 내도록 신경을 쓰고 있었다(「힘과 위험 – 보통 여자의 작업들」, 256).[12] 그런 탓에, 레즈비언 페미니스트 비평을 할 때도 그녀는 남성 중심적 언어와 남성이 지배하는 세상에서 그동안 보이지 않았고 말해지지 않았던 보통 여자들에 대한 기록을 발굴하여 보존하는 작업이 정치적 성격을 띄지 않도록 상당한 주의를 기울였다. 그녀가 지향하는 페미니즘은 여성의 위치를 점하고 있는 누구나 성별에 관계없이 '일상적'이고 '평범하고', '공통적으로' 겪는 사회적, 정치적, 경제적, 성적 폭력의 문제들을 공동체의 인식의 장에 끄집어내는 실천과 맞물려 있었고, 그러면서 자연스럽게 미국의 역사가 보수되고 통합된 전체로 나아가는 것을 상정하는 미래지향적 시각에 해당했기 때문이다.

그것은, 매우 단순하게 말해서, 여자들 사이에서 보통인 것이, 그 어휘가 지닌 모든 의미를 드러내며, 정신적으로 그리고 행동으로 "일어난다"는 것이다. 우리가 "특별하거나" "비범한" 존재가 되는 것은 실패를 의미한다. 역사를 보면 "특별한" "본보기가 되는" "비범한" 여자들로 치장되어 있지만, 그러한 "특별한" 여자들의 삶을 나머지의 삶에 변화를 일으키지 못했다. "보통 여자"는

---

12 미국사에서 1812년 미·영 전쟁 이후 20년 동안 전개되었던 미국 정치생활의 민주화 시대. 1829년 취임한 앤드류 잭슨대통령이 이 구호를 표방했던 대표적인 인물이다. 그는 제퍼슨이 말했던 '타고난 귀족'을 불신했으며 일반상식만이 공직을 담당하기 위한 유일한 요건이라고 생각했다. 그는 공적 영역에서 상당부분 국민에게 정치참여의 길을 열어주었다.

사실상 수많은 평범한 여자들의 생존에 대한 비범한 의지, 임신과 육아를 넘어서는 생명력의 구현체를 의미한다 : 없애버릴 수 없는, 염색체에 새겨진 현실과 같은 것이다. 우리가 이 힘을 서로에게서, 모든 곳에서 의지할 때, 그 힘이 온전히 우리를 위해 존재한 다는 사실을 이해할 때, 우리는 비로소 "우리가 사랑하는 이들"을 버리고, 그들로부터 버림을 받는 악순환을 멈출 수 있게 될 것이다.

—『거짓말, 비밀, 그리고 침묵에 대하여』, 255

따라서 디킨슨에 대해 비평할 때도 리치는 그녀가 어떤 점에서 주류 비평가들로부터 특별한 여성 시인으로 인정을 받을 수 있었는지를 조명하는데 초점을 맞추지 않았다.[13] 대신 그녀는 디킨슨이 낭만적 사랑으로 괴로워하고 스스로를 고립시킨 노처녀 시인이 아니라 "여자들에게 말을 걸고 [자신의] 실제 삶에 대해서 말하고, 새롭게 발견한 용기를 가지고 이름을 붙이고, 서로를 사랑하고, 위험과 억울함과 기쁨을 나누고자"(「우리가 완전히 깨어날 때」, 176) 했던 비주류 아웃사이더 페미니스트 의식을 드러내고 있다는 점을 부각시키고자 하였다. 그녀는 디킨슨을 브래드스트릿과 연결시키고, 현대 여성에게도 연결되는 19세기 여성 시인으로 자리매김하여 레즈비언 연속체를 구성하는 작업을 수행하고자 하였던 것이다.

구체적으로, 리치는 비평문을 통해 레즈비언 페미니스트 비평가들 사

---

13 이러한 주류 비평에서 디킨슨은 자연의 사물들을 소재로 감각적 이미지들이 두드러진 서정시를 쓴 여성시인으로, 보스턴의 집에 은거하며 고독과 죽음을 사유했던 독신 여성시인으로, 당대 종교제도와 성서해석에 의문을 제기할 정도로 지성을 지녔던 당돌한 여성시인으로 평가되고 있다.

이에서 논쟁이 되었던 디킨슨의 특별한 언어, 즉, 절제된 화법과 침묵에 대해서 보다 포괄적인 접근을 시도하였다. 가령, "모든 사실을 말하세요 / 하지만 비껴서 말하세요tell all the Truth / but tell it slant"라는 시구절을 언급하며 비평가들은 종종 디킨슨이 동성애 혐오와 인종 혐오가 현실적으로 벌어지는 사회에 살면서 자신의 성적 취향을 표현하기보다는 침묵하고, 대신, 자기 부정, 자아 축소, 우울감, 죽음에 대한 소망 등등을 표현함으로써 레즈비언 존재로서의 절망감을 우회적으로 드러낸다는 주장을 펼치고 있었다. 특히, 디킨슨이 수 길버트Sue Gilbert에게 보낸 편지들에서 내면적 고민을 담은 내용을 적은 것을 두고 남녀 비평가들 사이에서는 갑론을박이 벌어졌는데, 예를 들어, 남성 비평가 겔피는 디킨슨이 "개인적으로 겪고 있었던 내면적 고통"을 드러낸 것이라고 논하였으며, 롤랜드 하겐뷔클Roland Hagenbuchle는 디킨슨이 고뇌로부터 "초월하려는 전략"을 드러낸다고 보았다(Grabher, 308에서 재인용).

이후 레즈비언 페미니스트 패더만과 아델라이드 모리스Adalaide Morris은 디킨슨이 길버트에게 내면의 고민을 털어놓은 것으로 보아 그 "두 사람이 레즈비언의 관계를 맺었을 가능성"이 있다고 강력하게 주장하였다(Grabher, 308에서 재인용). 이들 레즈비언 페미니스트들과 달리 리치는 그 편지들의 내용에 대해 해석하며 디킨슨이 길버트에 대한 배타적인 동성애를 표현했다기보다는 위의 인용문에서 언급한 대로 시적인 열정으로 가득 찬 속내를 털어놓은 것이라고 주장하였다. 즉, 겔피와 하겐뷔클이 디킨슨의 고뇌를 남성 중심적 이성애와 낭만적 사랑의 맥락에서 바라보고 '전통적으로 여성적인' 고뇌로 축소하면서 디킨슨을 그녀가 실제 살았던 현실과 역사에서 유리시켰고, 패더만과 모리스 역시 디킨슨의 고뇌를 레즈비어니즘의 맥락에서 바라보며 그녀를 다시 한 번 여성 독자들의 삶과 역사로부터 분리시켰다면, 리치는 디킨슨의 고뇌를 이항 대립적 젠더 의식에 기반한 비평적 시선으로는 볼 수 없는 어떤 것, 즉, 여성 시인의 강렬한 시적 고뇌로 새롭게 조명하고자 했던 것이다.

이미 앤 브래드스트릿에 대한 비평을 분석할 때 검토했듯이, 리치는 남자 비평가들이 디킨슨에게 입혔던 특별한 여성이라는 평가가 틀렸다고 지적하려는 것이 아니라, 디킨슨이 "여자로서 스스로를 경험하는 것"(175)에 대해, 또한, 어떤 방식으로 "여자들에게 말을 걸고 여자의 실제 삶에 대해 시에서 말하고, 새롭게 방출된 용기를 가지고 이름을 붙이고, 서로를 사랑하고, 위험과 억울함과 축하를 나누고자"(176) 하는지를 살펴보고자 하였다. 가령 리치는 『장소의 영혼』(1980)이라는 연작시에서 자신의 시적 주어를 통해 디킨슨이 속내를 고백하는 양식을 사용하여 당대 남성 비평가들이 디킨슨을 제멋대로 이해하고 신화화하며 왜곡하고 화석화시키는 경향을 비판하였다. 다소 길지만, 전문을 인용하자면,

III

이방인들은 위험에 처한 종족이에요
앰허스트에 있는 에밀리 디킨슨의 집에서
칵테일잔이 돌려지고 학자들이
축하하러 모였네요

그들이 만들어낸 중요한 혹은 시시한 전설들이

시대 취향을 반영하는 벽지를 닮은 듯

벽 위에 꽃줄 장식처럼 매달려 있네요.

(……그리고, 내가 두려워했던 것처럼, 내 "삶"은 "희생자"가 되었어요)

나머지 사람들은 그 유물을 거칠게 다루었죠

비밀결사단원들은 침실에 모였고요

당신은 교회 옆에 서서 초조한 듯 이를 갈다가

당신을 기념하는 사당을 거부하고

도망쳐서

그 어느 곳에서도

발견되지 않아죠

(당신만의)

언어가 아닌 이상 말이에요

우리 모두는 이방인이잖아요 — 여러분 — 세상은 우리를 잘 알지 못해요

왜냐하면 우리가 세상을 잘 알지 못하기 때문이지요

그리고 청교도들! — 당신은 주저하고 있나요?

병사들도 종종 — 우리 중 몇몇은 승리자이지만, 난 그들을

오늘 밤 만나고 싶지 않아요, 담배연기 때문이에요 — 우린 허기져 있어요,

그리고 갈증도 나고요, 때때로 — 우리는 맨발로 서 있어요 — 그리고 추위를 느껴요.

—『문턱 너머 저편』, 381~383

시에도 명백히 밝혀져 있지만, 리치는 자신이 남성 중심적 사회에서 '특별한 여성'으로 인정받은 시인으로 살면서 느꼈던 답답함과 또 다른 '특별한 여성' 디킨슨이 느꼈을 답답함을 동시에 사유하며 자신과 디킨슨 사이에 형성되는 유대관계의 본질을 비주류 이방인 의식에서 찾고자 하는 시도를 하였다. 특히, 첫 행부터 리치는 스스로를 "아웃사이더"이자 "위험에 처한 종족"으로 정의하고 있는데, 이 표현은 이미『생존을 위한 필수품Necessities of Life』에 실렸던 시편「전 위험에 처해 있어요 — 선생님 — "I am in Danger — Sir —"」을 공명하고 있었다. 십여 년 전에 벌써 디킨슨의 시 제목을 공개적으로 인용하여 시를 쓰면서 리치는 디킨슨이 자신이 지닌 "힘"에 대해 당혹스럽거나 "위험"하다고 느꼈을 이유를 이항대립적 젠더 의식에서 찾았던 것이다. 예컨대, "여자이면서, 남성적인 / 한 가지에 전념하는 당신 / 당신에게 단어는 / 어떤 증세 이상의 것이었죠"(88)라고 말을 건네면서, 리치는 언어가 지닌 힘을 파악하고 있는 여성이 남성 중심적 사회에서 살면서 겪게 되는 위험한 감정들을 시사한 바가 있었다. 그리고 이 시의 말미에서 리치는 대부분의 보통 여자들처럼 디킨슨도 자신이 영위하는 비주류의 존재양식이 지닌 한계에 대해 인지하고, 자신의 시적 재능에 대해 부정적으로 반응하는 사람들이 일으키는 당혹감에 "반쯤 얼이 빠진 상태에서" 그저 "당신만의 전제에 따라 / 끝까지 침묵을 고수하기"(88)로 선택했을 것이라고 추정하였다. 자신 역시 자신의 '다름' 즉 '레즈비언' 이라는 존재양식에 대해 다른 사람들이 얼마나 부정적인 시선을 가지는지 잘 알고 있으면서도 일일이 반응하지 않고 끝까지 침묵을 고수하고 있었기 때문이다.

그리고 약 십 오년이 흐른 뒤 「장소의 영혼」라는 시에서 리치는 다시 한 번 앰허스트를 방문하고는 디킨슨의 "사생활"에 대해 지속적으로 갑론을박이 벌어지는 상황과 디킨슨이 여자 친구들과 맺었던 깊은 애정어린 관계를 왜곡된 시선으로 바라보는 것에 진절머리를 치면서 디킨슨이 썼던 「영혼으로 친교의 대상을 고르지요The Soul Selects Her Own Society」를 떠올렸던 것이다. 그리고 자신의 경우에 비추어 디킨슨이 남자들의 세상에 관심을 뚝 끊고 침묵을 지키겠다고 말했던 심사를 충분히 이해하면서, 디킨슨이 1854년 6월 수전 길버트Susan Gilbert에게 보낸 154번째 편지와 1859년 3월 캐서린 스콧 앤톤 터너Scott Anton Turner에게 보낸 203번째 편지를 자신의 시 속에 그대로 삽입하며 마치 디킨슨이 영혼으로 등장하여 남자 비평가들에게 외치는 듯한 착각을 일으키게 하는 전략을 사용하였다. 아마도, 디킨슨이 스스로 — 그리고 동시에 리치 자신의 목소리를 겹쳐서 — 남성 중심적 이성애자들에게 혹은 레즈비언 동성애자들에게 '잘 알지 못하면서 우리에 대해 이러쿵저러쿵 떠들지 말라'고 외치며 그간 쌓였던 분노를 내뱉도록 해주고 싶었던 것일 수 있다.

사실 리치가 디킨슨의 사생활, 특히, 디킨슨이 길버트와 터너와 형성했던 친밀한 관계에 대해 캐내려는 후대 비평가들로부터 그녀를 보호해주고 싶었던 이유는 이 연작시가 리치의 파트너 미셸 클리프Michelle Cliff에게 헌정되었다는 사실에서 짐작될 수 있다. 클리프는 흑인계, 자메이칸계, 백인계가 모두 섞인 다인종 정체성을 지녔던 미국 소설가로서 1975년 노튼 출판사의 편집담당자로 리치를 만나 이후 2012년 사망할 때까지 그녀의 곁을 지키며 영혼의 동반자 역할을 하였다.[14] 리치처럼 클리프 역시 뿌리에서부터 갈라진 인종 정체성으로 인해 파생되는 심리적 갈등을 표현하고 그러한 갈등을 극복하는 가운데 정치적 주체로 성장해 나가는 페미니스트 의식을 추구하고 있었다. 가령, 시집 『그들이 멸시하라고 가르친 정체성을 주장하면서*Claiming an Identity They Taught Me to Despise*』(1980) 그리고 자전적 소설 『에이뱅*Abeng*』(1984)과 『천당 전화는 없어*No Telephone to Heaven*』(1987)에서 클리프는 식민주의와 인종차별이 한 여성의 정신적 성장을 방해하고 역사를 왜곡하는 서사를 전개하였다. 『자유기획 ― 메리 엘런 플레전트 이야기*Free Enterprise: A Novel of Mary Ellen Pleasant*』(1993)에서는 1859년 하퍼스 페리의 연방군 조병창을 습격하여 노예들을 무장시키려 했던 노예제 폐지론자 존 브라운 습격에 자금을 대어 주었던 메리 엘런 플레전트의 실화를 소설화하였다. 이 외에도 다수의 시, 산문, 소설 작품들에서 클리프는 리치와 유사한 주제의식, 소재, 표현들을 공명하며 서로의 작품에 영향을 미쳤던 것으로 여겨진다.

그 정도로 리치와 클리프가 친밀한 영혼의 동반자이자 열정적인 페미니스트 예술가들이었기 때문에 비평가들과 문학 기자들은 그 두 사람의

---

14 클리프에 대한 설명은 윌리엄 그라임스(William Grimes)가 2016년 6월 19일자 『뉴욕 타임즈』에 기고한 부고기사 「Michelle Cliff, Who Wrote of Colonialism and Racism, Dies at 69」,(A21면)에서 참조하였음. 클리프는 2016년에 별세함.

'레즈비언' 관계에 지대한 관심을 가지고 사생활을 파헤치고자 했다. 따라서 리치가 시의 후반부에서 디킨슨에게 건네는 애정어린 위로의 말과 따스한 보호의 말은 그녀가 디킨슨에게 그리고 클리프 두 사람 모두에게 이중적으로 하는 말로 들릴 수밖에 없다.

　　이곳은 우리 둘 모두를 위해 충분히 넓어요
　　강가의 물안개는 사생활을 지켜줄 거예요
　　이곳은 내게는 세 번째이고 당신에겐 마지막 주소가 되겠죠

　　딸의 손길로 내가 당신을 보호해주려고 해요
　　모든 종류의 간섭으로부터 심지어 나의 참견으로부터도
　　당신의 영혼을 쉬게 해 주자고 말하면서

　　자매의 손길로 내가 당신의 두 손을 원하는 대로
　　벌리거나 모아주려고 해요
　　그리고 누구인지 왜인지 무슨 이유인지 더 이상 묻지 않을 거예요

　　어머니의 손길로 당신이 뒤에 남겨두고 떠난 방들의
　　문을 닫아주려고 해요
　　그리고 난 조용히 내게 남겨진 일을 시작할 거예요.

　　IV

강가의 물안개는 낮은 길 위에 떠 있는 숨결이 되어

여기, 저기, 거무스름한 산꼭대기에 걸쳐 있는 구름이 되어

사생활을 충분히 지켜줄 게예요.

—『문턱 너머 저편』, 383~384

위의 시에서 리치는 디킨슨과 클리프 모두에게 딸과 어머니의 관계, 자매들의 관계, 어머니와 딸의 관계를 변주하며 자신의 지극한 애정과 친밀감 그리고 존경을 표현하고자 한다. 그녀는 딸로서 어머니를 보호해 주고자 하는 사랑의 마음과 동시에 딸이기 때문에 더 이상 어머니의 "사생활"이 왜곡되지 않았으면 하는 바람을 표현한다. 그녀는 두 손을 따뜻하게 잡아주며 따스한 눈길로 위로해 주고 싶은 자매애를 표현한다. 그녀는 모성의 측은지심을 드러내며 걱정 말라고 토닥여 마음을 진정시켜 준 뒤, 두 번씩이나 강가의 물안개가 그들을 지켜줄 것이라고 반복해서 말한다. 이렇게 간접적인 방식을 제외하고 리치는 결코 클리프에 대해서 드러내 놓고 레즈비언의 애정을 표현한 적이 없었다. 위의 인용 부분에서도 보이듯이 가부장적 사회체제 하에서 여자들 사이에 가능한 사랑이란 어머니가 딸에게 가지는 모성애, 한 여자가 다른 여자들에게 가지는 모성애, 그리고 서로간에 응원과 지지를 하는 여자들 사이의 느슨한 자매애가 있을 뿐 그 외에 한 여자가 다른 여자에 대해 가지는 깊고 친밀한 애정을 표현하거나 심지어는 여자로 형상화된 시의 신에게 열정적인 사랑을 바치는 마음을 표현할 수 있는 언어조차도 없다는 점을 리치는 누구보다 잘 알고 있었다.

하지만 클리프에 대한 애정을 제외하더라도, 이 시에서 리치가 20세기 백인중산층 남성 중심적 이성애 사회에서 비주류 아웃사이더의 존재양식을 가진 후대 여성 시인으로서 19세기 백인중산층 남성 중심적 청교도 사회에서 독신녀로 은둔하여 여자들과 애정어린 우정을 나누고 살면서 자신의 '다름'을 인식하고 비주류 아웃사이더 의식을 가지고 살았을 디킨슨에게 강한 결속감과 애정의 마음을 공개적으로, 스스럼없이 표현하고 있다는 사실은 변함이 없다. 마치 어머니를 한 여자로 바라보며 진심을 다해 사랑하는 딸처럼 그녀는 그간 여자들에게 허용되지 않았던 '여성을 향한 사랑'을 디킨슨에게 보이며, 비평가들이 침묵하거나 모호하게 처리했던 '어머니' 디킨슨의 숨겨진 면모들을 매우 섬세하고 신중하면서도 객관적으로 들여다보려는 태도를 취하였다.

예를 들어 리치는 디킨슨과 여자 친구들 사이의 관계를 "그녀의 시와 편지들을 통해서" 객관적으로 바라보고자 하였다. 그리고 그녀는 19세기 중반 미국을 대표하는 두 명의 시인 중 한사람이면서 "매사추세츠 주 앰허스트에 사는 여자라는 사실이 어떤 의미를 지닐 수 있을까"에 대해 질문을 던지고 디킨스의 "마음속으로 들어가 보고자" 노력하였다. 그 결과 리치가 얻은 것은 다음과 같다.

그녀는 자신의 시 역시 그녀가 사는 세계의 시적 관습과, 특히 여성시인에게 적절한 것의 기준으로 보면, 용납될 수 없다는 것을 알고 있었다. (…중략…) 초기 편집자들과 선집자들에 의해 [그녀의 시가] 추려진 이후, 그녀는 색다른 정서와 노처녀의 괴팍함을 드러낸 시인으로서 많은 평론가들에 의해 왜소화되었고, 감상적으로 색칠되었으며, 금언을 사용하여 말하는 것을 일삼는 가르보와 같은 사람들에 의해 사랑을 받았다. 아직도 그녀의 시세계의 전체적인 폭과 깊이가 제대로 파악되지 않았으며, 과거에도 그리고 지금도 내가 그녀의 마음속으로 들어가는 상상을 하려고 할 때[마다] 그녀는 나에게 경이로운 존재로 다가온다.

— 강조는 저자, 『거짓말, 비밀, 그리고 침묵에 대하여』, 159

무엇보다도 리치는 디킨슨이 당대의 주류를 형성했던 시적 관습에서 과감히 벗어나 자신 만의 독특한 언어로 속내를 표현하였지만, 그러한 비주류의 시적 감수성과 아웃사이더 의식이 사후 남성 편집인들의 편집 과정에서 삭제되어 드러나지 않았다는 점을 강조하였다. 그리고는 디킨슨의 동생의 말을 인용하며, 디킨슨이 실제로 고독한 은둔자가 아니었을 뿐만 아니라 남자들과 여자들을 포함한 사랑과 우정의 공동체를 형성하고 있었다는 점을 지적하였다.

그녀는 다양한 시기에 걸쳐서 여자들과 남자들을 만났는데, 올케였던 수잔 길버트, 앰허스트의 방문객들과 가족의 친구들이었던 벤자민 뉴튼, 챨스 왜즈워쓰, 그리고 스프링필드 『리퍼블리칸』지의 편집장이었던 사무엘 보울스와 그의 아내가 있었다. 그녀의 친구들로는 케이트 앤쏜과 헬렌 헌트 잭슨, 멀리 있었지만 중요한 의미를 지녔던 인물들인 엘리자베스 배럿, 브론테 자매들, 죠지 엘리엇이 있었다. 하지만 그녀는 조심스럽게 그녀가 사귈 사람들을 선택했고 그녀의 시간을 조절해서 사용하였다. 앰허스트의 "호화로운 상류층 부인들"을 배제했을 뿐만 아니라 에머슨이 옆집에 방문했을 때에 가서 그를 만나려고 하지도 않았다. 그녀는 여행을 하거나 정기적인 방문을 받지도 않았다. 그녀는 이방인들을 꺼려했다. 주어진 천직으로 볼 때, 그녀는 괴팍하거나 기괴하지 않았다. 그녀는 굳은 결의를 가지고 생존하고자, 그녀의 힘을 사용하고자, 필요한 만큼의 주고받음을 실천하고자 했을 뿐이었다.

— 강조는 저자, 『거짓말, 비밀, 그리고 침묵에 대하여』, 160

이처럼 리치는 그간 대중들에게 알려진 디킨슨의 '괴팍한' 성품이 결국 남성 비평가들이 '노처녀'에 대해 가지고 있는 선입견과 주관적 해석에 근거한 왜곡이었다는 점을 지적하였다. 동시에 리치는 디킨슨이 매우 현실적이고, 내성적인 성격을 지닌 탓에 다양한 사람들과 친교를 나누기보다는 친숙한 사람들과 깊이 있게 만나는 것을 소중히 여겼던 보통 여자였을 뿐 비정상적인 은둔자는 아니었다는 점을 강조할 수 있었다.

또한, 리치는 디킨슨이 자신에게 지적 호기심과 자극을 주는 여자 친구들에게 써주었던 시편들 혹은 그들의 삶에 대해 썼던 시편들의 판본을 조명하며, 디킨슨이 여자 친구들과 애정어린 친밀한 관계를 형성하고 여성의 인생에 대한 경험들과 감정들을 나누기를 좋아했다는 점을 객관적으로 다시 바라보고자 하였다. 이를 위해 그녀는 역사가 캐롤 스미스-로젠버그의 의견을 참조하여 19세기 여자들이 나누었던 애정어린 친교가 현대에서는 "레즈비어니즘"으로 여겨져 스캔들이 될 수 있을 정도로 독특했다는 점을 제시하였다.

19세기 미국에서는 여자들 사이에 강렬하고, 심지어는 열정적이고 관능적이라고 할 수 있을 만큼 [친밀한] 관계에 대해 20세기보다 훨씬 금기가 덜 했다는 점에 대해 [스미스-로젠버그는] "여성의 사랑과 의례의 세계"라는 용어로 보여주었다. 여자들은 다른 여자들에 대한 애착심을 몸짓과 언어로 표현하였다는 것이다. 결혼을 한다고 해도 여자들 사이의 우정이 약화되지 않았는데, [당시] 친구가 오랜 기간 방문을 하게 되는 경우 두 여자가 한 종종 한 침대를 사용했으며, 육체적 그리고 감정적 갈망을 명확하게 표현하는 편지들을 주고받았다고 한다. 19세기에 매우 친밀한 여자 친구는, 스미스-로젠버그가 연구했던 많은 일기와 서신들에 의하면, 남편보다 한 여자의 삶에서 훨씬 더 중요한 인물일 수 있었다.

— 『거짓말, 비밀, 그리고 침묵에 대하여』, 162~163

스미스-로젠버그에 의하면, 당시 여성들 사이에서는 여성들이 서로 경험과 감정을 깊이 공유하는 친밀한 관계를 나누었어도 그것이 "레즈비어니즘"으로 인식되지도 않았고 그런 이유로 사회적으로 정죄되지도 않았다고 리치는 지적하였다. 그렇기에 리치는 "여자에 대한 여자의 사랑"에 대해 무조건적으로 "스캔들과 탈선이라는 프로이드식의 비난"을 하는 것 보다는 "보다 덜 여성혐오적인 시각"으로 대체할 필요성에 대해 환기하고자 하였던 것이다(163).

나아가, 리치는 그간 비평가들이 디킨슨의 수많은 시편들 중에서 여성 시인으로서 불안감과 불확신을 내보이는 시편들과 "스스로를 아주 작은 존재로 만드는 경향, 경험을 했을 당시 실제 느꼈을 강도를 거의 상쇄하거나 부인하거나 ─ 심지어는 위장하려고 ─ 하는 듯한 경향"을 담은 시편들을 선택적으로 읽었다고 주장하였다(166). 그들은 디킨슨이 느꼈을 "불확신"과 "미미함"에 대해 이런 식으로 의도적인 강조하였을 뿐만 아니라 "그녀의 은둔의 전략에서 의도적인 기묘함을 발견"하였으며, 더불어, 최근에까지, "그러한 기묘함을 그녀의 시를 지배적인 개성"으로 여겼다는 것이다(166). 그러므로 그들에게 디킨슨은 너무나도 쉽게 "보이지도 않는 친구들에게 사자를 보내 꽃과 시를 전달하고, 침대 방 창가에서 이웃의 어린 아이들에게 줄 생강과자 바구니를 내려 보내는, 시를 쓰지만 다소 순진무구하게 시를 쓰는 그런 하얀 옷을 입은 연약한" 소녀 감성을 지닌 여성 시인으로 여겨질 수밖에 없었다는 것이다(166).

　이런 시각에 반론을 제기하며, 리치는 디킨슨이 물론 소녀 취향의 예쁘고 순수한 서정시를 쓰기도 했지만 동시에 성인 여성으로서 매우 문제적이고 위험한 시적 사유를 했던 모습도 보여준다는 점을 부각하였다. 가령, 리치는 「#273 그는 내 인생을 벨트로 졸라매고 있어요」를 인용하면서 디킨슨이 시창작에 대해 거의 종교에 대해서 만큼이나 진지한 고민을 하고 있었다는 점을 강조하였다.

　　그는 내 인생을 벨트로 졸라매고 있어요 ―

　　나는 버클이 채워지는 소리를 들었어요 ―

　　그리고 돌아서서, 제왕처럼, 나가는 소리도요,

　　내 인생전부를 접어놓고요 ―

　　의도적으로, 공작님이

　　공국의 지위에 걸맞게 행동하듯이 ―

그래서 헌신하는 자는 ―

구름의 세상에 가입하는 거지요.

하지만 부를 때 올 수 있도록 너무 멀리 있지는 말아요

사소한 고생은 견디세요

그래야 안식의 순환로에 거하게 되지요 ―

때때로 마주하는 미소에 화답하세요

허리를 굽혀 내 인생을 바라봐 주는 그런 삶을 사는 사람들에게요 ―

그리고 친절하게 그 안에서 물어보세요 ―

누구의 초대를, 당신은 알고 있지 않나요,

누구를 위해서 제가 거절을 해야 할까요?라고.

— 『거짓말, 비밀, 그리고 침묵에 대하여』, 165

여성으로서의 자아와 시적 자아 사이의 갈등에 대한 심각한 고민을 담고 있는 이 시에 대해 리치는 다음과 같이 그 의미를 분석하였다.

시를 쓴다는 것 차제가 ― 특별히 디킨슨과 같이 비정통적이고 독창적인 시를 쓸 때 ― 여자들은 종종 여성으로서 그들의 [사회적] 지위를 잃어버리는 위험에 빠지는 것처럼 느끼게 된다. 그런데, 이 지위는 언제나 남자들과의 관계 속에서 ― 가령, 딸로서, 누이로서, 신부로서, 아내로서, 엄마로서, 애인으로서, 시의 여신으로서 정의되어 왔던 것이다. 가부장적 문화에서 가장 힘이 있는 인물은 남성이었기 때문에, 디킨슨이 자신의 내면에 있는 관습적인 여성성

의 이념에 부합하지 않는 어떤 것에 남성성을 부여하려는 것은 자연스럽게 여겨진다. 우리 자신이 지닌 내면적 힘을 인식하고 인정하는 것은 언제나 여자들에게 위험한 길을 걷는 것에 해당하였다. [그러므로] 에밀리 디킨슨이 그 힘을 인정하고 스스로를 그 힘에 연결시키고자 했던 것은 [실로] 중차대한 결정이었던 것이다.

— 『거짓말, 비밀, 그리고 침묵에 대하여』, 166

리치는 디킨슨을 "아직도 종교부흥의 열기가 활활 타오르고", 설교문이 "지독히 따분하기는 하지만, 문학의 형태"로 여겨지고, "신성을 남성성과 동일시하는 것이 너무나 기본적"이었던 "유대교적-기독교적, 준-청교도적 문화가 지배적이었던 19세기 뉴잉글랜드 사회"의 실제 여성의 삶의 현실 속에 위치시켰다. 그런 맥락에서 그녀의 시작품을 해석할 때 비로소 디킨슨이 가졌던 고뇌의 핵심을 파악해 낼 수 있다고 보았기 때문이다. 그리고 디킨슨이 자아 속에 있는 두 가지의 성향, 즉, 생물학적 여자로서의 정체성과 시쓰기에 대해 강렬한 집착과 열정을 보이는 남성적 성향 때문에 진지한 고민을 했던 것이며 그러한 갈등과 고뇌는 당대의 사회문화적 맥락에서 볼 때 지극히 자연스러운 것이었다고 평가하였다. 그렇다면, 디킨슨의 고뇌를 올바르게 이해하는 데 있어서 중요한 문제는 리치의 말대로 "세상 전반에 걸친 남성적인 요소를 혹은 남성적으로 의인화된 그런 요소들을 — 자신이 알고 있는 남자들을 포함해서 — 어떤 방식으로 사용했을까, 그리고 이점에 대해 그녀가 가지는 관계가 이미지와 언어 속에서 어떤 식으로 드러나는가에 대한 것"이 되는 것이다(165).

그러므로, 리치는 디킨슨의 소녀 취향이 드러나는 시편들 보다는 그간 비평가들에게 무시되고 잘 읽히지 않았던 시편들을 선택하여 그녀가 성숙한 여성으로서 수행했던 진지한 시적 사유를 재조명하였다. 가령, 그녀는 「#1677 내 화산엔 풀이 자란다」를 읽으면서 리치는 디킨슨이 내면의 "파괴적인 성향"으로 인해 절망하고, 공포심을 느낀 나머지 스스로를 '생각하는 여자 괴물'로 여기게 되었다고 파악하였다. 그리고 시 쓰기에 대한 열정으로 부글부글 끓어오르는 자신을 "집에 머무는 활화산"에 비유하고, 자신의 열정이 주변 가족들과 친구들에게 해를 가하지 않도록 "억제의 가면"을 씌우고자 하는 심정을 진솔하게 드러내고 있다고 제시하였다.

> 내 화산엔 풀이 자란다
> 명상을 할 수 있는 장소 —
> 새 한마리가 선택한 한뼘의 땅은
> 일반적인 생각이 될 것이다 —
>
> 불꽃이 저 밑에서 얼마나 붉게 너울거리는가 —
> 그 뗏장은 얼마나 위태로운가
> 내가 누설했을까
> 경외감으로 가득 채우리라 내 고독을.
>
> —『거짓말, 비밀, 그리고 침묵에 대하여』, 169

　또한, 리치는 「#601 잠잠한 — 화산같은 — 삶은 — 」을 읽으며, 아무리 사회적으로 통용되는 온유한 여성의 가면을 써도 억제할 수 없는 강력한 창작의 욕망을 느끼는 동시에 그로 인해 자신을 파괴하고자 하는 충동에 휩싸이게 되는 이중적 성향으로 고민하는 디킨슨의 화산처럼 요동치는 심리적 지형을 드러내 보였다.

조요한 ― 화산은 ― 삶은 ―
밤중에 명멸한다 ―
그렇게 해도 충분히 어두울 때
시야를 가리는 일없이 ―

고요한 ― 지진 같은 스타일 ―
너무 미묘해서 의심할 수 없게
나폴리의 이쪽 자연물상들이 ―
북쪽은 감지할 수 없다

그 엄숙한 ― 염열을 ― 상징을 ―
결코 거짓을 말하지 않는 입술에서 ―
쉬익거리는 붉은 산호들이 갈라진다 ― 그리고 닫는다 ―
그러면 도시들은 ― 줄줄 흘러내린다 ―

―『거짓말, 비밀, 그리고 침묵에 대하여』, 170

물론 그간 남성 비평가들 역시 디킨슨의 내면에 이러한 맹렬한 내적 갈등이 존재했다는 점을 인정하기는 하였다. 디킨슨의 전기 작가이자 편집자였던 토마스 존슨Thomas Johnson은 "그녀가 종종 그리스 신화 상의 반인반수 인물인 다이몬의 힘에 사로잡혀 있다고 느꼈던" 것 같다고 분석했었다(170). 테드 휴즈Ted Hughes 역시 디킨슨의 여성적인 고뇌와 갈등에 주목하였으나 자신의 주관적인 해석을 가미한 나머지 디킨슨의 "상상력과 시의 폭발적인 힘은 그녀가 자신의 열정을, 절망의 에너지를 사용하여, 잃어버린 남자에서 그를 대체할 수 있는 단 하나 — 즉 신적인 측면을 지니는 우주로 바꾸었을 때" 나타났다고 분석하였다(170).

　하지만, 리치는 디킨슨이 드러낸 자기 파괴적인 성향에 대해 남성 비평가들은 바라보기는 하였지만 그 이유를 이해할 수 없었을 뿐만 아니라 그나마 그녀의 고민을 있는 그대로를 보려고 하지 않아 심각한 비평적 오류를 범하였다고 지적하였다. 예컨대, 존슨과 휴즈와 같은 남성 비평가들은 디킨슨이 여성 시인으로서 맞닥뜨린 실제적이고 진지한 고민을 낭만적 사랑, 혹은 철학적 주제로 치환하거나 종교적 고뇌로 추상화시켜 그녀를 더욱 고립된 존재로 만들고 특별한 여성으로 신화화 시키는 경향을 보였다는 것이다. 리치가 보기에, 남성 비평가들은 자신들이 무의식적으로 가동시키는 차별적 젠더 의식에 근거하여 디킨슨을 지성이 충만하여 결혼에 대한 욕망이 별로 없었던 독신녀로 전제하였다는 입장인 것이다. 그래서, 디킨슨이 "종교에 헌신한 여성이 아니었다"는 전기적 사실을 주관적으로 해석한 나머지 디킨슨을 고립무원의 처지에서 육체적 사랑의 욕망을 어떻게든 종교적 사유로 초월하고자 애쓰던 고결한 정신의 소유자로 변형시킬 수 있었다는 것이다.

남성 비평가들과 달리 리치는 디킨슨이 고민했던 '파괴적 성향'의 실체를 여자의 생애주기와 여성의 삶의 현실이라는 맥락에서 있는 그대로 바라보고자 하였다. 리치가 보기에, 디킨슨이 이천 편에 달하는 시를 썼을 뿐만 아니라, 시인으로서 뛰어난 역량을 보여주었다고 평가되는 삼백 육십 육편의 시를 썼던 점을 고려할 때, 그녀가 결혼을 하지 않고 은거를 선택했던 점과 기존의 종교해석에 대한 도전적 사유를 했던 점은 오히려 그녀의 시적 열정이 얼마나 맹렬하였는지, 또, 디킨슨이 얼마나 강렬하게 비주류 아웃사이더의 삶을 살고자 의도했었는지를 역설적으로 드러내 주는 것이었다. 그러므로 리치는 디킨슨이 자신의 내면에서 활화산 같이 끓어오르는 시창작의 열정을 확인한 후 그것을 종교적 초월이나 천상의 삶에 대한 사유를 하기 위한 동력으로 사용하기보다는 과감하게 당대 남성들의 관습적 사유에서 이탈하여 '시라는 종교'에 온전히 헌신하는 데 사용하였다는 점에 주목을 하였던 것이다.

리치의 비평적 시선에 따라 디킨슨이 시에서 드러내는 맹렬한 고뇌를 해석한다면, 그녀가 의지하거나 사랑해줄 남성이 없는 독신녀였기에 자신의 외로운 처지에 대해 느끼는 불안감을 표현한 것으로 치환하여 해석할 필요가 없어진다. 또한, 그녀가 드러내는 불안을 자신감이 부족한 여성 시인이 자신을 '미미'하게 느끼고 자신의 시적 능력이 보잘 것 없을까 봐 불안감을 드러내었던 것으로 설명할 필요도 없다. 오히려 디킨슨이 종교적인 비유를 자주 사용했던 이유를 분석해보고자 할 때, 리치가 설명하듯이, 주류 가부장적 사회가 여성의 삶의 정형으로 정해 준 현모양처의 존재양식에 대해 아무런 가치를 느끼지 못하는 독립적이고 주체적인 여성이 비주류 아웃사이더 시인으로서 자신이 지닌 언어 능력과 그 폭발적 위험성에 대해 인지하고 고민하는 과정을 종교적 고뇌에 빗대어 표현하고자 한 정황을 새롭게 이해할 수 있는 것이다.

예를 들어, 1862년 왕성한 시창작 작업에 몰두했던 시기에 디킨슨이 토마스 히긴스Thomas Higgins에게 보낸 시 #488과 #508 두 편을 리치의 시선으로 다시 바라보면, 소녀 시인 디킨슨의 목소리가 아니라 비주류 시인으로서 자신의 독특한 사유에 대해 거의 종교적인 확신을 지녔던 열정적인 여성 시인 디킨슨의 목소리를 들을 수 있다.

내 자신은 만들어졌어요 — 목공장이로 —
꾸밈없는 시간
나의 대패 — 그리고 나, 모두 함께 만들어 냈어요
건축가님이 오시기 전에 —

우리가 해낸 일을 측정하기 위해서요
우리가 충분히 연마된
판자에 대한 기술이 있었더라면 — 그 분은 우리를 고용했을 거예요
절반만 보고도 —

나의 연장은 인간의 — 얼굴들 —
작업대에서, 우리는 열심히 일했지요 —
그 분 뜻에 반대하면서 — 설득했지요 —

우리가 ― 사원을 지을 거라고 ― 전 말했어요 ―

―『거짓말, 비밀, 그리고 침묵에 대하여』, 171

이 시에서 디킨슨은 "그 분 뜻에 반대하면서" 시인으로 성장한 것에 대해 만족하면서, "그 분"의 의지에 상관없이 스스로 시의 "사원"을 지을 것이라고 말하는 담대함을 보여준다. 다음의 시 역시 디킨슨이 시인으로서 정체성에 대해 거의 종교적 확신을 가지고 있는 속내를 드러내 준다.

저는 양도 되었어요 ― 저는 그들의 것이 되기를 그만둡니다 ―

그들이 제 얼굴에 물로 떨어뜨린

그 이름은, 교회라는 국가에서

사용기간이 끝났어요, 이제,

그들은 그것을 내 인형들에게 붙일 수 있어요,

내 어린 시절, 그리고 내가 더 이상

더 이상 실을 감지 않는 실패에도 ― 마찬가지로요 ―

이전에 세례를 받았었죠, 선택권이 없이,

하지만 이번에는, 신의 은총을 의식해요 ―

가장 존귀한 이름에 ―

부름을 받았으니, 충만함을 느껴요 ― 초생달이 떨어져요 ―

존재의 포물선을 온전하게 그리며, 가득 차오르겠죠,

하나의 작은 왕관으로.

서열 2위가 — 제1위가 너무 자그마해서 —

왕관을 쓰게 되었어요 — 꺄악꺄악 울면서 — 아버지의 품에서 —

절반은 의식이 없는 여왕이죠 —

하지만 이번에는 — 충분히 — 등을 펴고 —

선택하고자 혹은 거절하고자 하는 의지를 가지고 있지요 —

그래서 저는 선택한답니다, 그저 왕관이니까요 —

—『거짓말, 비밀, 그리고 침묵에 대하여』, 172

이 시를 분석하며 리치는 디킨슨이 스스로를 "어린 소녀에서 여성으로 성장"하는 과정에 있는 여성 시인으로서 명백히 인식하고 있으며, 나아가, 아버지의 성을 따르는 "가부장적 사회의 조건을 초월하는" 비주류 아웃사이더 페미니스트 시인으로서의 확신을 보여준다고 평가하였다. 시 창작 작업에 몰두하며 최고의 전성기를 누릴 당시의 디킨슨은 "이제 의식적인 여왕으로서 "충분하고 — 등을 펴고 / 선택하고자 혹은 거절하고자 하는 의지를 가지고 있지요 —"라고 거침없이 말할 수 있을 정도로 주류사회에서 의식적으로 이탈한 아웃사이더로 살아가는 것에 대해 두려움이 없었으며, 자신이 이루어 나갈 비주류 시적 세계에 대해 강한 자부심을 가지고 있었다는 것이다.

이어서 리치는 디킨슨의 시적 자부심이 매우 확실하게 드러나는 또 다른 예시로서 「제 인생은 서 있었어요 — 장전된 총처럼 — 」을 들었다.[15]

---

15   이 시에 대한 해석은 알티에리가 다소 추상적일 뿐 다른 비평가들은 거의 리치의 시각을 따르고 있다.

제 인생은 서 있었어요 ― 장전된 총처럼 ―

한 구석에 ― 어느 날

주인님이 지나가다 ― 발견하고 ―

저를 들고 나가셨죠 ―

그리고 이제 우린 자치령을 돌아다녀요 ―

그리고 이제 우린 암사슴을 사냥하지요 ―

그리고 제가 주인님을 위해 말을 할 때마다 ―

산이 곧장 답신을 보내 주지요 ―

그러면 저는 미소를 지어요, 그렇게 진심어린 빛이

계곡 위로 반짝이게 하지요 ―

그것은 마치 베수비우스 산의 얼굴이

그 즐거움을 그대로 내비치는 것 같아요 ―

그리고 밤이 되어 ― 우리의 즐거운 낮이 끝나고 ―

제가 주인님의 머리맡을 지킬 때 ―

오리솜털로 만든 푹신한 베게를 ― 함께 베고서 ―

있는 것보다 훨씬 좋아요 ―

주인님의 적에게 ― 저는 치명적인 적이지요 ―

아무도 두 번째를 건들지 못해요 ―

그의 위에 노란 눈을 과녁으로 만들어 놓거나 —

강한 엄지 손가락으로 표시를 하지요 —

비록 주인님보다 제가 — 더 오래 살겠지만

주인님이 더 오래 사셔야 하죠 — 저 보다 —

왜냐면 저는 죽일 힘만 가졌고,

죽을 힘은 — 없거든요 —

—『거짓말, 비밀, 그리고 침묵에 대하여』, 173

리치는 이 시에서 디킨슨이 보여주는 내적 갈등은 남성성과 여성성 사이에서 한 가지를 택해야 하는 입장에서가 아니라 "베스비우스산처럼" 치명적일 수 있는 사물, 즉, 활화산 같은 자신의 창작 열정에 대한 양가적 감정 사이에서 어찌할 바를 모르는 시인의 모습을 반영한다고 보았다. 사실 예나 지금이나 여자들이 매사에 "적극적인 의지력과 창조력"을 실행하여 성과를 보이는 행위는 가부장적 권위자들에게는 "공격적 성향"의 결과로서 여겨지고 종종 사회적으로 억제되어야 하는 어떤 것으로 여겨지고 있다(173). 그러므로 리치는 위의 시에서 디킨슨이 "총과 사냥꾼의 합일"을 통해서 자신의 "힘을 파악하고 소유하는 것의 위험을 구현"하고 뿐만 아니라, "그런 식으로 그녀는 스스로를 공격적으로", 비여성적으로("그리고 이제 우리는 암사슴을 사냥하지요"), 그리고 "잠재적으로 치명적인" 존재로 "정의하고 — 정의되는 — 모험"을 수행하고 있다고 설명하였다. 하지만, 리치는 디킨슨이 언어를 다루는 재능을 지닌 자신에게 겁을 집어 먹고 두려워하는 것이 아니라, 오히려 자신의 시적 재능이 초래할 수 있는 "순수한 파괴력"을 명확히 인식하고 그 힘을 어떻게 사용해야 할지에 대해서 진지하게 고민을 하고 있는 것이라고 새로운 해석을 제시하였다(174).

이외에도 다른 시편들에서도 리치는 디킨슨이 자연물에 대해 감상적인 취향을 표현했던 소녀 시인이 아니라 폭발적인 예술적 충동과 시적 상상력에 대해 양가적인 감정을 가지고 고민과 절망을 하면서도 결국 자신만의 언어를 가지려는 의지와 용기를 버리지 않았던 진지한 여성 시인이었다는 점을 거듭 예증하였다. 물론 리치는 「#512 영혼이 붕대로 감겨 있던 시절이 있다 ─」에서처럼 디킨슨이 내면의 "도깨비"를 마주하거나, 「#1062 그는 그것을 유심히 살펴보았다 ─ 주춤거렸다 ─」에서처럼 자살 충동에 시달리는 화자가 등장하는 시를 썼다는 점을 언급하였다. 하지만 리치가 보기에 이러한 시편들은 디킨슨이 내면에서 일어나는 죽음에의 충동을 객관적으로 바라볼 수 있었고, 파괴적인 성향으로 절망하는 순간에조차 피어나는 시적 열정에 굳은 확신을 가질 수 있었다는 점들을 예증해주는 시편들에 해당했다. 그러므로 그녀는 그런 시편들이 디킨슨의 시적 성취의 사례들로 평가되어야 하는 것이지 그녀가 미약한 시인으로서 불안감을 내비친 것으로 보는 예증으로 사용되는 것이 적절하지 않다는 입장을 밝혔다.

구원을 받은 자들의 영역은
예술이어야 한다 ─ 구원하기 위하여 ─
스스로에게서 얻어진 기술을 통해서

무덤의 과학[적 지식]

[그런 건] 아무도 이해할 수 없다

하지만 죽음을 ― 자신 속에서 ―

인내했던 그는

그 사람은 ― 절망에 단서를 달 수 있는

자격이 주어진다

실패를 죽음으로 착각하고 ― 매번 ―

새로 실패하는 사람들에게 ―

[그들이] 순응할 때까지 ― 어디에라도 ―

ー『거짓말, 비밀, 그리고 침묵에 대하여』, 181~182

　　여성 시인으로서 자신이 지닌 시적인 힘에 대한 인식과 그러한 힘의
파괴성에 대한 갈등과 이해를 모두 보여준 디킨슨은, 그러므로, 리치가
똑같은 공포와 고민과 절망과 자살 충동의 순간 참조하고 위로를 줄 수
있었던 어머니에 해당했던 것으로 여겨진다. 리치는 어머니 디킨슨이 남
성 중심적 주류사회의 전망에서 이탈하여 비주류, 아웃사이더 의식을 느
끼고 동시에, 시를 쓰는 작업의 위험을 인식하고 있었으면서도 "극단적
인 상태에 대한 시" 혹은 "위험에 대한 시"를 쓰는 작업을 멈추지 않았다
는 점에 대해 그 누구보다도 깊이 공감하고 있었다. 그런 까닭에 그녀는
어머니 디킨슨의 시「제 인생은 서 있었어요 ― 장전된 총처럼 ― 」을 딸
의 입장에서「전 위험에 처해 있어요 ― 선생님 ― 」으로 다시 쓰고자 했
을 것이다. 디킨슨이 문단계 권위자이자 비평가 히긴스 앞에서 느꼈을 두

려움을 현시대에 똑같이 느끼며 리치는 '레즈비언'이라는 주홍글자가 갖는 위험과 힘에 대해 사유하기를 멈추지 않았다. 그리고 디킨슨처럼 그녀도 여성 시인으로서 여자들에게 말을 걸고, 수세기에 걸쳐서 남성 예술가들이 창조해낸 여성의 이미지와 대조되는 보통 여자들의 속내를 드러내는 시를 쓰는 모험을 기꺼이 선택하였다.

영혼이 영원성과
맺고 있는 먼 관계는
위험이나 긴급한 재난 상황에서
가장 잘 드러난다 —

마치 번개가 대지 위에 번쩍일 때
그곳이 종이장처럼 보이게 하듯이 —
아직 의심받진 않지만 — 그래도 순간 —
눈깜짝 할 새 — 갑자기.

—『거짓말, 비밀, 그리고 침묵에 대하여』, 182

이로써 리치의 비범한 페미니스트 비평적 시선 속에서 어머니 디킨슨과 딸 리치 사이의 레즈비언 연속체의 전통이 "눈 깜작 할 새 – 갑자기" 드러나게 된다. 두 시인 모두 남성 중심적 문단계에서 주류 의식으로 장식된 꽃을 들고 특별한 여성으로 고고하게 존재하기보다는 비주류 아웃사이더 의식으로 '장전된 총'을 들고 진지하고 열정적으로 시를 창작하였으니 말이다. 가부장들이 기대하는 여성의 삶을 살기보다는 '괴물'의 소리를 듣더라도 개의치 않고 다른 여자들과 친밀한 교우 관계를 맺고 애정어린 돌봄을 실천하는 독립자존의 삶을 살아갈 용기를 냈으니 말이다.

3. 엘리자베스 비숍
─ 비주류 아웃사이더 의식을 가려둔 여성 시인

리치는 엘리자베스 비숍의 『전시집 1927-1979*Complete Poems, 1927-1979*』이 출판된 것을 기념하여 1983 비숍의 시에 대한 비평글 「이방인의 시각─엘리자베쓰 비숍의 전시집 1927-1979The Eye of the Outsider: Elizabeth Bishop's Complete Poems, 1927-1979」을 집필하였다.[16] 이 글에서 그녀는 1970년대 초 어느 모임에 참석했다가 돌아가는 길에 비숍을 차에 태워 주었던 기억을 떠올리며 "이때 나누었던 대화가 내가 엘리자베스 비숍에게 친근감을 가지게 했던 유일한 기억이며, 내가 그녀를 단독으로 만났던 것도 그때가 거의 유일했다"고 기록하였다(124). 리치가 비숍과 나눈 대화의 내용은 각자의 삶에서 최근에 경험했던 자살 사건에 대한 것이었는데, 리치는 이 심각한 주제에 대해 "어떻게 그런 일이 벌어질 수 있는지"에 (124) 대해 비숍과 이런 저런 이야기를 주고받는데 몰두하여 그만 하트포트 분기점에 진입하는 것을 놓치고 스프링필드까지 차를 몰고 갔다고 회

---

16 리치는 이 비평문을 1983년 『보스턴 리뷰(*the Boston Review*)』지에 게재하였고 이후 『피, 빵, 시』, 124~135쪽에 재게재 하였음.

상하였다.

하지만, 리치가 매우 캐주얼하면서도 남의 일인 양 슬쩍 언급하고 지나치는 '자살 사건' 에피소드는 두 시인에게 있어서 매우 중요한 의미를 지닌다. 뿐만 아니라, 그것은 리치로 하여금 비숍과 인간적인 유대감을 느끼고 그녀의 시를 다시 보고자 하는 마음을 가지게 하는 계기가 되기에 충분하다. 사실상, 두 시인이 각자 겪었던 '그런 일'에 해당하는 자살 사건이란 다름 아닌 리치의 전-남편 알프레드 콘래드의 자살과 비숍의 전-동반자 소아레스의 자살이었기 때문이다. 각자에게 '그런 일' 일어났었고, "어떻게 일어났는지"에 대해 이야기를 나누는 가운데, 리치는 비숍이 "수년간 브라질에서 우연히 여성과 함께 살았던"(125) 사실을 알게 되었고, 아마도 레즈비언으로서 그리고 가까운 사람을 잃어버린 고통을 공감하는 시인으로서 열여덟 살 연상의 선배 시인 비숍에게 인간적인 유대감을 느끼며 마음을 열었을 것이라 추정된다.

리치는 비숍의 시를 처음 읽었을 때 "매혹을 당하면서도 [왠지 모를] 반감"을 함께 느꼈었다고 솔직히 고백하였다(124). 그녀가 느꼈을 반감의 주요 원인은 아마도 비숍이 "백인, 남성, 그리고 적어도 명백하게 이성애적 정체성을 가진 문인들로 이루어"진 문단과 비평계의 총애를 받는 상징적인 여성 시인이자 "특별한 여성the Token Woman"이었기 때문이었을 것이다(「우리가 완전히 깨어날 때」, 38). 잘 알려져 있듯이, 비숍은 남자 비평가들로부터 "신중하고 정확하게 선택된 표현력, 재치, 지성, 개성적인 목소리의 뛰어남"에 대해 "깊은 존경심"이 담긴 평론을 받았으며, 후배 여성 시인들로부터 "미스 무어"에 버금가는 명성과 존경심을 받으며 "미쓰 비숍"으로 불렸던 대단한 시인이었다(125). 하지만 리치는 아직 젊은 시인으로서 문단계에서 자기의 위치와 자기만의 고유한 언어를 찾아내기 위해 고군분투하는 와중에 있었다. 게다가, 당시 리치는 이성애 중심의 성 정체성에 의문을 품기 시작하며 급진주의 페미니즘 시각에 빠져 있었다. 그런 상황에서, 리치는 비숍처럼 문단의 남성 중심적 권력에게 "특별한 여성"으로 공인받은 제도권의 여성 시인을 도전과 극복의 대상으로 여기고 있었을 뿐, 성 소수자와 레즈비언의 차별 문제에 영감을 주는 페미니스트 시인이라고 여기며 연대감을 추구하지는 않았을 것이다.

나아가, 비숍이 구사하는 시어에는 모더니스트 시풍을 연상시키는 언어적 모호함, 감정의 지성화, 확장된 비유 등등 "인습적" 요소가 배어있어서 리치는 비숍의 시가 어렵다는 인상을 지니고 있었다(125). 그러므로 리치는 비숍의 시를 처음 읽었을 때, "아웃사이더 의식과 주변성"의 주제를 파악하고 시의 의미를 "암호처럼 감추어 모호함을 극대화"(125) 하는 독특한 언어 사용법에 감탄을 하면서도 그러한 특징들을 비숍의 "레즈비언 정체성"(125)과 연결시킬 생각을 하지 못했던 것이다. 그저, 비숍 역시 제도권에 안착한 선배 시인 매리언 무어처럼 '여성다운' 모더니스트 시를 창작하였을 뿐, 레즈비언 의식을 보여주는 전통, 즉, "엷게 퍼져, 포착하기 어렵고, 종종 아리송한" 시어를 사용하는 여성 시인의 전통을 형성한 시인에 해당하지는 않을 것이라 짐작하고 비숍의 시세계를 파고들 생각을 하지 않았던 것이다(125).

하지만, 이제 비숍의 레즈비언 정체성을 이해하고 그녀의 시를 다시 읽게 되었을 때, 리치는 그녀가 시에서 보여주는 "대단한 유연성과 강인함,

자기탐닉의 지양, 상실과 과거에 대해 연민없이 정확하게 그 정서를 잡아내는 능력"(126)의 우수성뿐만 아니라 그녀가 "자신을 정의하고 자신이 다르다는 느낌을 담아내고자"(126) 고군분투하고 있었다는 점에 보다많은 주의를 기울이게 되었다고 하였다. 다시 말해, 예전에 "도저히 이해하기 힘들다"고 느꼈고, 때로는 단순히 모더니스트 시인의 인습적인 언어 사용의 결과물로 여겼던 "아웃사이더 의식과 주변성"(125)의 주제들을 "1940년대와 50년대의 시대와 사회관습"(125)의 맥락에서 레즈비언페미니스트 비평가의 시선으로 다시 바라보게 되니, 비로소 리치는 선배시인 비숍이 자신의 정체성을 감춘듯 드러내는 "대단히 정직하고 용기있는"(125) 행위를 했다는 점을 파악하게 되었던 것이다.

물론 리치가 레즈비언 페미니스트 비평을 한다고 해서 비숍의 "아웃사이더 의식과 주변성"의 주제를 오로지 레즈비언의 정체성과 연결시키고자 의식적으로 노력을 기울였다는 것은 아니다. 오히려, 레즈비언 페미니스트 비평가로서 리치가 비숍의 시에서 다시 보고자 했던 점은 적어도 성정체성으로 인하여 가지게 되는 이방인 의식이 "다른 종류의 이방인" 존재들을 시 속에서 "어떤 식으로 인식하게 하는지, 혹은 그들과 어떤식으로 동질감을 느끼게 하는지"를 살펴보는 것이었다(126). 더불어, 리치는 자신 역시 문단 권력으로부터 "특별한 여성"으로 호명된 부담감을잘 알고 있는 후배 시인의 입장에서 선배 시인 비숍을 남자 비평가들이만들어 놓은 "지성화와 모호함의 장막을 치고 저만치 홀로 서 있는 '특별한 여성'"의 신화로부터 구해내고 남성중심적 비평계에서 인정받기 힘든"보통 여자"의 욕구들을 담은 시편들을 재평가 하는 작업을 하는 것이었다. 예컨대, 비숍이 스스로를 "점점 더 실제적인 것들 사이에 위치시키고 자" 하는 욕구, "개인적인 과거사, 가족, 계층과 인종의 문제들"을 수용하려는 욕구, 그리고 "인간의 고통이 하나의 비유로 처리 되지 않는 도시들과 풍경들 속에서 시인으로서 존재"하려는 욕구를 구체화한 시편들을 재조명 하고자 했던 것이다(126).

이런 맥락에서, 리치가 비숍에게서 파악해 낸 "아웃사이더 의식out-siderhood"은 비숍의 시적 특징이기도 하지만 동시에 리치 자신의 "아웃사이더의 시각the eye of the outsider"과 유사하며, 그동안 어둡게 가려져 있었던 비숍의 새로운 심리적 지형의 핵심을 이루고 있다고 할 수 있다. 우선 리치는 아웃사이더 의식을 정의하며 "대부분의 사람들이 어떤 종류의 동화 혹은 보호색을 이용해서라도 부인하거나 피하고자 무던히 애를 쓰는 (종종 억지로 그렇게 되기도 한다) 삶의 조건"이라고 설명하였다(127~8). 모더니스트 시인들이 시적 자아와 개인적 자아를 분리하고 시적 소재 선택에 자유를 주장한 이래로 시인은 '시인'이라는 사회적 마스크를 쓰고 개인적인 사생활을 감추며 주류 사회집단의 일원으로 '행세'를 할 수 있었다. 리치는 비숍이 일찍부터 부모를 여의고 이리 저리 떠도는 삶을 살면서 '남들과 다르다' 혹은 '어떤 집단의 일원이 아니다'라는 식의 "아웃사이더 의식"을 가지게 되었을 것이라고 추정하면서, 비숍 역시 선배 시인 '미쓰 무어'가 그랬던 것처럼 주류 남성비평가들에게 인정받는 '특별한' 여성 시인의 마스크를 쓰고 그들이 인정해 주는 '여성다운' 문체를 일종의 "보호색"으로 삼아 자신의 내적인 분열을 감출 수 있었을 것이라고 여겼다(128). 이어서, 그녀는 비록 여성 시인들이 그런 식으로주류의 일원으로 "행세"를 할 수 있을 지라도 그들의 의식적인 동화의 행위는 외적인 '행세'에 해당하는 것이라서 종종 "내적인 분열"을 일으키기 십상이라는 점에 주목하였다(128). 그러므로 그녀는 비숍의 재치 있고 절제된 시적 목소리와 매끈하고 유연한 시세계에 미세한 균열을 가할 수 있거나 폭발적인 감정들이 절제없이 드러나는 시편들을 다시 읽는다면, 여성 시인 비숍의 새로운 모습을 만나볼 수 있을 것이라고 주장하였다. 특히 리치는 그간 남성 중심적 비평시각으로 조명되지 않았던 감정들, 즉, 긴장감, 공포심, 두려움, 분노, 열정 등등이 숨김없이 드러나는 시편들과 타 인종 및 무산자 계급에 대한 정치적 관심이 드러나는 시편들을 선택하여 레즈비언 페미니스트 비평가의 시각으로 다시 바라보았다. 그리고 수줍음 많고 조신하다고 알려져 왔던 여성 시인 비숍의 초상화 밑에서 부글부글 끓고 있던 그녀의 강렬한 에너지와 거침없는 목소리가 바깥으로 터져 나올 수 있도록 물고를 트는 작업을 수행하였다. 그렇다면 과연 리치가 레즈비언 페미니스트 비평으로 새롭게 조명해낸 보통 여자 비숍의 모습은 어떤 것이었을까?

앞서 잠시 언급하였듯이, 리치는 무엇보다도 비숍의 아웃사이더 의식과 그로 인한 내적 분열이 어린 시절 형성된 깊은 상실감에서 연원한다는 점을 지적하였다. 매사추세츠 우스터에서 태어났던 비숍은 태어날 때 이미 아버지가 돌아가시고 없는 상태였으며, 이후 다섯 살이 되던 해 감정 상태의 격변을 오가던 어머니가 정신병원에 입원하게 되면서 어머니마저 상실하는 경험을 하였다. 자아의식이 형성되고 부모와의 애착관계가 깊어져야 할 무렵 부모를 여의고 순식간에 고아가 된 비숍에게 가족을 상실한 감정은 영원히 봉합될 수 없는 정신적 트라우마를 남겼던 것으로 종종 지적되며, 그러한 트라우마는 그녀에게 1950년대 대중문화에서 유행하던 '완벽한 가정'의 심상을 볼 때마다 혹은 시를 창작하며 그리게 되는 '행복한 집'을 상상할 때마다 통제할 수 없는 고통을 가져다주었을 것으로 여겨진다.[17] 이후, 비숍은 캐나다의 노바스코샤 친척집으로, 그 다음엔 미국으로, 그 다음엔 브라질로, 연인 소아레스가 죽자 다시 뉴잉글랜드로 여러 번에 걸쳐 여러 집을 전전하는 경험을 하면서 행복한 가정의 전통적인 심상에서 점점 멀어지는 생애를 보냈다. 그렇기 때문에, 리치는 비숍에게 있어서 여행은 "휴가"의 개념이나 "도피"의 개념에서가 아니라 생애 "초반부터 그녀에게 주어진" 아웃사이더의 존재 조건에 해당하는 것이었다고 지적하였다(127).

> "코네티컷, 도시, 시골, 사회.
> 선택의 폭이 결코 넓은 적이 없었고 결코 자유롭지 않았다.
> 그럼 여기, 또는 저기……싫다. 우리가 집에 머물렀어야 했을까,
> 그게 어디이든지?
>
> —『피, 빵, 시』, 127

리치는 비숍이 부모가 없었기 아이였기 때문에 행복한 가정의 다른 아이들과는 "다를" 수밖에 없었고, 이곳저곳을 떠도는 삶을 살면서 성인이

---

17   이 부분에 대해서 저자는 졸고 『세계문학비교연구』 46권에 게재한 「엘리자베스 비숍의 가족 사진 (2014.3 : 87~116)」에서 보다 자세하게 논의하였음.

된 이후에는 "배를 가지느니 차라리 빙산을 가지고 싶다"고 생각할 만큼 어느 가족에게도 혹은 어느 남성에게도 속하지 못하는 자신을 바라보며 여행자의 생활과 정착에 대한 욕구 사이에서 심각한 고뇌와 갈등을 느낄 수밖에 없었을 것이라고 보았다. 이어, 리치는 생애사에서 비롯된 비숍의 아웃사이더 의식이 브라질에서 "그 어떤 것도 당연히 여길 수 없는 외국인"이 되었을 때 더욱 강화되었을 것으로 추정하였다(127). 그리고 소아레스와 살면서 처음으로 자신의 가족과 가정을 만들고 싶었던 욕구가 생겼을 때, "(버지니아 울프의 표현대로) 남성적 파도에 맞서서" 글을 쓰는 여성의 정체성을 발전시키게 되었고, "보편적 이성애라는 거짓된 관념 하에서" 시를 창작하며 레즈비언의 정체성을 감추게 되었을 것이라고 추정하였다(127). 이처럼 비숍이 존재론적 그리고 성적 아웃사이더의 삶을 살았기에 리치는 비숍이 내적 분열을 완전히 감추지는 못했을 것이라고 추정할 수 있었으며, 그녀의 유명한 시집, 가령, 『남과 북』이 그녀의 이중의식, 즉, 가부장적 가족체제에 소속감을 가지고 이성애적 존재로 행세하려고 무던히 애를 쓰는 모습을 노출한다고 해석하였던 것이다.[18]

사실상, '남과 다르다'는 의식은 주체의 의식적인 동화 노력에도 불구하고 언제나 내적인 불만을 일으키기 마련이므로, 리치는 비숍이 경험했을 법한 내적 분열의 징후를 그동안 읽히지 않았던 초기 시 몇 편에서 찾아내었다. 특히 비숍이 22살에 썼던 「당신에게 말하고픈 한 가지A Word for You」를 다시 읽으며, 리치는 시 전체가 "긴장되고, 공포스럽고, 치우친" 감

---

18   이 부분에 대해서 저자는 졸고 『세계문학비교연구』 46권에 게재한 「엘리자베스 비숍의 가족 사진 (2014.3 : 87~116)」에서 보다 자세하게 논의하였음.

정적 대화로 구성되어 있다는 사실과 화자가 자아를 통제불능의 야생동물에 비유하는 "분열의 고통"이 매우 뼈저리게 담겨 있다는 점에 주의를 기울였다(128).

> 조심해! 저기 망할 놈의 원숭이 자식이 또
>
> 조용히 앉아 있잖아 그 자가 갈 때까지
>
> 아니면 그 자가 우리에 대해 알고 있는 걸
>
> (그게 무엇이든 간에) 잊어버릴 때까지, 그래야
>
> 우린 다시 이야기를 시작할 수 있어.
>
> —『피, 빵, 시』, 128

인용된 시에서 독자들이 조우하는 비숍은 남성 비평가들이 상찬했던 절제미의 여왕의 모습이 아니다. 리치의 말대로, 오히려 우리에 갇혀 긴장한 야생동물처럼 비숍이 매우 거친 표현을 써 가며 "통제 불가능한"(128) 분노와 적개심을 드러내고 있어서, 완전히 다른 시인을 만나는 것만 같다. 리치는 이처럼 내적 분열의 고통을 감당하지 못하고 난폭한 에너지를 드러내는 비숍의 민낯을 「슈민 드 페르Chemin de Fer」, 「천장에서 잠자기Sleeping on the Ceiling」 또는 「불면증Insomnia」에서도 찾아냈다. 이 시편들에서 비숍은 자신을 "더러운 은자"에 비유하며 "사랑은 실천으로 옮겨져야 하는 거야"라고 소리를 지르며 허공에 총을 쏘거나, "불가능한 안전한 장소, 뒤집힌 공원과 분수대를 꿈꾸는" 분열상을 드러낸다(129). 또, 불면증에 시달리며 "세상은 뒤집혔어 / 왼쪽은 오른 쪽 / 그림자는 사실 몸체 / 우린 밤새도록 깨어 있지 / 천상은 야트막하고, 바다는 / 이제 깊어, 그리고 너는 나를 사랑해"라고 의미가 통하지 않는 말들을 읊조린다 (129). 이에 대해 리치는 비숍이 스스로 내적 분열을 감지하며 더 이상 통제할 수 없는 지경이 될 때 시 쓰기를 통해서라도 고통과 분노를 내뱉으며 난폭한 에너지를 상쇄하고자 했던 것으로 이해하였다.

이어서, 리치는 비숍이 이성애 중심의 사회에서 억지로 감추고 억누르고자 애를 썼던 레즈비언 정체성을 은연중에 드러내는 시편들을 조명하였다. 가령,『아 숨결이여 O Breath』는 사랑에 관한 네 편의 짤막한 연작시인데, 비숍이 레즈비언 정체성을 명확히 밝힌 적이 없었기에 그저 소품정도로만 읽혔다. 하지만, 리치는 이 연작시에서 비숍이 자신의 레즈비언 성 정체성에 대해 양가적인 감정을 변주가 있다고 분석하였다.

> 뭔가 아마도 내가 살 수 있었을 수도 있지
> 단독으로 평화를 만들어 냈을 수도 그 밑에서
> 그 사이에서 결코 함께는 아니었을지라도
>
> ─『피, 빵, 시』, 129

「네 편의 시 Four Poems」에서 역시 리치는 비숍이 레즈비언 정체성에 대해 "심리적 장애와 긴장"을 느끼기는 하지만, 적어도, 꼭꼭 싸매 둔 자아표현의 욕망을 풀어 헤치고 싶은 마음을 슬쩍 비추기도 한다고 파악하였다.

> 그 얼굴은 창백하다

그들이 갇힌 감옥의 수수께끼를 씨름하다

의심한 적 없는 점투성이 두 손이 불을 붙인,

예상치 못한 키스로 그걸 해결해 버린.

　　　　　　　　　　　　　　　　　　　　　—『피, 빵, 시』, 129

　　리치는 『차가운 봄A Cold Spring』의 첫 번째 시이자 표제시이기도 「차가운
봄A Cold Spring」에서 드디어 비숍이 그간 "느리고, 신중한" 방식으로 잘 숨
겨두었던 레즈비언의 사랑을 "어두운 초지"에서 반딧불들이 "샴페인 기
포처럼" 한꺼번에 확 날아오르는 모습에 비유하며 드러낸다고 분석하였
다. 또한, 이 시집의 마지막 시인 「샴푸Shampoo」에서 비숍이 "두 여자 사이
의 진지하고, 부드럽고, 구체적인 의식"을 서정적인 스케치로 그려내는
태도를 지적하며, 리치는 이 시가 비숍의 레즈비언 페미니즘을 반영하는
대표적인 시라고 평가하였다.

　　당신의 머리카락 속엔 유성이 있어

　　밝은 빛을 내뿜으며

　　어딘가에 모여 있어,

　　그렇게 쭉, 그렇게 빨리?

　　— 자, 내가 이 커다란 양은 대야에서 씻겨줄게

　　살살 치대어 달빛처럼 윤기 나게.

　　　　　　　　　　　　　　　　　　　　　—『피, 빵, 시』, 130

마지막으로, 리치는 비숍이 브라질에 체류하면서 실제로 아웃사이더의 입장이 되어 그곳의 인종과 계급 갈등에 대한 깊은 우려를 담은 정치적인 시를 썼던 점을 부각시켰다. 비숍을 단순히 자연과 여행을 소재로 삼아 여성다운 서정을 표현한 시인의 틀에 가두어 두려고 했던 그간의 남성 중심적 비평시각을 수정하고자 하였기 때문이었다. 무엇보다도, 리치는 비숍이 브라질에 대한 초기 시에서 "식민화와 노예화의 존재를 파악하는데 주안점"을 두었지만, 이후 창작한 「파우스티나Faustina」, 「마누엘진호Manuelzinho」, 「바빌론의 강도The Burglar of Babylon」, 「분홍개Pink Dog」와 같은 뛰어난 브라질 시편들에서 "거지와 부자로 구성된 도시에서 특권층에 속해 살고 있는 백인 외국여자로서 자신의 위치를 받아들이려고 하는 것에 대한"(132) 양가감정을 드러내고 있다고 평가하였다.

　가령, 「파우스티나」에서 비숍은 한 백인 여자가 자신의 "말도 안 되는 집"에서, 백발이 되어, "어수선한 하얀 호청들" 사이에서, 하얀 "표백된 깃발들이 있는 방" 안에서, 흑인 하녀의 수발을 받으며 죽는 장면을 그린다. 이때 비숍은 백색 권위와 백인들이 흑인들에게 행한 역사를 상징하는 공간 속에서 백발이 성성한 채 죽어가는 한 여자 노인이 처한 연약함이 불러일으키는 "난제"라는 아이러니를 직면한다(132). 백인임에도 불구하고 백인 여자 노인과 브라질 흑인 하녀 두 여자 사이에 벌어질 수 있는 극단적인 가능성, 즉, "드디어 자유, 평생 동안 그리던 /…… 보호되고 휴식을 누리는 꿈"과 "상상할 수 없는 악몽 / 결코 예전엔 감히 일 초 이상 / 지속한적 없었던" 것 사이의 모순적 관계에 대해 사유를 펼치는 비숍의 목소리 속에서 리치는 얌전한 온실 속 여성 시인이 아니라 인종과　계급문제를 직시하는 사회 참여 시인의 모습을 상상할 수 있었던 것이다. 비록 이 시에서 두 극단을 형성하는 상반된 꿈들이 백인 여성인 비숍의 시각에서 정의되었지만, 리치는 "지난 이 삼년간의 페미니스트 시 몇 편이 발표될 때까지, 나는 하인과 여주인의 역동적 관계를 소재로 흑인 여성과 백인 여성 사이의 문제를 다루면서도 그렇게 비감상주의적 시선을 유지하는" 시를 읽은 적이 없었다고 지적하였다(132). 그리고, 자신이 보기에, 적어도 비숍은 "그런 문제의 민감성"을 인식하고 단순히 어느 한 편을 낭만화 시키는 이분법적 사고를 지양하는 정치의식을 보여주었기에 높은 평가를 받을 수 있다고 주장하였다(132).

이어, 리치는 비숍의 정치의식은 1977년 발표한 「분홍개」에서 더욱 예상치 않게 드러난다고 설명하였다. 특히 그녀는 이 시가 늙은 여자를 대하는 남성 중심적 사회의 시선에 대해 "아주 뛰어난, 씁쓸하고 모멸감을 주는 풍자"를 하고 있다고 평가하였다(134). 가령, 시에서 털이 다 빠지고, 옴에 걸린 암캐는 카니발 의상을 잘 차려입고 삼바를 추라는 지시를 받는다.

> (축 늘어진 젖꼭지들을 단, 수유중인 어미)
> 어떤 빈민 구역에 너, 불쌍한 암캐야, 그것들을 숨기고 살았지?
> 구걸하러 나가 잔꾀를 부리면서 말야……
>
> 그들이 이런 짓을 구걸하고, 마약하고, 술에 쩔었거나 말짱하거나, 다리가 있거나 없거나, 아무나에게 다 한다면

그들이 병들어 다리 넷 달린 개에겐 뭔 짓인들 못하겠어?

—『피, 빵, 시』, 134

　리치는 비숍이 등장시킨 이 분홍개가 늙은 여자를 포함하여 세상의 모든 소외자와 약자들을 상징하고 있으며, 병들고 불쌍한 분홍개에게 화려한 동작의 삼바춤을 추라고 지시하는 이들은 여성과 사회적 약자들에게 그들 자신이 처한 "곤란에 대해 자책해야 하고 그들 자신의 생존을 위해 위장을 하든가(동화를 하려고) 노력해야 한다는 생각"을 강요하는 주류사회의 가부장적 권력자들에 해당한다고 보았다(134).

　이처럼, 레즈비언 페미니스트로서 비평작업을 하는 가운데 리치는 선배 시인 비숍을 특별한 여성의 신화에서 구해내어 부모를 잃은 상실감으로 아웃사이더 의식을 형성하고, 레즈비언 성정체성으로 비주류의식을 더욱 내면화하게 된 보통 여자의 모습으로 새롭게 제시하였다. 그렇기에, 그녀가 주류 문단계에서 요구하는 침착하고 재치있는 요조숙녀의 행세를 하느라고 무던히 노력하고, 시적인 절제미로 본연의 열정적인 에너지와 정치의식을 완벽하게 감추고자 애를 썼다는 점이 더욱 애잔하게 공감될 수 있었다. 나아가 리치 덕분에 비숍은 여자치곤 예외적으로 뛰어난 시적 재능을 지닌 여성 시인이 아니라, 자신이 처한 삶의 조건이 부여하는 다양한 도전들에 매혹을 당하면서도 동시에 그런 고통으로 인해 스스로 더욱 또렷이 각성하게 되는 자신의 성정체성, 인종, 그리고 계급의 문제들에 대해 표현하기를 주저하지 않았던 열정적인 여성 시인이었다는 점이 드러날 수 있었다. 예컨대, 그 누구도 거들떠보지 않던 「분홍개」를 리치가 다시 바라보아 준 덕분에, 비숍이 여성 / 사회적 약자와 남성 / 가부장적 권력자 사이의 관계를 병든 개와 무자비한 개 주인의 관계에 비유하여 "비판적으로, 그리고, 의식적으로 주변성, 권력, 무력함을 탐색하고자 노력"하고 그러한 지적 탐구를 "종종 아주 아름답고 관능미가 뛰어난 시에 담아냈다는 것"(135)이 알려지게 되었던 것이다.

제7장

레즈비언 페미니스트 비평의 실제 II

가부장이 외면한 딸들의 특별한 재능 기록하기

1. 엘레노어 로스 테일러

— 가부장이 무시하는 보통 주부의 '생각하는' 재능

리치는 「관찰하고, 보존하고, 음모를 꾸미고, 생존하는 존재, 여성 – 엘레노어 로스 테일러스의 시」(1972)[1]라는 글에서 전쟁에 대한 보통 여자들의 반응과 생각을 표명했던 엘레노어 로스 테일러를 발굴하여 소개하였다. 그녀에 의하면, 테일러는 1960년 첫번째 시집 『부인들의 황무지 *Wilderness of Ladies*』를 출판하였으나, 남성비평가들에게 거의 눈에 띄지 않은 채, "강렬하고, 진하고, 어려운, [물론] 해가 지날수록 덜 "어렵게" 여겨지

---

1 엘레노어 로스테일러에 대한 리치의 비평은 『거짓말, 비밀 그리고 침묵에 대하여』, 85~88쪽에 실려 있음.

지만, 지하에 묻힌" 시인으로 남았다(85). 이 시집에서 리치는 특히 「예술가인 여성Woman as Artist」과 「자매Sister」에 주목한다. 이 두 편의 시에서 리치는 자신이 강조했던 '여성의 존재양식에 대한 시이자 서로에게 여자의 존재가 남자보다 우선이 되는 것' 즉, 레즈비언 페미니즘의 새로운 언어와 그 핵심적인 사항을 발견하였기 때문이었다.

> 여자들, 특히 남부의 개신교를 믿는 백인여자들, 여성작가, 가족 구성원으로서 여성이 [삶을] 대면하고, [식품을] 저장하고, 보존하고, 관찰하고, 겉모습을 유지하고, 신화와 위선을 꿰뚫어보고, 병자를 돌보면서, 자매와 같은 다른 여자들과 일을 꾸미면서, 생존하려는 의지와 다른 사람들이 생존하는 것을 보고자 하는 의지를 가지고서 살아가는 여자들의 가슴 속 깊은 곳을 들여다보는 시이다.
>
> ─『거짓말, 비밀 그리고 침묵에 대하여』, 85

리치는 테일러의 두 번째 시집 『환영합니다, 분노의 여신이여Welcome Eumenides』역시 그 뿌리를 페미니스트 의식에 두고 있다고 평가하였다. 그녀가 이해하기에, 남부는 "미국에서 유일하게 패전경험이 있는 지역으로서 전쟁의 패배로 인한 물리적, 심리적 트라우마를 겪은 곳"에 해당한다(85). 그럼에도 불구하고 남부출신 여성 시인으로서 테일러가 「2월 남부에서 보내는 며칠」에서 전쟁으로 인해 한 가족이 겪게 된 트라우마에 대해 기록하였다는 점은 진실로 용기있는 행동이었을 뿐만 아니라 남부의 남성 시인들이 해내지 못한 작업을 시도한 것에 해당하였기 때문이다.

이 시에서 테일러는 "북부에 사는 한 아버지가 남북전쟁 말기에 노스캐롤라이나에 내려가서 아들의 무덤을 발견하고, 시신을 거두고, 관에 담아 적절한 장례를 치러 주기 위해 집으로 데려오는 과정을 담은 독백 혹은 일기" 형식을 사용하였다(86). 그리고 북부의 전형적인 강한 가부장을 화자로 삼아 "남자다운 마초성이 빠진, 승자의 눈을 통해 보여 진 전쟁의 참상"(86)을 비밀스런 고백의 형식에 감추어 드러냄으로써, 테일러는 역사적인 사건이 한 가정의 가족사에 얽혀들며 개인 구성원의 심리에 미치는 영향을 사유하게 하였다. 리차드 하워드는 이 시집의 서문에서 남북전쟁을 소재로 창작된 시들 중 테일러의 시집이 "휘트만 이후 가장 뛰어"나다고 평가하였다(86). 또한 테일러가 「가족 열람 서간집」에서 재창조해 낸 아버지의 모습은 "동정심, 결의, 그리고 깊은 슬픔에 잠긴 위엄을 보여준다는 점에서 매우 휘트만적인 시정을 담고 있다"고 지적하기도 하였다(86).

또 한 편의 시 「이십 년 후에After Twenty Years」에서 테일러는 교회당에 앉아 기도하는 여성 화자의 목소리를 빌어 다시 한번 전쟁의 후유증에 대한 사유를 하는 어머니의 분노를 표현하였다. 그녀의 아들은 제2차 세계대전 중에 노르망디에서 전사하여 묻혔고, 남편은 그 이후 자살을 하였다.

> 나의 장갑은 붉은 색, 립스틱이 묻어서
> 이빨로 깨물어서…… 저주하라 남자들을, 저주하라 자유로운 —
> 신께서 그대들의 자유를 납골당에 묻어두시길!

아 저 구별되지 않는 십자가들이 있는

넓은 묘지가 역겨워.

어머니는 아버지의 무덤을 알아볼 수 있을 거야,

집에서 불과 일마일 떨어진 교회묘지에

전나무 잎사귀와 나무줄기를 보면……

[그러나] 어떤 표식도 없는 너의 무덤……

수치스러워! ……

제 아들에게 또 하나의 생명을 주십시오 ─

노우드의 추함, 부르주아지의 부패,

먼지와 콘크리트, 폴콘 가구와 머스탱 자동차들 말고……

― 『거짓말, 비밀 그리고 침묵에 대하여』, 86

인용된 시에서 어머니인 여성 화자는 확실히 「2월 남부에서 보내는 며칠」에서 북부의 아버지와 다른 속내를 내비친다. 이 어머니는 "우리 삶의 경계가 / 창조주께서 정하신 대로라는 것을 압니다…… / 주님의 이름에 영광을 돌립니다"라고 기도하지 않기 때문이다. 오히려, 그녀는 기도를 하면서도 신에게 "반항하듯 장갑을 벗지않"았으며, 신에게 자신의 "분노"에 찬 슬픔을 토로할 뿐만 아니라 손가락 끝을 물어뜯어 피가 날 정도로 신을 향한 원망에 가득 차 있다. 그리고 "전후 물질적 풍요로움의 천박함"을 누리고 있는 세상이 과연 자신의 아들이 지켜낼 만큼 가치있는 세상이었는지, 창피한 줄 알라고 조롱하며, 자신의 아들에게 새로운 생명을 달라고 요구한다. 이처럼 테일러는 전쟁으로 소중한 가족을 잃은 어머니가 그저 슬픔에 빠진 모습을 제시하기보다, 그녀에게 아들의 시신도 찾아 주지 않는 가부장적 권력자들 향해 수치감을 가지라고 일갈하는 당당함을 부여해 주었으며, 바로 그런 점에서 리치는 테일러의 페미니스트 의식을 높이 평가하였다.

하지만 리치가 이 시집에서 가장 뛰어나고 평가했던 시편은 「환영합니다, 분노의 여신이여」이다. 그녀는 "다른 강력한 효과를 지닌 시가 없어도, 이 시 하나 때문에 시집 전체가 읽혀질 의의가 있을 정도"라고 평가였을 정도이니 말이다(86). 가령, 테일러는 이 시에서 "남자들이 만들어낸 세상과 전쟁들" 속에서 환자들을 돌보았던 플로렌스 나이팅게일의 목소리를 상상하고, 나이팅게일이 실제로 남겼던 노트에서 구절들을 직접 인용을 하면서 "스쿠타리에서 그녀가 보낸 밤낮을, 크리미안 전쟁의 사망자병동을 19세기 영국 유한계급 출신의 여성의 가족중심적인, 평범한 삶의 장면들과 함께 다시 살아"보는 창의적인 상상을 한다고 지적하였다(87). 또한 "치밀하게 엮이고 후렴구가 달려있는 이 영웅적, 구술시"에서 테일러가 "사회 속에서 낭비되는 여자들의 삶과 전쟁에서 낭비되는 남자들의 생명을 병치시키며" 그런 두 가지 방식의 낭비가 별개가 아니라는 점을 제시한다고 보았다(87).

누가 부르는 거지?
내 아기는 아냐.
(오오 신이시여, 더 이상 사랑도
더 이상 결혼도 바라지 않아요)

다만 우리 영국군이······

(죄의식의 시계가 열시가 되는 것을

거부하는 걸 보면서

내가 어디서 하품을 했었지?)

지푸라기를 쑤셔 넣자, 죽음의 자리에, 죽음의 자리에,

죽음의 자리에.

한 사람도 홀로 죽게 내버려 두지 않을 거야.

내가 그들과 함께 죽을 거야.

이제 어서 다음의 힘없는 손, 되는 대로 말하는 혀를 돌보러 가자,

재빨리 영원의 메시지를 전하자.

오스본씨가 무릎을 꿇고 받아 적고 있다.

그의 연필은 벼룩들과 전투를 벌이면서 나아간다.

드디어, 풍요롭고 진정한 삶을 위한 기회가······

나는 꿈을 꾸었다······

희생자들에 대해 강박적으로 꿈을 꾸게 된다.

부자들이 하나님의 뜰에서 즐긴다.

그들은 용서받을 수 있을까?

그들의 잘못은 샹들리에 아래서

면도날을 갈 때처럼 불꽃을 튀기며

요행수를 노리고 있다.

나는 그들의 천국을 죽여 버린다,

나는, 굶주리고, 절망에 빠져, 병든 채……

("당신은 뭔가를 잡아 집으로 가져오겠지.")

어머니, 당신은 나를 시집보내

이별할 작정이셨지요.

싫어요, 전 어떤 것들을 가지고 말거예요;

그것들은 [그냥] 주어지는 게 아네요……

— 『거짓말, 비밀 그리고 침묵에 대하여』, 87

위의 시에서 리치는 "긴장감에서 발생하는 언어"(88)를 발견하는 힘과 내밀한 고백의 형식으로 표현하는 테일러의 재능을 높이 평가하였는데, 가령, "속삭이는 듯한 조용한 목소리"로 "주어진 사회적 [역사적] 맥락과 대화"를 나누는 방식을 주목하였다. 더불어 테일러가 여성 시인으로서 가부장적인 사회나 여성의 존재에 대한 통념에 대해 "저항의식을 표출하거나 혹은 통찰력이 갑작스레 폭발하는 순간"(88)에 비평의 초점을 맞추면서 리치는 다음의 시를 소개하였다.

한 소녀가, 절망적일만큼 스스로를 강하게 하고 있다, 나의 성안에서,

풀 먹인 하얀 천들과

꾸덕거리는 접시들 사이에서, 위생적인 공기 속에서.

그 쉬운 언어가 영혼의 숙성을 죽여버린다.

여섯 단계의 식사 코스는 정신을 허덕이게 한다.

그래서 내가 웃음과 광기에 대해서,

그리고 조롱에 대해서 말했죠, 지금 뭐하는 거야? 라고요.

나는 모든 것이 남자들의 손에 달려있는 [세상에] 대해 꿈을 꾸었다.

—『거짓말, 비밀 그리고 침묵에 대하여』, 88

위의 시에 등장하는 나이팅게일은 "집안에만 머물렀던 빅토리아 시대의 천사가 아니라 똑똑한 행정가이자 연구자이자 투쟁가였으며, 끔찍할 만큼의 인내심과 날카로운 정치 감각을 지닌 여성"으로 제시된다(88). 주류 문단의 비평적 관심을 전혀 받지 못한 보통 여자인 테일러가 "절체절명의 순간에조차 발휘"되는 나이팅게일의 강인한 소명의식을 상상하고 그녀의 열정이 "들쭉날쭉한 시행들의 틈새로"(88) 비집고 나오듯이 시를 쓰는 특별한 재능을 지녔다는 점은 리치에게 강한 인상을 주기에 충분한 것이었다. 그 어떤 남성 시인도 나이팅게일을 그런 강한 주관을 지닌 여성으로 그려낸 적이 없었기 때문이었다.

결론적으로, 리치는 가부장적 비평가들이 무시한 딸에 해당하는 테일러의 시집을 애정어린 관심을 가지고 자세히 바라보고 보통 여자로 살았던 여성 시인 테일러가 지닌 특별한 시적 재능을 파악해 주는 사랑을 실천하였다. 리치 덕분에 테일러는 역사적 사건에 휩쓸린 보통 여자들의 삶에 대해 풍부한 상상력을 발휘하여 그들의 내면 속으로 깊이 침잠하는 시적 사유능력을 보여주었던 시인으로 재평가되었다. 뿐만 아니라 그녀는 독창적이면서도 신뢰감을 주는 언어로 "똑똑한 여자들이 당면하게 되는 갈등들이 그들을 어떻게 몰아갔고, 그들을 천재성 혹은 광기 속에서 매질하였으며, 어떻게 가정의 양육이, 가정의 조직체계가, 그리고 가족 중심적인 삶에서 관계들을 잃어가며 얻게 된 인내심과 기술들이 나이팅게일과 같은 여자들이 지닌 힘의 핵심을 이루게 되었는지 하지만 또 얼마나 엄청난 대가를 치른 것인지"(88)에 대해 보여준 페미니스트 시인으로 재조명되었다. 한마디로, 리치는『환영합니다, 분노의 여신이여』시집을 문단계의 무관심의 황무지에서 구해냈던 것이다. 그리고 테일러를 "여성의 역사와 심리 전체에 걸쳐서 부유하는"(88) 가부장의 칭찬을 받는 특별한 딸이 당면하게 되는 내적 갈등과 어떤 답도 주어지지 않은 여성의 문제에 대해 사유한 시인으로서 미국 시의 역사에 기록해 두고 브래드스트릿, 디킨슨, 비숍으로 이어지는 레즈비언 연속체 속에 그녀의 자리를 마련해 주었던 것이다.

2. 쥬디 그란 – 가부장의 차별을 견디는 레즈비언 괴물 시인의 특별한 재능[2]

리치는 쥬디 그란을 비평하기에 앞서서 레즈비언 여성의 존재를 낭만적 시선으로 바라보고 전형적인 심상들로 표현했던 남성 예술가들, 즉 에

---

2   6) 그란에 대한 글은 저자가 『젠더와 문화』 8권 2호에 게재한 「레즈비언 여성주의 비평가 아드리안 리치(Adrienne Rich) – 보통 여자 쥬디 그란(Judy Grahn)의 특별한 재능 구해내기(2015.12 : 71~100)」를 수정한 것이다.

곤 쉴러Egon Schiele, 오브리 비어슬리Aubrey Bearsley, 구스타프 클림트Gustav Klimpt와 자신을 구별하고자 하였다. 리치는 데카당트한 기질을 지닌 남성 화가들이 레즈비언 여성을 "온실 속의 이국적인 꽃으로, 우아하지만 악마적인 분위기가 감도는 성애적이면서도 본질적으로 포악한 존재"로 표상하였다고 보았다고 비판하였다(256). 대신, 그녀는 레즈비언 여성 예술가들이 불가항력적인 힘 혹은 "염색체에서부터 결정되어 있는 현실"을 살아가며 "각각 나름의 방식으로 자신의 삶에 대해 조금이라도 통제권을 가지기 위해 고군분투하는 모습"을 발굴해 내고자 하였다(255). 더불어, 리치는 레즈비언 예술가와 시인들의 작품을 소개하는 가운데 나탈리 바니Natalie Barney, 르네 비비안Renee Vivien, 래드클리프 홀Radclyffe Hall, 로매인 브룩스Romaine Brooks, 거투르드 스타인Gertrude Stein과 같이 역사 속의 실제 레즈비언 여성들을 언급하며, 레즈비언 페미니스트 비평을 수행하는 과정에서 그들과 연상되는 레즈비언의 정형화된 심상들을 교정하고자 하였다. 그러한 '특별한' 레즈비언 여성 예술가들 자신은 스스로 수백만의 '보통' 여자들 중 하나로 분류되는 것을 거부할 지도 모르지만, 그녀가 보기에, 그들은 결국 "자신이 외톨이라는 인식으로 뼛속까지 미치는 고독감에 시달렸을" 것이라고 짐작하였기 때문이다(256). 그러므로 리치는 그란의 시에 대한 비평을 수행할 때에도 레즈비언 여성에 대한 기존의 낭만적 거품을 완전히 제거하고 그 자체로 존재하는 여자이자 인간의 존재로서 조명하고자 하였다. 그리고 그 과정에서 한 여자가 다른 여자에게 가지는 사랑이 한 인간이 다른 인간에게 애정어린 관심을 가지거나 사랑이 충만한 관계를 이루고 싶어 하는 것과 다를 바가 없다는 점을 강조하고자 하였다.

이런 점에서 리치가 그란의 대표작을 연작시 『보통 여자A Common Woman』 (1980)로 꼽았다는 점은 매우 깊은 의미를 지닌다. 앞서 설명하였듯이, 리치가 주목하고자 했던 '보통 여자'는 주류사회의 시선에서 전혀 주목을 받지 못할 뿐만 아니라 남성 중심적 역사 속에서 부재하는 존재에 해당한다. 이미 첫 시집과 두 번째 시집을 출판하며 남성 중심적 평단으로부터 '특별한 여성'으로 인정을 받았던 리치는 오히려 그러한 특권에 답답함을 느끼며 어떤 식으로든 남성작가들의 판타지를 제외하고는 수세기 동안 언급되지 않았던 여자들, 그리고 뛰어난 재능을 가지고도 인정을 받지 못해 이름도 부를 수 없게 된 존재들, 가령, 제니퍼 이모, 캐롤라인 허셜, 엘비라 샤타예프, 에쎌 로젠버그, 메리 그리이블리 존스, 해티 라이스 리치 등을 시 속에서 호명하며 보통 여자들의 연대기를 구성해 오고 있었다. 이런 때에 그녀는 우연히 『월간 아틀란틱Atlantic Monthly』에서 그란의 시를 접하게 되었는데, 그때, 그녀는 그란이 자신이 알고 있었던 "어떤 시에서 보다 가장 선명하고 명징하게" 보통 여자들의 초상, 즉, 신의 섭리와 자연의 법칙과 아버지의 법으로 보호받지 못하는 여자들의 삶과 현실적 고통을 담은 시를 쓴다는 인상을 받았던 것이다(255).

특히, 리치는 그란이 각 시에서 불러낸 보통 여자들이 "각각 나름의 방식으로 자신의 삶에 대한 조금의 통제권을 가지기 위해 고군분투"하고 있었다는 점에 깊은 공감을 보냈다(253). 헬렌은 "원한과 악의"를 지불하고 "금속성의" 책임감을, "세부적인 것의 의미를 대신하는" 삶을 가지고자 하였다(253). "자존심 때문에, 더 작은 팁은 거절하는" 엘라는 "자기 아이를 학대하는 애인을 총으로 쏴" 죽였고, 그래서 아이를 잃게 되었다 (253). 내이딘은 "이것저것들을 끌어 모으고, 보석금을 모으고 …… 마치 무장탱크처럼 폐허가 된 도시를 쑤시고 다니고 있었다(253). 캐롤은 직장에서 능력을 숨기도록 강요받고, "하루 종일 돌아 다닌다 / 조용히, 하지만 그 밑으로 / 그녀는 수동적인 형태의 내부에 존재하는 분노의 에너지가 전기불꽃을 일으키고 있는 것을 느끼고 있었다(253). "시위를 하고, 나설 때가 아닌데 말하고 / …… 변화에 대한 욕망이 가득하다는 이유로 해고된" 마가렛은 "이를 드러내고 웃으면서, 이 방 저 방을 돌아다니고" 있었다(253). 베라는 "사람들은 / 아름다운 황금 새로 보존되어야 한다고 주장하는 종교"를 가지고 살고 있었다(253).

리치가 보기에 그란이 보통 여자들의 초상을 그려낼 때 보여준 특별한 시적 재능은 프로파간다 문학가들이 노동자 계층의 보통 여성에 대한 진부하고 정형적인 심상을 제시하는 수준이나 막시스트 비평가들이 노동자 여성의 계급의식을 보여주는 단계를 이미 훌쩍 넘어서 있었다. 그란은 사회적 약자인 레즈비언 여성에게 일어난 비극적 사건을 묘사하고 그 의미를 제시하는 과정에서 일반적으로 사용되는 '희생자의 논리'에 함몰되지 않았기 때문이다. 오히려, 그란은 자신이 가진 탁월한 통찰력을 발휘하며 여자들 사이에서 그리고 여자들에게 보통으로 혹은 일상적으로 일어나는 반목, 갈등, 차별을 둘러싼 복잡한 사회 심리를 들여다 보았다. 예컨대, 그녀는 대부분의 보통 여자들이 지니는 온전한 자아에 대한 욕망을 한없이 위축시키는 가부장적 사회 권력의 다양한 양태에 주목하고 레즈비언 여성들이 그들의 기본적인 존재론적 욕망이 무시될 때 분출하는 분노를 시적 언어에 담아 구체적으로 보여 주었다. 그녀 덕분에 각각의 레즈비언 여성인물이 사회적으로 위축되고 심리적으로 손상된 자아를 가지고도 나름의 논리에 따라 생존의 의지를 가지고 투쟁하는 모습이 제시될 수 있었다. 따라서 리치는 그란이 레즈비언 존재로서 영위하는 비루한 삶 속에서 처연하게 뿜어져 나오는 보통 여성의 아름다움 파악해 냈다는 점에 대해 높은 평가를 해주었다.

그런데, 흥미롭게도, 리치가 높이 평가하는 그란의 통찰력과 레즈비언 시인의 언어 사용법은 리치가 스스로 「스물한 개의 사랑시」 제1편에서 공명하고 있는 것과 유사하다. 거기서, 리치는 "빗물에 흠뻑 젖은 쓰레기 사이를 / 이웃에 대한 선정적인 기사가 담긴 잔인한 신문이 널린 거리를 단순히 걷는 것이라고 해도 / 우리는 그런 삶을, 그런 몽상을, 그런 금속성의 소음을, 그런 수치를 / 단단히 붙잡을 필요가 있다"(『문턱 너머 저편』, 295)고 말하며 보통 여자의 생존의지와 투쟁의 필요성에 대해 제시하였다. 또한, 그란처럼, 리치 역시 비루한 현실일지라도 "동물적인 열정으로 이 도시에 뿌리를 내리고 / 나무처럼 살고자" 하는 그리고 "생채기로 얼룩덜룩하지만 여전히 풍성하게 새순을 틔우는 플라타너스처럼 살고자" 하는 보통 여자들의 강력한 생존의 의지를 바라보며 느끼는 전율을 표현했을 뿐만 아니라 그러한 경험과 감정을 매우 감각적인 언어로 구사하였기 때문이다(『문턱 너머 저편』, 295~296). 이런 점에서 그란은 리치에 의해 재조명되었을 뿐만 아니라 리치의 시에도 영향을 준 레즈비언 페미니스트 시인에 해당한다고 볼 수 있다.

앞서 설명했듯이, 리치는 여성의 일상적인 삶에서 '보통'이라는 단어는 정신적으로 일어나든 실제적으로 일어나든 모든 차원의 의미를 함축한 다고 주장했던 바가 있다. 그렇기에 그녀는 현실 속 대다수의 여자들에게 "비범한", "특별한" 혹은 "두드러진" 것이 오히려 실패를 의미하는 것으로 여겨질 수 있다고 지적하였다(255). 사실, 역사를 뒤져보면 "비범한", "전범이 되는", "두드러진" 여자들이 존재하지만, 그들의 "상징적인" 삶이 수많은 보통 여자들의 삶과 연계되고 그들의 인식을 변화시키는 전망으로 발전되지 못했던 것이 사실이다(255). 설상가상으로, 자신 혹은 그란과 같은 레즈비언 페미니스트 시인이 기록하는 보통의 레즈비언 여성들의 역사는 남성 중심적인 연대기에서 한 번도 주목을 받은 적이 없었다. 하지만 그녀는 보통 여자들의 역사와 사회적 현실 속에서 레즈비언 여성들이 지닌 분노와 생존의지를 대변한다면 그들에 대한 사회적 인식을 변화시키는데 있어서 특별한 영향력을 발휘할 수 있을 것으로 예측했던 것 같다.

실제 그란의 시에서 그간 남성 중심적 이성애적 시각을 지닌 예술가들이 기괴하거나 기형적인 존재 혹은 괴물처럼 그려냈던 레즈비언 여성 인물들을 다시 바라보게 될 때, 여성 독자들은 그들 또한 다른 수많은 보통 여자들과 다름없이 생존하기 위해 역경 속에서 몸부림치는 인간이라는 점을 이해하게 된다. 또한, 성정체성에 상관없이, 여자들은 모두 각자가 처한 삶의 현장에서 생존을 위해 자신이 지닌 의지력에 의지할 수밖에 없다는 사실을 깨닫게 될 때, 그리고, 외롭고 힘겨운 삶의 나날들을 보낸다고 해도 그런 삶이나마 그들만의 것으로 만들 수 있다는 사실의 소중함을 깨닫게 될 때, 여성 독자들은 가부장들과 남자들에게 매달렸다가 그들로부터 폭력을 당하고 버림받는 악순환을 멈출 수 있을지도 모른다.

두 번째로, 리치는 그란이 레즈비언 페미니스트 시인으로서 사랑시 전통 속에서 새로운 언어를 창조한 것에 대해 높은 평가를 내렸다. 그녀가 보기에, 레즈비언 페미니스트 시인이 사랑에 대한 시를 쓴다는 것은 "선물로 받는 사람을 제외하고 다른 이들에게는 대개 어떤 의미도 없는" 행위를 하는 것이며 동시에 이성애 중심의 낭만적 "사랑시의 전체를 거부하고 새로운 전통을 세우는 작업을 한다는 의미"가 있는 것이었다(251). 일반적으로, 시가 "시인이 잔혹한 사건들과 불의에 대해 맺는 관계, 그녀가 느끼는 고통, 공포, 분노의 원천, 그녀가 할 수 있는 저항의 의미 등등을 명확히 알아보고자 하는 필요성"을 느낄 때 비로소 창작된다면(252), 시인은 사랑시를 쓸 때 자신의 가장 개인적이고 가장 내밀한 감정까지 깊이 파고들게 된다. 시인은 "사랑하는 사람에 대한" 것이 아니라 시인이 "사랑의 경험으로 살아가고자 하는 시도, 시인이 그 혼란한 감정을 차분하게 하고 그 격랑을 타고 나아가며 한 개인을 사랑한다는 것이 죽음, 잔인함, 기아, 폭력, 금기 앞에서 어떤 의미를 지니게 되는가를 질문"하는 시도를 하기 때문이다(252). 마찬가지로, 그란은 「한 여자가 죽음에게 말을 걸다A Woman Talking to Death」에서 기존의 남성 시인들이나 이성애 중심적 여성 시인들이 결코 말할 수 없었던 레즈비언의 사랑과 그 위험스런 본질에 대한 질문들을 던지며 새로운 사랑시의 영역을 개척하였다.

예를 들어, 그란은 가부장적 사회체제에서 한 여자가 레즈비언이라는 사실이 발각되면 그녀의 사랑은 변태적인 것으로 왜곡되거나 의미가 축소된다는 점을 드러냈다. 게다가, 한 여자는 그런 '변태적' 사랑 때문에 죽음으로 내몰릴 수 있고, 실제 무작위 폭력에 의해 죽임을 당한다 해도 그 녀의 죽음은 마치 사냥 게임에서처럼 무감각하게 취급될 수 있다는 사실을 과장 없이 단순하고 명확한 언어와 객관적인 목소리로 서술하였다.

> 여자들을 계속 조그맣게 연약하게 만들고
> 길로 몰아내고, 다리 밖으로
> 몰아내고, 그것이 삶의 방식이야, 형제여,
> 어느 날 내가 널 거기 두고 떠날지 몰라
> 내가 전에 거기서 널 떠났던 것처럼,
> 죽음을 위해 일하러 가면서
>
> —『거짓말, 비밀, 그리고 침묵에 대하여』, 251

유색인들의 삶을 무가치하게 만들고 대부분의 보통 사람들을 끝도 없는 생존경쟁의 위험에 내몰면서도 그 점에 대해 무감각한 백인 남성 중심적 사회에서 특히 유색인 레즈비언 여성은 더욱 위험하고 폭력적인 현실로 내몰릴 수밖에 없다. 인종적, 계급적 차별을 견디며 죽도록 일을 해왔어도 레즈비언이라는 주홍글자가 드러나는 순간, 그녀는 동료라고 믿었던 여자들로부터 전염성을 지닌 위험한 존재인양 피해지고 따돌림을 당하며, 상사로 부터는 일터의 조화로운 질서를 깨트리는 불순물인 양 거칠게 취급되고 급기야 제거를 당하기 때문이다. 그란은 그런 궁지에 내몰린 어떤 레즈비언 여성이 살해된 사건을 소재로 삼아 가부장적, 이성애 중심적 사회를향해 다음과 같이 질문하였다.

··· 증언해 줄 사람이 아무도 없었어

무직인 레즈비언 여성에 대해

어떤 증언도 전혀 할 수 없다는 것이, 얼마나 명확한가,

전혀 아무도 없었어

이 두 가지 질문에 답해 줄 사람이 : 무슨 일을

그녀가 하는지, 누구와 그녀가 결혼했는지?

— 『거짓말, 비밀, 그리고 침묵에 대하여』, 251

   이런 저런 이유로 곤경에 처하게 되는 "무직인 레즈비언 여성"의 죽음
에 대해 문제를 제기하며, 그란은 가부장적 사회체제에서 '레즈비언'이라
는 언어가 어떤 의미를 지니는지 혹은 '레즈비언의 사랑이 실제 무엇을
의미하는지 알고 싶기나 한 것인가'라고 직설적으로 물었던 것이다. 리치
가 보기에 레즈비언 페미니스트 시인이 레즈비언의 사랑에 대해 직접적
으로 논하며 이러한 질문을 했다는 것은 그 자체로서 매우 중요한 정치
적 의미를 지니는 것에 해당했다.

   가령, 이성애적 사랑을 논했던 대표적인 시인 존 던John Donne은 남녀
간의 대화가 연상되는 극적인 상황을 연출하였지만 결코 자신의 시 속에
등장하는 상대 여성의 의견을 삽입하는 인간적인 고려를 보여주지 않았
다. 그의 대표시 「잠자리에 드는 그대에게To His Mistress Going to Bed」에서 예
증되듯이, 여자는 그저 예쁘게 장정된 책처럼 아무 말도 하지 않고 남성
의 손길을 받아 몸체가 열리고 남성의 시선으로 읽히기를 기다려야 하는
운명을 타고난 존재로 제시되기 때문이다. 낭만적 사랑시에서 흔히 드러

나는 이러한 불공평한 남녀관계는 리치에게도 상당한 반감을 일으켰던 듯하다. 그녀는 단의 유명한 시「고별사A Valediction Forbidding Mourning」를 똑같은 제목으로 다시 쓰면서, 남성시인의 낭만적 사랑시에서 침묵되었던 아내의 목소리를 되살려냈기 때문이다.

> 제가 떠나기 전에 당신이 이걸 알았으면 해요.
> 반복되는 경험을 죽음처럼 느꼈다는 것을요.
> 고통의 장소를 파악해내려는 비평이 실패했다는 것을요.
> 다음과 같이 쓰인 버스 안의 포스터를요.
> 출혈은 이제 꽉 잡혔어요.
>
> ―『문턱 너머 저편』, 177

단의 시에서는 침묵을 지키는 아내 앞에서 남편만이 말을 하며, 나아가 멀리 출장을 가면서 그는 아내에게 아무 불평 없이 기다리라고 당부를 한다. 그리고 떨어져 있더라도 서로 의지할 수 있는 부부의 관계를 컴퍼스 다리에 비유하며 아내에게 이별의 서운함을 극복할 수 있는 인내의 덕목을 보여줄 것을 부탁한다. 하지만, 리치는 단의 시를 다시 쓰며 이제 아내가 떠나면서 말을 하는 장면을 연출하고 오히려 남편의 목소리를 침묵시킨다. 이 여성 화자는 아마도 그간의 이별과 남편의 부재로 인해 혼자 꾸려가야 했던 결혼 생활이 가져다 준 피를 흘리는 듯한 고통, 그리고 그런 고통의 원인을 아내에게서 찾으려는 남편의 집요한 비판적 시선에 대해 그간 쌓이고 쌓였던 분노를 폭발시키듯 말을 한다. 그리고는 출혈 치료약을 선전하는 상업광고를 차용하여 자신의 상황을 빗대어 말하며, 이제 자신이 스스로 내적 고통에서 벗어날 수 있으니 남자에게 매달리고 의존하기보다는 자신을 믿고 홀로 사는 삶을 선택하겠다는 의지를 표현한다.

이처럼 이미 리치는 스스로 그간의 낭만적 사랑시 전통을 다시 바라보며 남녀관계 혹은 부부관계에서 발생하는 문제에 대해 남성 중심적 시선과 언어로 처리되던 부분을 여성의 시선과 언어로 보수하고 여성 혹은 부인의 목소리를 회복시키는 도전을 하고 있었다. 그럼에도 불구하고 리치는 결코 레즈비언의 사랑에 대한 시를 적나라하게 쓴 적이 없었는데, 그란의 경우 리치 자신보다 한발짝 더 나아가 아예 새로운 종류의 도전, 즉, 레즈비언의 사랑을 기록하여 낭만적 사랑시의 전통을 보수하고 있었던 것이었다. 그녀는 레즈비언의 사랑에 대해 어떤 지적 수사나 감상적 변론도 배제한 채 그저 단순 명확하게 핵심을 찔러서 '여자들 간의 사랑이 무엇인지 알고 싶은가?'를 질문하였다. 리치는 그란의 그런 대담한 포즈에 주목하며 레즈비언 페미니스트 시인들이 '사랑'에 대해 표현할 때 그와 관련된 단어들이 시에서 새로운 의미를 공명하게 되는 이유를 설명하였다. 예컨대, 그들이 말하는 '사랑'에서는 그간의 남성 중심적 시선에서 만들어진 "낭만적이고 감상적인 연상 작용이 깨끗이 씻겨" 있으며, 여자들이 "제 각각 힘과 책임감을 소유하는 세상"을 상상하고 그러한 세상에서 "서로에게 어떤 의미를 줄 수 있는 인간존재로 호명"되기 때문이라는 것이었다(251). 리치의 말대로, 그란이 시에서 들려주는 레즈비언의 사랑은 기괴한 성적취향을 지닌 유별난 여자들의 변태적인 사랑이 아니다. 다만, 한 여자가 다른 여자에게 보여줄 수 있는 진정으로 애정어린 관심이자 보통의 일상적인 휴머니즘에 해당하는 그런 종류의 사랑인 것이다. 그렇기에 리치는 그란이 레즈비언의 존재에 대해 "우리가 보고 행위하는" 방식을 변화시킬 수 있는 그런 특별한 시적 재능을 보여준다고 파악했던 것이다(251).

실제로 리치 역시 「욤 키푸르 1984」에서 그란이 시도했던 대로 낭만적 감상주의나 사변적 수사를 배제하고 사태의 본질을 찔러 말하는 언어 사용법을 보여주기도 하였다.

> 이방인을 사랑하는 것, 고독을 사랑하는 것 ─ 나는 다만
> 특권에 대해
> 중심에서 멀리 떨어져 부유하는, 가장자리로 끌려가는 특권에
> 대해 있는 그대로의 세상에서 우리가 누릴 수 있는 특권에
> 대해 쓰고 있어.
> 우리는 우리가 속한 종류로 인해 증오의 대상이 되지.
> 동성애자라고 얼음같이 차가운 강물에 내던져지고, 여자라고
> 주차된 차에서 안개 낀 산으로 끌려가, 이용되고 난도질
> 당해서 죽지. 어느 여름날 저녁 산책을 나간 젊은 대학교수가
> 교문에서 총에 맞아. 그가 받은 상과 연구성과는 모두
> 무용지물. 자신이 흑인임을 이용할 수 있는 방법은 하나도
> 없어
>
> ─『아드리안 리치의 시와 산문』, 127

앞서 제 4장에서 이미 설명하였듯이 유대인들에게 중요한 절기중의 하나인 욤 키푸르날에 종교의식에 따라 자신의 죄를 속죄하고 타인의 죄를 용서하는 일에 대해 사색하던 중 리치는 아무런 맥락도 없이 강렬한 촉각적 이미지와 시각적 이미지만을 사용하여 아무 죄도 없이 살해되는 사람들을 기록하였다. 특별한 이유가 있어서가 아니라 단지 "우리가 속한 종류로 인해 증오의 대상"으로 여겨져 살해되는 미국사회의 혐오범죄를 지적하면서 그녀는 강물에 버려진 동성애자, 성폭행을 당하고 살해되어 난도질당한 여자, 총격을 받고 살해당한 뛰어난 흑인 교수의 사건을 신문기사를 읽듯 나열하였다. 사실상 이들 각각의 존재와 삶의 시간들은 리치 개인과는 아무런 관련은 없지만 모두 미국의 역사의 시간을 구성한다는 점에서 시인으로서 그녀가 관심을 가지는 역사 보수의 작업과 관련이 있기 때문이었을 것이다. 따라서 리치는 그란이 레즈비언의 사랑을 보통 여자의 사랑이라는 맥락에서 제시했듯이, 특정한 집단에 속한 사람이 자기와 다른 존재를 사랑하는 일은 거창한 통찰력이나 의지가 필요한 일이 아니라 그저 자기와 다른 사람을 '인간'으로 바라보고 보통의, 평범하고, 소소한 관심을 보여주는 그런 종류의 실천일 것이라고 제시할 수 있었던 것으로 여겨진다.

마지막으로, 리치는 그란이 보여준 시적 성취로서, 레즈비언의 사랑에 대한 기존의 사회적인 시각과 태도를 변화시키기 위하여 프로파간다의 수단을 취하는 대신, "힘"과 "힘을 가진다는 것"의 의미에 대한 질문을 함으로써 사회적 약자를 대변하는 정치성의 한계를 넘어서고자 했다고 평가하였다(251). 예를 들어, 리치는 그란의 「에드워드 동성애자Edward the

Dyke」가 낭만적 사랑시의 전통과 "정신과의사와 그들의 '과학적인' 진단"
과 "동성애 치료법에 대한 풍자"를 담고 있을 뿐만 아니라 "레즈비언의
낭만화에 대한 풍자 역시 담고 있다"고 비평하였다(252). 예컨대, 이 시에
서 그란은 레즈비언 에드워드가 정신적인 "문제"를 가지고 치료를 받는
것으로 설정을 하고 있지만, 사실상 그녀/그의 질병은 "동성애" 때문에
일어난 것이 아니라고 제시한다. 오히려 그것은 그녀/그가 자신의 사랑
을 순수하게 경험하는데 사용하는 언어가 이성애적 사랑의 낭만적 전통
을 반영하는 감상적이고 수사적인 언어라는 점에서 발생한다고 시사하
는 것이다. 가령, 에드워드가 자신의 사랑에 대해서 표현하는 방법을 살
펴보자.

> 사랑은, 기쁨에 물든 팔에, 진주를 꽃피운다. 따뜻한 액체. 바지에선 바닐라
> 맛 크림 과자가 녹아내린다. 분홍색 꽃잎 장미들이 입술에 스민 이슬방울들
> 위에서 떨리고 있다, 부드럽고 과즙이 풍성한 과일 … 계피향으로 구워진 시.
> 정의 평등 더 높은 보수. 독립적인 천사의 노래. 그것은 내가 원하는 것을 할
> 수 있다는 걸 의미해.
>
> —『거짓말, 비밀, 그리고 침묵에 대하여』, 252

이성애의 주류에서 이탈한 동성애자임에도 불구하고 에드워드는 아직
까지 자신이 경험한 사랑을 긍정적으로 표현할 수 있는 언어, 혹은, 언어
사용법을 터득하지 못하였다. 따라서 그녀/그는 녹스박사가 지닌 힘, 즉,
과학적인 언어에 쉽게 굴복하고, 동성애를 제거하는 치료를 받으면서 점

차 스스로에 대해 "나는 더러워! 나는 더러워!"라고 말하고 자신의 사랑 경험과 동성애자로서의 존재성을 비하한다. 다시 말하면, 그녀/그는 자신이 경험한 사랑을 가부장적 사회 권력이 자신에게 주입시켰던 낭만적, 개체적, 사적인 개념 이외로는 생각하지 못하였기 때문에 가부장적 권력자 녹스박사가 자신에게 "치료"를 받고 불순한 생각을 제거하라고 명령하자 그 압력에 저항하지 못하였다. 뿐만 아니라 그녀/그는 "치료"를 받는 동안 너무나 쉽게 자기 자신에게 적이 되어 버렸던 것이다.

이 점에 주목하며 리치는 그란이 에드워드라는 인물을 통해 "명백하게 위트가 있고 가벼운 우화"를 말하면서도 "심각한 경고"를 준다고 파악하였다(252). 그녀는 그란이 "만약 여러분이 의심하지 않고 여러분을 경멸하고 두렵게 하는 어떤 문화든지 그 한 면을 받아들인다면, 여러분은 그 문화의 다른 측면 때문에 상처를 받게 됩니다"라는 메시지를 전하고 있다고 보았던 것이다(252). 다시 말해, 소위, '불온한' 혹은 '변태적인' 레즈비언의 사랑에 대한 시가 단지 레즈비언 여성 독자들에게만 말을 거는 것이 아니라 모든 병적, 일탈적, 폭력적 상황에 놓이고 그런 상황에서 자신을 비하하고 자신에게서 잘못을 찾고 자신에게 적이 되는 모든 여자들에게 말을 걸 수 있다고 믿고 있었기 때문이다. 그러므로 리치가 보기에, 그란은 금기시되었던 '레즈비언'의 언어를 사용하여 모든 종류의 비주류 혹은 아웃사이더 의식이 여자들이나 여성적 존재에게 초래하는 불안과 공포를 치유하고 자기 긍정을 가능하게 하는 언어로 확장함으로써 레즈비언의 언어가 긍정적인 의미화 과정을 이루어 내도록 사용한 특별한 재능을 보여준 시인에 해당했던 것이다.

만약, 그란의 시에 등장하는 에드워드가 자기 긍정의 언어를 가지고 있어서 녹스박사가 하는 말을 듣지 않고 그에 굴복하지 않았더라면 어땠을까? 아마도 그녀 / 그는 '금기된' 사랑을 하면서 자신의 사랑을 남성 중심적 이성애의 언어로 파악하지 않았을 뿐만 아니라 녹스박사가 가부장적 사회 권력으로서 내리는 해석의 언어, 즉 "더럽고, 타락하고, 비밀스럽고, 페니스를 질투하는, 자기도취적인, 엄마의 대체물"과 같은 부정적인 표현들을 모두 수용하지 않았을 것이다(252). 또한 가부장적 사회권력자의 진단을 받고, 스스로를 미워하고 스스로에게 적이 되고 스스로를 괴롭히는 정신병에 걸려 죽음에 이르는 고통을 겪지않아도 되었을 것이다. 만약에 에드워드가 자신의 존재를 긍정하고, 자기만의 언어 사용법을 터득해서 혹은 자기만의 상상력을 사용해서 이성애를 모든 사랑의 기준으로 강요하는 가부장의 해석에 저항하는 도전을 할 수 있었다면, 그녀 / 그는 자신만의 언어로 스스로가 가부장적 주류세상과 맺는 관계를 재창조하고, 자신의 사랑을 새로운 비유로 표현하며 긍정적으로 경험하고, 스스로를 사랑할 수 있었을 것이다.

> 나를 쳐다봐, 예전에 여자를 본 적이 없었던 것처럼 … 우리 사랑하는 이들의 치아는 머리 위로 날아가는 하얀 거위들과 같아 / 우리 사랑하는 이들의 근육은 두 손 아래로 만져지는 밧줄-사다리 같아
>
> ―『거짓말, 비밀, 그리고 침묵에 대하여』, 253

결국 그란에게 있어서 그리고 리치에게 있어서 레즈비언 페미니스트

의식은 보통 여자들을 위한 전망이었던 것이다. 그들은 레즈비언의 존재를 소재로 삼아 대부분의 여자들이 남자들에게 그들의 존재적 완전성을 이루어주기를 기대하고 남자들에게 언어적, 육체적 폭력을 당하면서도 남자들에게 매달리고, 의존하는 사랑을 유지하려고 하기보다는 자신의 생존을 우선하고, 비슷한 처지의 다른 여자들과 소통하며, 자신을 긍정하는 삶을 선택할 것을 제시하는 인간주의의 전망을 말하고 있던 것이었다. 그란은 "여자와 자연 모두가 대문자 '그녀'로서 공존할 수 있는 행성을 상상"하고 기존의 전통을 파고 들어가 보다 밀도 있는 언어를 채굴하는 작업을 성공적으로 수행했던 비범한 재능을 지닌 시인이었던 것이다 (리치, 248). 또한 그란은 감각적이고 강렬한 시적 언어를 통해 레즈비언의 존재론적 고통을 드러냈을 뿐만 아니라, '여성'을 표현하는 기존의 단어들을 새로운 시적 구조에서 배열하여 우리가 알고 있는 레즈비언의 존재를 '보통 여자'의 차원에서 새롭게 듣고 보게 해 주었던 것이다. 그러므로 리치는 그란을 레즈비언 페미니스트 시인으로서 레즈비언의 존재와 삶을 기록하는 과정에서 낭만적 수사를 걷어냈을 뿐만 아니라 프로파간다의 전략도 뿌리침으로써 레즈비언 여성 개인의 비루한 삶의 이야기를 보통 여자의 이야기로 확장시킨 시인으로 역사에 기록하였다.

더불어, 그녀는 그란에게서 강한 영감을 받았을 뿐만 아니라 유대감을 느끼면서 레즈비언 연속체의 전망을 발전시켰다. 리치 자신이 사유했던 것처럼, 그란도 남성 작가들이 여자들을 위해 만들어 준 시적 공간에서 여성의 목소리가 전혀 들리지 않았던 점에 문제를 제기하고, 특히 레즈비언의 존재를 다시 바라보는 작업을 시도한 것이라고 파악했기 때문이었을 것이다. 시를 '단지 어휘들을 이어붙인 것일 뿐'이라고 여기는 사람은 아마도 '시가 가진 힘' 혹은 '시가 할 수 있는 일'이 무엇인지 알지 못할 것이다. 하지만, "언어가 있는 곳에 세상이 있다"고 리치가 말한 바 있듯이, 자신이 살고 있는 세상의 문제점을 인식하고 그런 세상을 변화시키고자 애쓰는 사람들은, 특히 페미니스트 시인들은 "가장 평범한 단어" 조차 다시 한 번 "채에 걸러지고, 거부되고, 오랫동안 옆으로 밀어 놓거나 혹은 새로운 색감과 의미의 빛을 내도록 불이 밝혀야 하는" 과정을 거칠 필요가 있을 것이다(247). 권력, 사랑, 통제, 폭력, 정치적, 개인적, 사적, 우정, 공동체, 성애, 일, 고통, 즐거움, 자아, 인격 등에 대해 말할 때조차 우리가 사용하고 우리를 사용하는 언어에 대해 "낭만적이고 감상적인 연상작용"을 완전히 벗기고 새롭게 바라보고 인식하는 것이 무엇보다도 중요하기 때문이다(리치, 247). 마치 언어를 이전에 결코 소유한 적이 없었던 어떤 천연 자원으로, 혹은 "사실적이고 만질 수 있는 것"으로 이해하고, 언어를 사용하는 책임감에 대해 인식하기 시작하게 될 때, 비로소 우리는 보통 여자들의 구체적인 삶이 진정성 있게 펼쳐진 세상을 마주할 수 있을 것이기 때문이다(247).

하지만 동시에 리치는 "우리의 언어가 부적절한 이상, 우리의 전망은 형체가 없고, 우리의 사유와 감정은 낡은 주기를 되풀이"하고, 우리가 겪는 과정은 "혁명적"이지만 "변화를 이루어내지는 못할 수 있다"는 현실적인 인식 역시 가지고 있었다(248). 그래서 그녀는 "우리가 변화에 대해서 말을 할 때, 우리는 표면도 깊이도 그대로 남겨두지 않고, 여자와 자연을 남자에게 복종시키는 가장 본질적인 사회적 차원에 까지 파고드는 과정에 대한 전망을 가지고 좀 더 정확하게 말해야 할 것"이라고 말하며 신중한 태도를 보였던 것이다(248). 그렇다면, 그란이 성취했던 언어의 마법은 리치가 역사를 통합된 전체로 보수해 나가고자 했던 방식과 다르지 않았던 것이다. 그란은 리치에게 레즈비언 연속체의 전망의 사회적 유용성을 구체적으로 보여주었던 시인이었으며, 리치는 그란의 시적 영향 하에서 자신의 공동 언어에 대한 소망을 조금 더 강력하게 밀고나갈 수 있었을 것으로 여겨진다.

3. 오드리 로드 – 백인 가부장의 역사에서 배제된 혼외자 흑인 딸의 분노

오드리 로드는 스스로를 "흑인, 레즈비언, 엄마, 전사, 시인"이라고 불렀던 페미니스트였다. 그녀는 앨리스 워커, 바바라 스미스와 함께 제2세대 페미니스트 운동 내에 존재하는 흑백의 인종 경계선을 지적하며 백인 가부장적 사회에서 미국 건국의 뿌리를 공유하면서도 백인 여성들의 경험에 비해 흑인 여성의 경험들이 혼외자 서녀의 영역으로 주변화 되는 모순에 대해 목소리를 높였다. 하지만, 로드가 제2세대 페미니즘에서 반드시 기억되어야 하는 이유는 그녀가 리치만큼이나 용감하게 유색인 레즈비언의 페미니스트의 표식, 즉, 노란 별을 가슴에 달고 흑인 집단 내에서 벌어진 성차별과 레즈비언의 소외 경험들에 대해 침묵의 카르텔을 깨고, 흑인 딸의 권리를 주장하며 두려움 없이 속내를 말하고, 모성의 능력을 발휘하여 흑인 여자들 사이의 연대를 형성하고 흑인 여성의 독립자존 의식을 함양하고자 고군분투했던 페미니스트 시인이었기 때문이다. 리치는 로드의 비주류 아웃사이더 입장에 강한 연대 의식을 가지고 평생지기로서 깊은 애정과 적극적인 성원을 보냈다. 가령, 1974년 리치가 『난파선 속으로 잠수하기*Diving into the Wreck*』로 전미도서협회상을 받게 되었을 때, 그녀는 앨리스 워커와 오드리 로드도 수상의 자격이 있다고 알렸으며 모든 여자들의 이름으로 상을 받았다.

간략하게나마 로드의 생애사를 살펴보자면, 로드는 1934년 뉴욕 시에서 서인도제도 출신 미국인 부모에게서 태어났다.[3] 감수성이 남달리 예민했던 로드는 12살부터 시를 썼으며 고등학생 시절 『세븐틴*Seventeen*』잡지에 첫 시편을 게재할 정도로 어려서부터 문학적 재능이 탁월하였다. 주로 그녀는 흑인 소녀들이 멋모르는 사춘기 시절 갖게 되는 성적 호기심과 성관계에 대한 무지로 인해 원치 않은 임신을 하게 된 당혹감과 좌절감, 또한, 출산을 겪으면서 미혼모가 되어 느끼는 모성애와 유아 살해의 충동 및 원망과 분노 등등 흑인 여성으로 경험하고 느끼는 다양한 분노의 감정을 직설적으로 표현하는 시를 창작하였다. 이후 로드는 흑인 시인으로서 인종적 책임감을 통감하는 시인으로 진화해 나갔는데, 특히, 1960년대 흑인 인권운동이 한창이던 시절 출간한 시집들에서 그녀는 사법질서를 담당하는 백인 가부장들이 흑인을 바퀴벌레만도 못한 존재로 취급하며 임의적으로 법률을 집행하는 현실에 대해 강렬한 분노를 표현

---

3 로드의 생애사와 시는 Poetry Foundation Online에서 참조함.

하였다. 가령, 『검은 유니콘*Black Unicorn*』(1978)에 실린 「힘Power」에서 로드는 "어떤 분노의 광기가 내 안에서 치밀어 올랐지요. 하늘이 [순식간에] 벌겋게 변하고, 토할 것만 같았어요. 마치 차를 몰아 벽을 무너뜨리든가 사람을 치어 죽일 것 같은 정도였죠. 그래서 저는 차를 세우고, 광기에 휘감긴 몸통에 숨통을 틔우고자 일지 공책을 꺼내 휘갈겨 썼지요, 내 손끝으로 광기가 빠져 나오도록요"라고 설명했을 정도로 당시 백인 중심적 사회에 만연했던 흑인 인권의 유린 사태에 대한 분노를 직설적으로 표출하였다.

> 시와 수사의 차이는
> 죽일 준비가 되어 있는가이다.
> 그대의 아이들이 아니라
> 그대 자신을.

> 나는 부당하게 총상을 입은 자들이 널브러진 사막에서 숨이 막힌다
> 죽은 아이가 으스러진 몸을 질질 끌면서
> 내 잠결의 끄트머리에 나타났다 사라진다.
> 그의 구멍 뚫린 검은 얼굴과 두 어깨에서 흘러내리는 피가
> 수마일에 걸쳐 흐르는 유일한 액체이다.
> 내 위장이
> 그 맛을 상상하는 듯 움찔 거린다.
> 두 입술이 바짝 마르며 입이 벌어진다,

충성을 맹세할 것도, 그럴 이유도 없는데.

상상인지 마법 때문인지

내가 보이지 않는 하얀 사막의 모래 속으로 젖어드는

그의 축축한 피를 갈망한다.

증오심과 파괴욕망에서 힘을 만들어 내고자 한다,

[부드러운] 입맞춤으로 죽어가는 나의 아이를 치유해 주고자 한다,

태양빛은 그의 뼈를 재빨리 화석으로 만들어 버릴 테니.

퀸즈에서 10살 꼬마 아이를 쏴 죽인 경찰은

아이의 피가 묻은 경찰 부츠를 신고 그 아이의 몸을 밟고 서서

아이처럼 말했다, "망할 놈의 새끼 죽어버려"라고.

그 말을 증명할 테이프가 있다. 재판정에서

이 경찰은 항변하며 말했다,

"저는 어른인지 아인지 아무 것도 못 봤고

그저 흑인인 것만 알았습니다." 그리고

그 말을 증명할 테이프 역시 있다.

오늘 그 37살 먹은 백인 경찰이,

13년간 치안을 담당한 그가,

석방되었다,

정의가 이루어진 것에 만족한다고 말했던

11명의 백인 남자들에 의해서.

그리고 한 흑인 여성은 말했다,

"그들이 설득했어요"라고. 그 의미는

그들이 147센티의 그 흑인 여성의 몸을 끌고 가

4세기에 걸쳐 시행된 백인 남자의 승인을 담은

뜨거운 석탄 위로 던졌다는 것을.

마침내 그녀가 가졌던 첫 번째 힘을 좌절시키고

그녀의 자궁을 시멘트로 봉하고

아이들의 무덤으로 만들어 버렸다는 것을.

내 안에서 휘몰아치는 파괴의 불길을

나는 그간 만질 수가 없었다.

하지만, 시와 수사의 차이를

내가 배우지 않는다면

내가 가진 힘은 독한 곰팡이가 피어 썩어버리거나

어디에도 연결되지 못한 전선처럼 축 늘어져 쓸모없게 될 것이다.

그러면 어느 날 나는 십대인 플러그를 가지고 가서

가장 가까운 콘센트에 꽂겠지

그리고 누군가의 엄마였을

85살 먹은 그 늙은 백인 여자를 강간하겠지.

그리고 그녀가 의식을 잃을 때까지 구타한 뒤 침대에 불을 지를 때,

그리스 비극에 나오는 합창단이 4막 3장이 될 무렵 노래를 하겠지,

"불쌍한 것. 그녀는 어떤 영혼도 해친 적이 없다네. 짐승들 같으니"라고.[4]

꼬마 아이를 죽여 놓고도 양심의 가책은커녕 오히려 시체를 발로 밟고 자신이 가진 권력의 맛에 흠뻑 취한 경찰관, 증거가 있는데도 불구하고 백인 경찰의 정당방위권을 인정하는 백인 재판관들, 강간과 가학성 폭력을 당해 자궁이 망가진 흑인 여자가 있는 데도 범죄를 저지른 백인 경찰에게 무죄석방을 판결하는 백인 재판관들이 지배하는 백인들의 세상을 바라보며 로드는 끓어오르는 분노를 주체하지 못해 지금 당장 무엇이라도 하지 않으면 안 될 것 같은 심정을 그야말로 '휘갈겨' 써놓았다. 이에 대해 산드라 길버트는 "로드가 종종 분노감에 목이 메는 듯한 어조를 보인다"고 지적하면서도 로드가 단순한 증오의 감정을 표출하는 게 아니라 "역설적이게도 너무나 사랑하기 때문에 늘어놓는 [분노 섞인] 탄식"을 하는 것이라고 주장하였다.[5]

하지만, 과연 그럴까? 적어도 이 시에서 로드는 백인 사회에 대한 애정 어린 증오를 표출하는 데 역점을 두기보다 흑인 여성으로서 냉정함을 유지한 채 백인 가부장들의 아름다운 예술적 수사에 스며있는 추한 인종차별 의식을 드러내는데 예술적 에너지를 집중한 것으로 보인다. 사실상, 그리스 시대에 시원을 두고 있는 시예술은 백인 남자-시민들 위주의 삶과 비극을 노래하고 있었을 뿐이어서, 그러한 예술은 인간으로 대접받지 못하고 무고하게 억압받고 차별 당할 뿐만 아니라 가혹한 폭력의 희생자

4   Poetry Foundation Online에 게재된 시를 저자가 번역함.
5   Poetry Foundation Online 로드 생애사 부분 참조.

가 되어 말도 없이 사라지는 헐벗은 존재인 미국 흑인의 비극을 노래하기에는 턱없이 부족한 매체이다. 그러므로 백인의 예술의 한계를 언급하면서, 로드는 흑인들의 감정을 토로하는 서정시가 아니라 진정한 사회의식의 변화를 추동해 낼 수 있는 참여시를 쓸 수 있기를 갈망한다. 백인 예술가들이 결코 다룬 적이 없었던 백인 사회의 불의를 드러내고 그들의 수사로는 다룰 수도 없는 흑인들의 처절한 고통을 증언하고 공감시킬 수 있는 시예술을 창작하고픈 갈망을 전달하는 것이다.

이 시에서 특히, 로드는 30대 백인 남자가 10대 흑인 소녀를 강간, 폭행하여 불임으로 만든 '짐승 같은' 범죄는 증거가 있음에도 불구하고 거의 예술에 가까운 아름다운 수사의 옷을 입고 정당방위의 판결이 났다는 사실을 언급한다. 하지만 만일 10대 흑인 소년이 85세의 백인 할머니를 강간 폭행한 후 방화하는 '짐승 같은' 범죄를 저지른다면, 그는 즉결심판을 받고 전기의자 처형이라도 받지 않겠는가? 소녀이든 할머니이든 나이에 상관없이 여자에게 가해진 강간과 폭행은 지울 수 없는 치욕과 트라우마를 남기는 범죄임에 틀림없다. 특히 여성 독자들은 이런 성폭행 가해자에 대해 인종에 상관없이 '짐승 같은' 범죄자라고 비난하며 감정적으로 폭발할 수 있다. 하지만, 여성 시인이 이런 식으로 '짐승' 같은 범죄자에 대한 분노와 절규의 수사를 늘어놓는 것은 독자들의 가슴 속에 사회 정의에 대한 갈망을 일으키지 못하고 "어디에도 연결되지 못한 전선처럼 축 늘어져" 예술로서 힘을 발휘할 수 없게 될 것이다. 이럴 때 여성 시인이 할 수 있고, 해야 하는 일은 희생자가 겪은 처절한 고통을 증언하여 독자들의 정서적 공감대를 자극하는 동시에 '정의란 무엇인가'라는 문제를 사유할 수 있도록 지적인 자극을 주어 독자들로 하여금 사회 부정의의 심각성에 대한 각성을 할 수 있도록 인도하는 일일 터이기 때문이다. 그러므로 로드는 자신의 입장, 즉, 엄마와 여자의 입장에서 충격당해 피 흘리는 어린 아이의 시체와 강간을 당하고 불임이 된 여자의 처철한 고통에 깊게 몰입하면서도, 스스로 분노의 감정에 휘둘리지 않도록, 그리고 시와 수사의 차이를 혼동하지 말고 흑인 여성 시인으로서 짊어져야 할 사회적 책임감을 잊지 않도록 다시 한 번 다짐하는 것이다. 이 시에서 느껴지는 참여시인 로드의 절박한 인종차별에 대한 인식은 이듬해 「주인의 도구로는 주인의 집을 부숴버릴 수 없다The Master's Tools Will Never Dismantle the Master's House」(1979)에서 다시 한 번 구체적으로 설명되었다.

백인 중심적 사회의 인종차별 못지않게 로드가 주안점을 두었던 사회문제는 흑인 남자들이 단지 남자라는 이유로 백인 가부장들의 권력을 차용하여 괴물 가부장으로 변신하고 흑인 여자들과 흑인 레즈비언들에게 성차별과 구타, 강간, 살해 등등 폭력 범죄를 일삼는 현실이었다. 그녀는 "억압을 당하는 현실이 또 다른 억압을 정당화시킬 수 없다"[6]고 말하며, 흑인 남자들이 가부장적 권력을 유지하기 위해 흑인 사회 내에 성차별의 정치를 생산하고 있다는 점을 준엄하게 질책하였다. 실제로도 로드는 그간 백인 남녀 예술가들뿐만 아니라 흑인 남성 예술가들조차 관심을 기울이지 않았던 흑인 여성의 모성을 시의 소재로 삼아 보통 흑인 여자들의 심리적 지형을 기록하였다. 예를 들어, 「어린 시절의 노래Ballad From

---

6   Poetry Foundation Online 로드 생애사 부분 참조.

Childhood」(1974)에서 로드는 백인들의 인종주의에 물들고 성차별의 벽에 세뇌된 가모장이 흑인 소녀의 상상력을 제한하여 결국 그녀의 미래를 닫아버리는 억압자로 변하는 현실을 지적하였다.

엄마, 엄마, 와서 보세요
허수아비가 저를 위해
얼음장 밭과 눈덮힌 집에 뭘 남겨두었는지를요.
씨앗을 찾았는데, 심어서 기르면
엄마, 나무로 자라나겠죠?

눈으로 보지 못하는 걸로 마음에 상처 줄 필요는 없겠지

하지만 엄마, 씨앗이 날개를 가졌잖아요
제 나무가 노래하는 새를 불러올지도 몰라요. . .
맞아요, 허수아비가 삽도 흙도 주지 않았고
얼음장 때문에 씨앗이 싹트지 않을지도 몰라요 ―
하지만 제가 그 밑을 깊이 파보면 어떻게 될까요?

새들은 까먹지만 올가미는 그렇지 않다는 걸 명심해라

제발 엄마, 저를 그렇게 때리지 마세요!
예, 눈을 사랑하는 법을 배울게요!

예, 씨앗도 나무도 필요 없어요!

예, 얼음장만 있으면 충분해요!

말썽쟁이 잎사귀들이 무엇을 기를지 모르니까요!

난 뱀에게 먹이려고 개구리를 살찌우지 않아.[7]

꿈 많은 어린 소녀와 현실에 찌든 어머니의 대화가 발라드 형식에 담겨 있는 이 시에서 흑인 소녀는 상상력을 발휘하여 차가운 현실을 벗어나고자 하지만, 어머니는 '올가미'로 상징되는 임신과 출산을 여성의 삶의 현실로 전제하면서 어차피 '뱀'으로 상징되는 남성들에게 '잡혀 먹힐' 인생이라면 자기 딸이 부질없이 상상력을 키워 감수성이 예민한 여자로 자라지 못하게 하려고 한다. 로드는 이런 흑인 어머니에 대해 무조건 비판을 하지는 않지만, 「예만자의 집으로부터From the House of Yemanja」(1978) 에서 어머니가 자녀에게 미치는 영향력을 지적하고 여성이 모성의 능력을 사용하는 법의 중요성에 대해 일깨웠다.

나의 어머니는 두 개의 얼굴과 한 개의 프라잉팬을 가지셨다.

거기서 어머니는 딸들을 요리해서

소녀들로 만드셨다,

우리가 스스로 저녁거리를 만들기도 전에.

Jay Parini가 편집한 *The Wadsworth Anthology of Poetry* (2005), 526페이지에 실린 시를 번역함.

모성과 모성경험에 관하여 – 아드리안 리치의 삶과 페미니스트 비평의 이해

나의 어머니는 두 개의 얼굴과

한 개의 찌그러진 냄비를 가지셨다.

거기에 어머니는 완벽한 딸을 숨겨 두셨다.

나는 그 딸이 아니었다.

나는 태양이고, 달이고, 그녀의 두 눈을

영원히 갈망했다.

나는 등허리에 여자 두 명을 업고 있다.

한 명은 검은 얼굴에 부자이지만,

창백한 마녀같은

다른 여자에 대한

아이보릿빛 갈망 속에 숨어있다.

[그녀는] 꿈결에서

꾸준히, 친숙한 모습으로

내게 빵과 공포를 가져다 준다.

그녀의 젖가슴은 커다래서

설레는 마음으로 정박할 수 있다,

한밤중 폭풍우가 칠 때.

이 모든 것이 있었다

나의 어머니의 침대에서

시간이 아무런 의미가 없어지기

전에

나는 남자 형제들이 없었고

여자 형제들은 잔인했다.

어머니 저는 필요합니다.

어머니 저는 필요합니다

어머니 저는 필요합니다, 지금 당신의 흑인다움이,

팔월의 대지가 비를 갈망하듯이.

저는

영원히 갈망합니다, 태양과 달이

낮과 밤이 서로 만나지만

하나가

되지 않는

그 예리한 경계선을.[8]

이 시에서 제시되듯이 로드는 보통 흑인 여자들의 깊은 모성애를 비난
하지 않지만, 그들이 백인 사회가 제시하는 진정한 여성성의 이념에 세뇌
되어 '괴물' 가모장으로 변할 수 있다는 우려를 전달한다. 즉, '완벽한 딸'
에 대한 백인 중심적 인식의 틀과 기준에 따라 그들 딸들의 심리를 이중

---

8   Poetry Foundation Online에 게재된 시를 저자가 번역함.

적으로 조형하는 우를 범할 수 있다고 제시하는 것이다. 더불어, 그녀는 어머니와 자녀의 관계를 낮과 밤에 비유하며, 그 둘 사이의 관계는 결코 하나가 될 수도 없고, 되어서도 안 될 것이라고 시사한다. 대신, 그녀는 자녀를 양육한 뒤 자연스럽게 이유하는 능력을 흑인 여성이 발전시켜야 할 새로운 모성능력으로 제시한다. 그녀는 여자들이 육체적인 양육의 과정에서 가슴이 커지는 경험을 하는 것처럼 정신적으로도 성장을 하면서 모성 능력을 양육의 능력으로 확장할 것을 요청하는 것이다. 어머니들이 더욱 넓어진 가슴으로 자녀들을 관용하고, 자신감을 키워주고, 뒤에서 지켜보면서 흔들림없는 푯대가 되어 준다면, 자녀들은 그 덕분에 그들이 원하는 대로 자신의 삶을 지지고 볶고 요리하며 독립자존하는 인생 여정을 떠날 수 있을 거라는 것이다.

이처럼 열정적이고, 확신에 찬 "흑인, 레즈비언, 엄마, 전사, 시인"이었던 로드에 대해 리치는 강력한 지지를 보냈다. 『검은 유니콘』이 출간되었을 때, 그녀는 날 것 상태의 분노가 뿜어내는 야생의 에너지, 치유의 힘, 악몽과 같은 현실의 모습과 명징한 인식이 섞여 있다고 그녀의 시집을 높이 평가하였다. 또한 그녀가 보여준 미국 흑인의 분노와 지혜는 북미 대륙을 넘어서 아보메와 다호메얀 아마존까지 확장될 수 있는 보편성을 지니고 있다고 상찬하였다. 나아가, 리치는 그녀에게 「갈망Hunger」이라는 시를 로드에게 헌정하여 백인 가부장들이 무시하는 또 하나의 유색인 비주류 이민자 방계가족의 딸이자 그 집단 내에서 아웃사이더에 해당하는 레즈비언 여성이자 엄마이기도 한 로드에게 강력한 유대감, 친밀감, 애정어린 관심을 표현하며 그녀를 백인 남성 편향적 미국 역사를 보수하는 레즈비언의 연속체 속에 포함시켰다.

IV

세상을 먹여 살리려는 결정은

진정한 결정이다. 어떤 혁명도

그런 선택을 한 적이 없었다. 왜냐하면 그런 선택은

여성 해방을 전제로 하기 때문이다.

북미대륙에서 나는 빵을 먹다가 목이 멘 적이 있었다

하지만 북미대륙에서 느끼는 허기는

나를 독살하는 것 같다. 그렇다. 나는 아직 살아서 이글을 쓴다.

페이지마다 기록한다. 고생에 찌든 아이들을 고생에 찌든 품에 안은

콜비츠의 여자들, 젖이 마른 "엄마들",

자아를 낙태하고, 자신을 굶기고, 혹사하고, 돌덩이로 만들고

말로 표현할 수 없는 전망에 내몰린 "생존자들"을.

나는 아직 살아 있지만 단순한 생명연장 이상을 바란다.

기아에 허덕이는, 아직 태어나지 않은 이들을 위해.

내 의지를, 내 애정을 꿰뚫는

정신을 파괴하는 과격분자들의 공격에 처한

내 딸들, 자매들, 사랑하는 이들의 뇌를 꿰뚫는

그 결핍의 상태에 이름을 붙이고 싶다.

검은 거울같은 지하철 창문 속에

내 얼굴이 걸려 있다, 분노와 욕망으로 핼쑥하고
피로감에 칭칭 감겨서. 짓밟히고 구겨진 신문 위엔
카메라에게서 죽은 아이를 보호하려는 어떤 여자의 사진이 실려 있다.
생존의 열정이 그녀의 몸에 아로새겨 있다.
우리가 서로를 발견할 때까지, 우리는 혼자일 수밖에 없다.

— 『문턱 너머 저편』, 282~284

리치와 로드는 비록 제2세대 급진주의 페미니스트 운동의 앞장에 서서 여성해방을 목적으로 하는 혁명을 이끌고 있었지만, 그들은 결코 '여성'의 이름으로 보통 여자들의 다양하고 구체적인 삶의 현실들을 추상화하지 않으려고 하였다. 시에서 드러나는 것처럼, '가족의 이름'으로 가해지는 온갖 종류의 육체적, 정신적 폭력의 상황들을 견디어 내는 보통의 엄마들, 딸들, 자매들, 이름 모를 여자들을 모성애의 신화에서 해방하는 것을 전망하였다. 동시에 자신들의 레즈비언 페미니즘을 가부장적 가족 체제에 잡혀 있는 여성적 존재, 즉, 자신의 정신과 몸을 혹사하고, 생각하는 능력을 석화시키고, 자신 속의 여자를 죽이고 다른 여자들을 질투하고 미워하며 살아가는 여자들을 여성 시인의 사랑으로 먹여 살리고자 하는 모성 경험으로 확장시키고자 하였다. 그러므로, 리치와 로드가 실천했던 다른 여자들에 대한 사랑, 즉, 레즈비언의 사랑은 단순한 "생존자"의 삶이 아니라 '어머니-되기'의 과정에서 초래된 육체적 결핍과 정신적 "결핍의 상태"를 함께 치유하고 자기 안의 딸을 양육하고 자기가 낳은 딸과 다른 여자들을 "자매"로 사랑하는 삶을 꿈꿀 수 있게 하는 것이었다. 그것은

"우리가 서로를 발견하는" 여성적 사랑이자 그런 꿈을 간직하는 여자들이 강한 연대의식을 가지고 친밀한 유대감을 나누며 공동언어로 소통하는 세상이었던 것이다.

4. 에셀 로젠버그 – 백인 가부장의 명으로 처형당한 유대 인 방계가족 딸을 위한 애도

에셀 로젠버그는 '로젠버그 부부 간첩사건'의 주인공으로서 1951년 유대계 미국인 에셀과 줄리어스 로젠버그Julius Rosenberg 부부는 미국의 핵무기 기밀을 소련에 넘긴 간첩행위 혐의로 체포되어, 재판 끝에 유죄가 선고되었고, 1953년 전기의자에서 처형되었다.[9] 로젠버그 부부는 당시 법정에서 끝까지 무죄를 주장하였지만, 에셀의 남동생 데이비드 그린글래스David Greenglass는 매형 줄리어스가 자신의 부인 루쓰Ruth Greenglass를 먼저 공작원으로 끌어들였으며, 이어 루쓰 때문에 자신은 앨버커키에서 일하는 동안 얻을 수 있었던 비밀 문건들을 줄리어스에게 넘겨주었고, 이후 줄리어스는 소련 공작원 아나톨리 야코프레프Anatoli Yakovlev에게 넘겨주었을 것이라고 증언하였다. 또한 그는 자기 부인 루쓰가 누나인 에셀이 뉴욕의 아파트에서 타자기로 문건을 타이핑하는 것을 목격했다고 증언하기도 하였다. 이들의 증언 때문에 로젠버그 부부는 간첩행위에 대해 유

---

9   이글에서 로젠버그 부부에 대한 설명은 모두 위키피디아 「Julius and Ethel Rosenberg」에서 참조함.

죄판결을 받을 수밖에 없었다.

　로젠버그 부부가 처형된 이후, 그 사건은 지금까지도 사형제도 폐지론자들과 인권옹호론자들 그리고 로젠버그 부부의 두 아들 마이클 미로폴Michael Meeropol과 로버트 미로폴Robert Meeropol에 의해 꾸준히 공론화되고 있다. 우선, 당시 장 폴 사르트르, 알버트 아이쉬타인, 장 콕토, 베르톨드 브레히트, 프리다 칼로, 디에고 리베라 등등 당대 지식인들은 로젠버그 부부가 무죄로서 맥카시즘의 편집증적 냉전논리에 희생당한 것이라고 주장하면서 사면을 요청하였다. 두 번째로 시민 인권 단체들 역시 이 부부가 반유대정서의 희생자라고 주장하면서 전기의자 처형은 과도한 평결이라고 철회를 요청하는 시위를 벌였다. 특히, 그들은 명백히 간첩활동을 한 것으로 여겨지는 줄리어스에 대해서는 유죄평결을 수긍할 수 있지만, 부인으로서 남편을 도운 죄로 에셀을 간첩으로 정죄하고 사형시키는 것은 옳지 않다고 주장하였다. 하지만 주류 유대인 단체들은 일관되게 침묵을 지켰다.

　세 번째로, 정작 누나 부부를 유죄평결로 몰고 갔던 데이비드는 2001년 자신의 증언을 번복한 것으로 알려졌다. 즉, 누나가 원자폭탄에 대한 비밀을 타이핑한 것이 아니라 아내 루쓰가 했다고 하면서 기억이 명확하지 않다고 털어놓았던 것이다. 그렇다면, 데이비드는 왜 위증을 했던 것일까? 이에 대해 그는 자신의 아내가 누나보다 중요했고, 아이들의 엄마를 보호하는 것이 그리고 부모를 지키는 것이 누나와 매형보다 중요했다고 설명하였다. 가족을 지키기 위해서 가족을 배신한 셈이었던 것이다. 2008년 9월 대법원 문서의 공람이 허용 되었을 때, 루쓰 역시 위증을 했을 가능성이 높다는 사실이 드러났다. 1950년 대배심 증언 당시 그녀는 자신이 원자폭탄에 대해 적어둔 노트를 타이핑을 해서 문서를 줄리어스에게 건네주었다고 증언하였지만, 재판을 받을 때는 에셀이 타이핑했다고 증언하여 진술을 번복하였기 때문이다.

네 번째로, 1995년 구소련에 대한 첩보 문서를 해독한 베로나 프로젝트의 결과 줄리어스는 간첩혐의가 명확하지만, 에셀의 역할은 미미했다는 정황이 포착되었다. 즉, 에셀은 돈을 숨기거나 남편의 활동에 필요한 용품을 구입해 주고, 남편이 공작원으로 매수할 만한 주변 인물들에 대해 물을 때 인물평을 해 주거나 남편이 참여하는 모임에 동석한 정도였다. 다만, 베로나 프로젝트 결과 에셀이 루쓰를 설득해서 남동생 데이비드를 간첩 행위에 공모시켰다고 줄리어스가 KGB에 보고하였다는 사실이 확인되었다. 하지만, 이 점 역시 에셀이 줄리어스와 같은 정도의 간첩활동을 했으며 그로 인해 사형 판결을 받았던 것이 정당했다는 점을 증명하기에는 부족하였다.

다섯 번째로, 에셀이 전기의자에서 처형당한 과정이 너무나 잔인하여 사형수의 인권보호 차원에서 심각한 문제를 드러냈다. 줄리어스는 첫 번째 전기충격으로 즉사하였으나, 에셀은 세 번의 전기충격에도 죽지 않았다. 결국, 에셀은 두 번의 전기충격을 더 받았으며, 종국에는 연기가 그녀의 머리에서 올라오고 노린내가 진동할 정도로 그녀의 몸이 '구워진' 상태가 되어 죽음을 맞이했던 것이다.

이런 맥락에서, 로젠버그 부부의 두 아들 마이클과 로버트는 부모의 사형 평결에 이의를 제기하고 지속적으로 탄원을 해 왔다. 즉 아버지는 사형선고를 받을 만큼 위중한 첩보활동을 한 것이 아니며, 어머니는 직권남용으로 기소가 되었으니 법적으로 사면을 받아야 한다는 주장을 한 것이다. 이를 위해, 그들은 1975년 그들 일어난 비극적인 가족사를 『우리는 당신의 아들입니다 - 에셀과 줄리어스 로젠버그가 남긴 유산*We Are Your Sons: The Legacy of Ethel and Julius Rosenberg*』을 출판하였고, 2013년 로버트는 회고록 『가족에게 가해진 처형 - 한 아들의 여정*An Execution in the Family: One Son's Journey*』을 출판하여 지속적으로 대중의 관심을 환기시켰다. 2015년 로젠버그 재판 관련 대법원 평결 문서 공람이 또 다시 허용되자, 마이클과 로버트는 오바마 대통령에게 부모의 유죄평결이 잘못되었음을 인정하고 어머니를 사면복권할 것을 요청하였다. 특히 2015년은 에셀이 태어난 지 100년이 된 해였기에 『뉴욕타임즈』는 마이클과 로버트의 탄원을 담은 「미로폴 형제들 - 우리 어머니, 에셀 로젠버그의 혐의를 벗겨주십시오」를 게재하여 주었다. 2016년 그들은 다시 한 번 오바마 대통령에세 사면을 요청하였으며, CBS 방송국의 오랜 시사 프로그램 『60분*60 Minutes*』 그리고 은 부모의 인권회복을 위해 평생을 바쳐 온 마이클과 로버트의 이야기를 내 보내기도 하였다.

이처럼 로젠버그 부부의 간첩혐의와 유죄평결 그리고 전기의자 처형은 미국내에서 너무 유명한 사건이었기 때문에 리치 역시 전 과정을 유심히 지켜보며 백인 가부장의 명에 따라 처벌을 받는 유대인 딸의 입장에 대해 매우 깊은 관심을 보였다. 더구나, 남동생이 자신의 가족을 지키기 위해서 혈육인 누나를 배신하는 이야기는 리치에게 가족의 의미에 대한 근본적인 질문을 던지게 하기에 충분한 것이었다. 그녀 역시 유대

계 미국인이었으며, 유대인 남편과 결혼하는 과정에서 백인-행세를 하
는 아버지에게서 배신감을 느꼈던 적이 있었으며, 결혼을 반대하는 아버
지와 가족의 연을 끊는 고통을 잘 알고 있었기 때문이었다. 더불어, 아버
지의 품을 떠나 결혼을 하면, 유대계 남편에게 절대 복종할 것이 요청되
는 유대교 문화의 가부장적인 속성 역시 잘 알고 있었기 때문이었다. 나
아가, 그녀는 백인 주류사회와 유대인 주류사회모두에서 아웃사이더로
서 밀려난 레즈비언 페미니스트로서 의식적으로 차별의 정치를 상징하
는 노란 별을 달고 사회적 약자의 입장을 대변하는 시인의 역할을 수행
하고 있었다. 그렇기에 그녀는 누구보다도 더욱, 에셀 로젠버그 사건에
깊은 관심을 기울이며 1980년 「에셀 로젠버그를 위하여」라는 시를 써서
그녀에게 헌정하였다. 그리고 유대인 종족의 문화적 뿌리에 충실하고자
했기에 오히려 백인 가부장의 명에 따라 처형된 유대계 딸의 이야기를
레즈비언 연속체에 포함시켜 백인 남성위주로 편향된 미국의 역사를 보
수하고자 하였다.

「에셀 로젠버그를 위하여」
남편과 함께 간첩행위를 공모한 죄로
유죄 판결을 받고 전기의자에서
1953년 6월 19일 사형됨

1.

1953년 유럽.

몽유병으로 정처없이 돌아다니는 동안

그 단어들이

벽에, 도로에 휘갈겨 씌어 있고

철로 아치 위에도 페인트로 씌어 있는 것을 보았다.

로젠버그 부부를 석방하라!

집에서 도망친 뒤 나는

도처에 집이 있다는 사실을 알게 되었다.

유대인에 대한 질문, 공산주의

결혼 제도

충성

혹은 처벌의 문제

유대계인 나의 아버지가

열일곱 장의 편지에

깨알같은 글씨로 장황하게

충성

그리고 처벌의 문제에 대해 쓰셨다

내 결혼식 일주일 전

그 부부는 의자를 얻었고
전기가 그녀의 몸을 휘감았지만, 충분히 빨리
그녀를 죽이지 못했다

로젠버그 부부를 석방하라!
나는 깨닫지 못했었다
우리 가족 간의 논쟁이 그렇게 중요했는지

범죄의 처벌에 대해
내 좁은 소견으로는
이 고통을 표현할 수 있는 언어가 없는 것 같다

세상의 모든 신문 일면에
늘 두 사람의 얼굴이 함께 실리게 하는
결혼이란 것에 대한 의문들

너무나 충격적인 가늠조차
할 수 없는 그런 어떤 것
그런 것을 제쳐 두게 된다.

—『문턱 너머 저편』, 362~371

흥미로운 점은, 이 시에서 리치와 에셀 로젠버그 두 유대계 여자들의 삶이 교차되며 개인과 역사의 관계에 대한 사유가 펼쳐진다는 점이다. 사실, 로젠버그 사건이 터졌던 1951년 리치는 대학을 졸업하고 구겐하임 펠로우쉽을 받고 영국으로 갔다가, 유럽에서 머물며 창작을 하고 있었다. 그러던 중, 1953년 리치는 하버드 대학 경제학과 교수이자 막시스트였던 남편 알프레드 콘래드와 결혼을 하였다. 그녀는 2002년 『가디언』 지와의 인터뷰에서 자신이 그때결혼을 결심한 중요한 이유는 사랑 때문이 라기보다는 아버지의 영향력에서 벗어나고 싶어서였다고 밝혔다. 그녀는 "부분적으로는 제 직계 가족에게서 떨어질 수 있는 더 나은 방법이 없었기 때문이었지요. 저는 성인 여자로서 충만한 삶이라고 여겼던 양식을, 그게 무엇이든, 추구하고 있었던 거지요"라고 솔직히 털어놓았다던 것이다.[10] 그만큼 리치는 백인 행세를 하는 아버지의 위선을 견딜 수 없었으며, 아버지가 반대하는 순수 유대인이자 막시즘에 경도된 남자를 따라 도망치듯 집을 떠났던 터였다. 이에 리치의 아버지는 딸에게 편지를 보내어, 반유대주의 정서, 반공산주의를 표명하고 부녀지간의 인연을 끊는 처벌을 내리겠다고 선언을 했고, 리치는 '나쁜 딸'이 되겠다고 결심한 후 몽유병에 시달리고 있었다. 그런데 우연하게도, 리치가 개인적으로 결혼제도 자체, 충성, 처벌의 문제를 사유하고 있었던 1951~1953년, 에셀 로젠버그는 국가라는 백인 가부장의 앞에서 유대인 남편에게 충성을 바친 나쁜 딸이 되어, 공개적으로 그녀가 선택한 결혼과 주부의 역할에 대해 심

---

10   Guardian article, profile: "Poet and pioneer". 15 June 2002. Retrieved March 20, 2017.

판을 받고 있었던 것이다. 리치는 시에서 재판 당시에는 한 여자의 삶을 가로지르는 두 차원의 문제를 심각하게 고려하지 않았고, 그저 에셀 로젠버그가 전기의자에서 비참하게 죽은 것에 대해 충격과 인도주의적인 연민을 느꼈다고 고백하였다.

2.
그러나 그녀는 내 영혼 속 깊은 곳으로 가라앉았다 육중한 슬픔의 무게로

그녀에 대한 기억이 얼마나 깊이 가라앉았는지

거의 가늠할 수 없었다, 자기 아이들 말고는

그 어떤 것으로부터 그 어떤 것도 얻으려 하지 않았던

그렇게 수많은 여자들과 다를 바 없는

아내이자 엄마였던 그녀

여자 괴물을 필요로 하는

그렇게 수많은 가족과 다를 바 없는

가족의 딸

사실 그녀는 예술가가 되고 싶었을지 모른다

가난에서 벗어나길 원했을지도

혹은 정말 원했을지도 모른다

혁명을

그 여자는 의자에 묶여

두려움도 후회도 없이

후세에 의해 기소되었다

공산주의자들에게 비밀을 팔았기 때문이 아니라

나쁜 딸이라서 나쁜 엄마라서

유명해지기를 원했다고

그리고 난 결혼식장에 걸어 들어가면서

나쁜 딸 나쁜 누이라는 똑같은 징표를 달고

거의 혁명적이지 않은 수고를 하느라

온 정신을 집중하였다

삶과 죽음 배신이

가능한 영역

그런 것들은 너무나 고통스럽고 너무나 심오해서

제쳐두어야 한다

몇 년이고 무심하게

—『문턱 너머 저편』, 362~371

두 번째 시에서 리치는 결혼생활을 하면서 한 남자의 아내로, 아이들의 엄마로 살면서 가정의 안정을 위해 자신의 생각을 죽이고, 점점 괴물의 형상을 입은 여자로 석화되어 가는 자신의 모습을 바라보며 고통받던 시절을 떠올린다. 그러면서 에셀 로젠버그에 대해서도 간첩공모자라기보다는 다만 한 남자의 헌신적인 아내이자 두 아들의 어머니로서 여성의 생애 주기를 밟아가는 과정에 있었던 보통 여자가 아니었을까 하고 생각하며 그녀를 다시 바라보기 시작하였다. 역지사지를 해보면, 에셀 로젠버그 역시 자기처럼 한 가족에 속한 딸로서 결혼 전에는 예술을 사랑하던 소녀였지만, 가난을 피하려고 혹은 아버지의 영향에서 벗어나려고 혹은 진짜 혁명을 꿈꾸며 한 남자와 결혼을 선택하여 가족이라는 공동체의 일원이 되었을지도 모를 일이지 않는가. 또, 그녀는 충성스런 아내의 역할을 성실하게 수행하며 남편의 바깥일을 도왔을 것이고, 그 결과, 당대의 "수많은 여자들과 다를 바 없이" 백인 가부장에게는 "나쁜 딸"이 되고 자신의 아이들에게는 "나쁜 엄마"가 되었던 것이 아니었을까. 이런 저런 상상과 짐작을 하며 리치는 한 여자의 개인적인 삶이 공개적으로 심판당하는 것의 의미에 대해 사유하기 시작한다.

3.

그녀의 어머니가 그녀에게 반대 증언을 하였다
그녀의 남동생이 그녀에게 반대 증언을 하였다
그녀는 죽은 후에
자연히 도색작가들의 먹이가 되었다

그녀의 몸이 줄에 반쯤 묶인 채 달팽이처럼 돌돌 말려 지글거리며
죽음 자체가 볼거리를 제공했으니

그녀는 극단주의의 희생자였다
그럼에도 강인한 의지를 지닌 여자로 묘사되었다
그때까진 아무도 몰랐었다 그녀가 어떤 정치적 신념을 가졌는지.

그녀의 모습이
납으로 봉인되고
조각상처럼 내 영혼 속에 가라앉았다

몇 년동안 그것은 동화되지 않은 채 거기 잠겨 있었다
처음엔 스스로를 결혼제도에 굴복시켰던 그 주간의
일면 기사에 난 세상에서 죽어버린 한 조각으로

그 뒤로는 띄엄띄엄 천천히 표류하는
나와 상관없는 어떤 죽음으로
삶 자체를 살아가는 동안

더 이상 로젠버그 부부가
더 이상 선택된 희생양도
가족 내의 괴물도 아닌 게 되었다

그제서야 나는 그녀가

여자 유치장에서

창녀에게 자장가를 불러 주었다는 것을 들었다

에셀 그린글래스 로젠버그 당신은

그날 밤을 되찾고자 행군을 했나요?

살인을 저지른 매 맞는 여자들을 위해

서명을 모으고자 했나요?

당신은 우리에게 무엇을 말해야 했나요?

당신은 그물을 찢어 버리고 싶었나요?

—『문턱 너머 저편』, 362~371

　이 세 번째 시에서 리치는 에셀 로젠버그와 관련된 다른 여자들의 태도를 사유하며 가부장적 사회 권력이 늘 제기하는 문제, 즉, 여자가 여자를 배신하는 문제, 혹은 여자의 적은 여자라는 문제를 숙고해 본다. 물론 에셀 로젠버그가 자기 어머니와 자기 시누이에게 배반을 당한 것이 사실이지만, 그녀는 결코 다른 여자들을 적으로 여기지 않았다. 수감되어 있는 동안 그녀가 다른 여자들에게 자장가를 불러주며 관계지향적인 생활양식을 지속했다는 보도가 있었기 때문이었다. 가부장적 편견이 담긴 시선으로 보자면, 에셀 로젠버그는 어머니와 시누이가 보여준 배신감으로 충격을 받고 그 이후 여자라면 치를 떨면서 다른 여자들에게 관심을 끊고 혼자 있기를 원하는 그런 '여성적인' 생활양식을 하는 것이 당연했을 것이다. 하지만 그녀는 감옥생활을 하면서도 보통 여자들이 일상생활에서 했을 법한 평범한 '여성적인' 생활양식을 그대로 유지하였을 뿐만 아니라 여자들을 적으로 여기고 미워하지도 않았다. 과연 그녀는 어떻게 그런 행동을 할 수 있었을지 궁리를 하면서, 리치는 그녀가 진짜 공산주의를 지지하고 여성 해방을 꿈꾸는 페미니스트 전사였던 것은 아닐지 상상해 본다.

4.

나는 왜 고통을 치유해 주려고
그녀를 불러내고 싶은 걸까?(그녀는 전혀 고통을 느끼지 않는데)
나는 왜 마음을 편하게 해 주려고

그런 질문들을 던지고 싶은 걸까?(그녀는 전혀 고통을 느끼지 않는데)
그녀는 그렇게 수많은 사람들처럼 불에 타 죽고 말았는데)
나는 왜 이렇게 뒤늦게 생각을 해대는 것일까?

왜냐면 내가 그녀에 대해 상상이라도 하려면
나는 우선 여자들이 그녀에게 가했던 고통을
가늠해야 하기 때문이다.

그녀의 어머니가 그녀에게 반대 증언을 하였다

그녀의 올케가 그녀에게 반대 증언을 하였다

그녀가 그 점을 어떻게 보았을지 [가늠을 해야 하기 때문이다]

개성을 몰살하려는 세력도 아니고

역사적인 이유도 없다면

그들이 왜 그녀의 힘을 미워했었는지 [가늠을 해야 하기 때문이다]

만약 지금까지 내가 그녀를 지근거리에 두었다면

만약 내가 아직도 그것이

나의 신의였다고, 내게 처해진 형벌이었다고 믿는다면

만약 그녀가 생존했더라면 어땠을까를 상상해 본다면

나는 그녀의 삶을 정직하게 바라봐야 한다

나는 그녀가 마침내

내 방식대로가 아니라 그녀의 방식대로 정치적이었다는 점을

내 것과는 전혀 다른 그녀만의 절박함이 아마도

그녀의 방식대로 혁명을 정의하게 했으리라는 점을 인정해야 한다

혹시 [그녀가] "정치성"에 대해

뼛속까지 지치고

오랜 고통에 만성이 되어 지긋지긋할 지라도

사소하게, 정말 아주 사소하게 여겼을지라도.

그녀가 육십 대 후반까지 살았더라면

그녀는 자신만의 방을 좋아하면서 자신의 사생활을 지키면서

혼자 살았을지도 [모른다]

아마 당신은 아무도 인터뷰 할 수 없을 것이다

아마 그녀는 결코 팔아넘긴 적이 없는 비밀이 적힌 노트를

가득 메우고 있을지도 모른다.

—『문턱 너머 저편』, 362~371

　하지만 네 번째 시에서 리치는 그런 상상은 자신의 주관적인 상상이
었음을 고백한다. 에셀 로젠버그가 어머니와 올케의 배신을 어떻게 생각
했을지 그리고 그녀의 어머니와 올케는 왜 배신을 했는지 도대체 알 도
리가 없기 때문이다. 더불어, 그녀는 그런 이유들을 파헤치고 알려고 하
는 것도 올바르지 않다고 여긴다. 속을 내보이고 싶어하지 않고, 사생활
을 지키고자 하는 사람에게 자꾸만 비밀을 알아내려고 하는 것이나 의도
하지도 않았던 심사를 추정하며 그녀를 페미니스트 전사로 만드는 일은
도색잡지 기자들이나 할법한 저급한 일이기 때문이다. 리치는 그런 저급
한 호기심을 가지는 대신 에셀 로젠버그에게 다만 남편의 바깥일을 도왔
어야 할 나름대로의 "절박한" 이유가 있었을 거라고 인정해 주기로 한다.

이유가 무엇이었든지 간에 가부장 남편과 아내의 역학 관계에서 에셀 로젠버그가 아내로서 사적인 영역에서 자연스럽게 했던 일들이 공적인 영역에서 백인 가부장들에 의해 '정치적인' 선택으로 해석되었을 것이라고 말이다. 그렇다면 아마도 에셀 로젠버그는 그저 남편을 사랑하고 헌신적으로 도와준 죄밖에 없다고 여겼을지도 모르고 백인 가부장을 배신하는 공모를 한 유대인 딸로서 사형당한 것에 대해 두려움도, 후회도 없었을 것이라고 짐작해 본다. 결국, 리치는 에셀 로젠버그가 "비밀을 팔아넘기는" 간첩행위를 한 것은 아니라고 판단한다고 의견을 개진하면서, 그녀는 이제 죽었지만 그녀의 영혼이라도 사생활을 보호받고 비밀을 간직한 채 쉼을 얻을 수 있기를 기원하는 것으로 시를 마친다.

지금까지 제6장과 제7장에 걸쳐 리치의 레즈비언 페미니스트 비평의 실제를 모두 살펴보았다. 스스로 유대계 레즈비언 페미니스트 여성 시인의 노란별을 가슴에 달고 비주류, 아웃사이더, 방계가족의 딸들이 받는 차별의 문제를 뼛속깊이 고민했던 리치로서는 어느 순간 백인 가부장 비평가들에 의해 자신에게 주어진 '특별한 여성'이라는 특권이 무의미했을 것이다. 오히려, 그녀는 자신의 일상적으로 경험하는 아웃사이더 정체성을 낭만적 감성이 완전히 배제된 상태에서 객관적으로 바라보고, 다른 여자들과 소통하며, 아웃사이더들 사이의 애정어린 유대를 실천하는 레즈비언 연속체의 전망을 밀고 나갔다. 그리고 실제 비평을 수행하며 비슷한 꿈을 꾸는 여성 시인들을 지지하고, 보통 여자들이 서로를 발견하고 서로에게 의지하며 수평적인 공존을 이룰 수 있도록 도와주는 작업이 페미니스트 시인으로 자신이 해야 할 임무라고 여겼다. 그러므로 그녀는 백인 가부장 비평가들에게 인정을 받았던 대표적인 특별한 여성들, 즉, 브래드스트릿, 디킨슨과 비숍의 삶과 시를 다시 바라보며, 그들의 시에서 비주류 아웃사이더의 의식을 찾아내고, 그들의 속내에 감추어진 부명에 복종하는 진정한 딸의 속성을 파괴하려는 열정을 조명하였다. 더불어, 백인 가부장들이 무시하고 배제한 방계가족의 딸들과 혼외자 가족의 딸들, 그란, 클리프, 로드, 로젠버그의 삶과 예술을 조명하고 그들이 지녔던 혁명적인 의식을 인정해 주며 백인 남성 중심적인 미국의 역사를 보수하는 페미니스트 비평가의 작업을 성실히 수행하였다.

그 결과, 리치는 미국 여성 시인들이 보이는 내적 갈등과 고민을 여성 특유의 불안감과 자기 확신의 부족을 드러내는 징후로 읽어내는 대신 백인 남성 중심적 사회에서 스스로를 비주류로 인식하고 아웃사이더 의식으로 무장한 보통 여자들이 드러내는 징후로 파악할 수 있었다. 리치 덕분에 특별한 여성으로 그들이 겪어야 했던 내면적 갈등과 공포가 가부장적 가족체제 하에서 살아가는 수많은 보통 여자들이 겪었던 것과 다를 바 없는 갈등과 공포로서 그 시원은 가부장제 사회체제 속에서 여자들이 비주류 '여성'의 존재양식을 가지기 때문에 겪게 되는 원초적 고통에 있다는 점이 드러날 수 있었던 것이다. 예컨대, 리치의 레즈비언 페미니스트 비평 덕분에 특별한 여성 시인들이든 보통 여자들이든 가부장제 가족체제 하에서 거의 대부분의 여자들이 자아 부정, 절망감 혹은 죽음의 충동 등등을 포함한 파괴적 성향을 드러낸다는 것이 밝혀졌다. 특히, 여성 시인들이 복잡하고 독특한 심리적 지형을 보였던 것은 그들이 여자였기 때문에 본질적으로 여성적인 시적 취향을 보인 결과가 아니라, 그들이 남성 중심적 가부장적 사회에서 딸의 양식 혹은 어머니의 양식 한 가지로 제한된 삶을 사는 환경에 처해 있었기 때문에 자연스럽게 비주류 아웃사이더 의식을 가지게 되어서 그런 결과가 초래되었다는 점이 설득력 있게 조명될 수 있었다.

두 번째로, 리치는 여자들이 남자들에게 이해가 되지 않는 문제적인 존재로 여겨지는 이유는 가부장제 가족체제에서 허용되는 획일적인 여성의 존재양식이 여자들로 하여금 여성이자 여자로서 그리고 어머니이자 딸로서 동시에 존재하는 복수적 자아의식을 유지할 수 없게 만들기 때문이라고 지적하였다. 그녀가 보기에 여자들이 특별히 복잡한 심리적 지형을 발전시키게 되는 이유는 그들이 스스로 지적인 힘과 재능을 지녔다는 사실을 알고 있으면서도 자신의 능력이 남성 중심적 사회에서 응원과 지지를 받지 못한다는 점을 인식하는 동시에 자신이 능력치를 계속 계발하거나 최고치로 발휘하고자 욕망할 때 가정이 와해되는 위험이 초래될 수 있다는 인식을 하면서 내적인 갈등과 분열의 상황을 맞이하기 때문이었다. 그러므로 리치는 모성제도와 모성애의 신화를 과감히 해체하고 모성 경험과 능력을 여자가 여성을 사랑하는 레즈비언의 사랑 경험이자 한 여자가 다른 여자를 먹여 살리려는 양육 능력으로 재정의 하고자 하였던 것이다. 그러한 사랑의 실천으로서 리치는 미국의 여성 시인들에게서 백인 가부장 비평가들이 수여한 특별하고, 예외적인 재능을 지닌, 순수 예술을 추구하는 여성이라는 신화를 벗겨내고자 하였으며, 그들이 창조한 예술세계가 가부장들이 상상하듯이 여성다운 심상들로만 구성되지 않았다는 점을 드러내 보였다. 그녀 덕분에, 조신하고 순수하게만 보였던 여성 시인들이 때로는 벌거벗은 육신에 새겨진 강렬한 성적 욕망을 매우 구체적으로 드러내기도 했다는 점이 밝혀졌다. 또, 정치나 사회문제에는 관심도 없이 가정사에만 매달렸다고 알려졌던 여성 시인들이 남성들 못지않게 당대 사회 종교적 인식의 한계를 넘어서는 형이상학적 사유, 가부장적 사회 권력의 성차별적 인식에 대한 저항, 다른 계층과 다른 인종 문제에 대한 관심과 사회비판, 어머니와 모성의 위험성에 대한 경고, 여자들 사이의 굳건한 연대감에 대한 찬사 등등을 드러냈다는 점도 밝혀졌다. 이러한 점들은 백인 남성 중심적인 비평적 시각에서는 보이지 않았고, 포착될 수도 없었으며, 때로는 보이더라도 침묵되거나 살포시 베일에 가려졌던 것들이었다. 따라서, 리치 덕분에 여성 시인들의 심리적 지형이 단순히 오밀조밀 꽃이 피어나는 정원이 아니라 겉으로는 황무지처럼 보여도 자극이 주어지면 언제든지 용암이 끓어 넘치는 활화산이 존재하는 지형인 것으로 완전히 새롭게 상상될 수 있었다. 또한 그녀 덕분에 여성 시인이기에 겪어야 했던 자아의 갈등 과 양성성에 대한 의구심, 언어적 능력과 힘을 소유한 것에 대한 내면적 갈등과 공포, 시쓰기에 대한 제어할 수 없는 열정과 그로 인한 절망 혹은 죽음의 충동을 느끼는 감정이 여성 시인에게 고유한 감수성일 수밖에 없는 이유와 맥락이 조명되었다. 나아가 그녀 덕분에 그러한 복잡한 "여성적" 심리적 지형이 특별한 여성이기에 그런 것이라기보다 남성 중심적 가부장적 사회에 살고 있는 모든 보통 여자들이 느끼고 경험하는 것이라는 점이 밝혀질 수 있었다. 그 결과, 예외적인 재능을 지닌 존재로 공인을 받았던 특별한 여성 시인들과 예외적인 재능을 지녔지만 백인 가부장들에 의해 침묵당하고 기록 보관서에

파묻혀 관심도 못받고 있었던 보통 여자들이 여성의 삶의 조건과 존재양식에 대한 시라는 공동 언어 속에서 연결되었고 성, 인종, 계급을 초월하는 미국 여자들의 역사이자 레즈비언 연속체가 형성되는 비평적 결실이 이루어 질 수 있었다.

마지막으로, 리치에게 있어서 레즈비언 페미니스트 비평은 가장 극단적인 비주류 아웃사이더의 시각으로 가장 보편적이고 포괄적인 미국식 페미니즘을 일구어내게 해 주는 역설적인 도구였다고 할 수 있다. 다시 한 번 지적하지만, 그녀가 창안해냈던 레즈비언 연속체의 관념은 결코 남자들을 배제한 채 자신을 포함한 여성 시인들의 고고한 침묵이나 불안한 심리를 조명하고 여자들 사이의 사랑공동체 속에서 따스한 자매애를 나누기 위한 것이 아니었다. 오히려, 시인으로서의 자기 확신과 시창작에 대한 열정을 지닌 여성 시인으로서 리치는 자기와 비슷한 정체성의 고민을 나누었던 다른 여성 시인들의 심리적 불안을 검토하고 그들과 연속체 의식을 형성하는 가운데 미국의 보통 여자들의 다양한 경험들을 포괄적으로 담아내는 공동 언어의 시세계를 창조할 수 있었기 때문이다.

이런 맥락에서 리치의 레즈비언 페미니스트 비평적 시선은 앞서 언급했듯이 여성 시인의 전통적인 도구로 상징되는 얌전한 퀼트 바늘이었다기보다는 오히려 생활 현실 속에서 여자들이 보여주는 다양하고 이질적인 외면과 내면을 정밀하게 포착하게 해 준 고감도 카메라 렌즈에 해당하며, 그녀가 미국의 보통 여성의 얼굴을 입체적으로 그려내는 데 필수불가결했던 도구였다고 할 수 있을 것이다. 여성 시인으로서 남성 시인들과 다른 정체성을 탐색해야 했고, 레즈비언 시인으로서 주류 이성애 시인들과는 다르다는 이방인 의식을 강렬하게 느끼고 극복해야 했던 리치로서는 그간 남성 작가들과 비평가들이 구성해 놓은 여성의 주체적인 심상들을 다시 바라보고 그 이면에 가려진 새로운 주체적인 여성의 심상들을 발견해 내기 위해 무엇보다도 혁신적인 상상력과 비평 작업에 대한 남다른 열정 그리고 미국 여성의 역사에 대한 강력한 책임의식이 필요했을 것이다. 쉽지는 않았겠지만 결국 그녀는 자신이 가진 천연자원, 즉, 모성 경험, 레즈비어니즘, 페미니즘을 융합하여 자신이 가장 잘 다룰 수 있는 비평 도구를 만들어 낼 수 있었고, 그 독특한 레즈비언 가모장 페미니즘의 렌즈를 통해 본격적으로 가부장들이 기록해 둔 미국 여자들의 역사를 다시 바라보는 작업을 수행하였다. 거기서 그녀는 가부장들이 인정했던 특별한 여자들도 보통 여자들과 다름없이 가부장제 가족체제를 살아가며 진정한 딸과 진정한 어머니가 되기 위해 고통의 비용을 치뤄야 했다는 점을 조명하였다. 동시에, 그녀는 가부장들의 역사 기록에서 누락되었지만 아카이브 기록 보관소에 남아있던 보통 여자들의 연대기들을 발굴하여 그들이 특별한 여자들 못지 않은 비범한 재능을 지니고 있었다는 점을 부각시킬 수 있었다. 나아가 미국 여성의 역사를 대변하는 특별한 여자들과 보통 여자들의 얼굴들을 이어 붙여 레즈비언 연속체를 구성하고 그 속에서 미국 보통 여자의 얼굴을 입체적으로 바라볼 수 있는 상징적 공간을 마련할 수 있었다. 그 덕분에 후대의 독자들은 리치의 시와 비평을 읽으며 특별함으로 반짝거리는 소수의 여자들의 목소리뿐만 아니라 그들과 불가분의 관계로 이어져 있는 수많은 보통 여자들의 목소리들을 함께 청취할 수 있게 되었다. 리치가 가모장 레즈비언 페미니스트로서

몸소 실천하여 보여준 비주류 아웃사이더 의식의 소중함을 새삼스레 깨
달으며 그녀의 비평적 사유가 전세계 여성들의 존재 양식을 담은 글로벌
아틀라스를 그려내는 데 활용될 수 있는 날을 조심스레 전망해 본다.

제8장

레즈비언 상상력과
여성의 복수적 존재양식

유대계 레즈비언 여성으로서 리치는 백인 중심적 가부장적 사회에서
는 비정상적 존재로 여겨지며 주변부의 삶과 경계인의 삶을 경험하였다.
하지만 페미니스트 시인이자 비평가로서 리치는 그런 현실에 머물러 사
회적 약자의 분노나 한탄을 대변하는데 만족하지 않았다. 오히려 그녀는
가부장적 사회권력이 인정하지 않는 레즈비언 딸만이 할 수 있는 특별
한 상상력을 활용하여 가부장들이 혐오하는 레즈비언의 사랑을 여자가
다른 여자에게 보내는 애정 어린 관심으로 재정의하고 '레즈비언'이라는
기존의 언어가 촉발하는 부정적 의미화의 과정을 보수하여 레즈비언 연
속체의 개념으로 확장하였다. 그럼으로써 리치는 그동안 백인 남성 이성
애 중심적 비평에서 감춰졌던 여성 시인들의 '여성답지'않은 내면세계와
지적, 감정적 아웃사이더 의식을 드러낼 수 있었다. 나아가, 그녀는 가부
장적 사회의 가장자리로 밀려나 그동안 한 번도 평단의 관심을 받지 못
한 채 어둠 속에 있었던 보통 여자들의 특별한 시적 재능을 조명하며, 독

자들로 하여금 모든 여자들은 '여성'이기에 가부장적 사회체제에서 남성적 존재양식에 종속되는 '여성적 존재양식'을 가질 수밖에 없으며, 따라서, 사회적 약자의 처지에 애정어린 관심을 가져야 한다는 메시지를 전달할 수 있었다. 가령, 독자들은 리치 덕분에 한 남자의 아내로서 살아가는 삶과 화가로서 살고 싶은 개인적 욕망 사이에서 갈등하고 고민하다가 결국 남편이 아내의 희생을 "먹고 사는feed on us"(『문턱 너머 저편』, 43) 결혼 생활에서 벗어나지 못하고 출산 중에 죽은 폴라 베커를 만날 수 있었다. 또, 자신의 몸이 아픈데도 "입을 다물고 자신에게 불성실하여" 결국 사십세에 죽은 한 중년 여자를 만날 수 있었다(『문턱 너머 저편』, 58). 또, 꿈속에서 잠에서 깨어 일어나 곤히 잠자고 있는 자신의 육신을 바라보며 언제까지 그렇게 살고 있을 건지 물어보는 한 늙은 여자를 만날 수 있었다. 그들은 리치가 들려주는 이런 보통 여자들의 평범한 인생 이야기를 들으며, 그들에 대한 애잔함을 느끼는 동시에 자신의 여성적 존재양식에 대한 사유를 시작하고 여성으로서 연대의식의 필요성을 깨닫기 시작할 수 있었을 것이다.

특히 『공동 언어를 향한 소망』에서 리치는 레즈비언 페미니스트의 상상력을 한 걸음 더 밀고 나가며 독자들에게 가부장제 가족체제와 여성적 존재양식의 사회적 담론에서 그간 어디에서도 말해지지 않았던 여성적 사랑의 본질과 여성의 연대의식의 필요성에 대해 사유할 수 있는 계기를 마련해주었다. 예컨대, 그녀는 시집의 한가운데에 연작시 『스물한 개의 사랑시』를 연작시키고 한 여성이 자신의 내면에 거주하는 또 하나의 여자를 만나는 경험, 독자들이 이전에 결코 상상하지 못했던 여성적 사랑을 탐사하는 경험을 제공하였다. 물론 디일, 워너와 옥텐버그와 같은 학자들은 이 연작시의 번호가 없는 시에서 묘사되는 두 여자 간의 성애와 19번째 시에 등장하는 "두 사람이 함께 한다는 것"은 "평범한 일상 속에서 영웅적인 일"을 하는 것이라는 시행을 염두에 두고 이 연작시에서 리치가 두 여자 간의 사랑, 즉, 자신의 레즈비언의 사랑을 고백한 것으로 이해하였다. 하지만, 리치는 20번째 시에서 "곧 내가 나 자신의 영혼에게 말을 하고 있었다는 것을 알게 될 거야"라고 말하면서 마지막 21번째 시에서 "나는 [달빛을 받고 있는] (…중략…) 여자가 되기로 선택해. 나는 여기서 걸어가기로 선택해. 그리고 이 원을 그리기로 [선택해]"라고 말하였다. 그렇다면, 이 연작시에서 리치가 말하는 사랑은 두 여자간의 레즈비언 동성애가 아니라 가부장적 사회가 혐오하는 레즈비언인 자아를 사랑의 마음으로 바라보고 있는 그대로 인정하는 자기 성찰의 과정을 담고 있을 뿐만 아니라 한 여자가 다른 여자에게 가지는 사랑의 본질에 대한 사유 역시 담고 있다고 여겨진다. 리치가 이 시집의 제목을 "공동언어를 향한 소망"이라고 지은 점에서 유추되듯이, 그녀는 자신의 시창작의 본질을 시인과 독자들을 포함한 세상과 어떤 식으로든 연결되고 싶은 갈망 그리고 공동체 의식에 대한 열망에서 찾았기 때문이다.

  그러한 목적을 위해 리치는 우선 자신의 개인적인 성정체성과 아웃사이더의 존재양식으로 인해 초래된 고립감과 고독함을 어떻게든 깊이, 진지하게 들여다 볼 필요가 있었을 것이다. '비정상적' 레즈비언 여성으로서 '정상적' 보통 여자들에게 연대의식의 필요성을 소통하려면, 그리고 레즈비언의 사랑의 진정성을 인정해주지 않는 이성애 중심적 세상에서 여성으로서 소속감과 공동체 의식을 느끼기 위해서라도 리치는 자신의 정체성과 사랑에 대한 재확신이 필요했을 것이니 말이다. 물론 키이스는 "두 사람이 함께 하는"이라는 표현을 해석하며 "여자들이 서로 사랑하는 것이 아드리안 리치에게는 이성애보다 더 생성적 힘"(169)을 가져다주었다고 주장하고, "여성다운 사랑womanly love"과 "여성됨womanlinness"(174) 사이에서 리치가 후자를 선택함으로써 시인의 원초적 존재조건인 고독에 대해 각성을 이뤄냈다고 지적한다. 하지만, "두 사람이 함께 하는" 작업과 "나 자신의 영혼에게 말을 하고 있었다"는 시행은 함께 이해되어야 하며, 그럴 경우, 리치는 결코 시인의 고독을 선택하거나 "공동 언어에 대한 소망이 [내면에서] 무너지는"(174) 경험을 고백하는 것으로 볼 수 없다. 오히려, 레즈비언으로서 자신의 여성됨을 인정하고, 전통적인 여성 에너지의 원천인 달빛을 받으며 여자들에 대한 사랑을 실천하는 길을 묵묵히 걸어가며 레즈비언 페미니즘이라는 원형을 완성시킬 것을 다짐하는 것으로 보는 것이 적절하다.

이렇게 해석할 때 비로소 리치의 개인적인 경험과 정체성의 사유는 여자인 시인이 다른 여자들에게 보내는 사랑, 즉, 여성적 사랑의 본질에 대한 시적 사유로 자연스럽게 확장될 수 있다. 다시 말해, 이 연작시에서 리치는 가부장적 사회의 인정을 갈구하는 한 여자 시인으로서 바로 그 사회의 권위적 통제 때문에 한 여자로서 겪는 내적인 갈등과 두려움을 고백하는 것이며, 동시에, 생각하는 여자 시인으로서 레즈비언 상상력을 발휘하여 다른 여자들에게 모성적 관심과 애정을 표현하는 것이자 수많은 가부장의 딸들에게 연대의 손을 내미는 페미니즘의 실천을 하는 것으로 이해될 수 있는 것이다. 특히, 이 연작시를 통해 리치는 자신의 개인적 경험을 토대로 가부장적 사회체제 하에서 살아가는 보통 여자들에게 자아 속의 여자를 사랑하고 보호하는 "우리"의 존재양식을 보여주고, 여성이자 여자인 복수적 자아로 살아갈 것을 제안한다. 남자 가부장 시인들의 사랑가에 종종 등장하는 여성의 단수적 존재, 즉, 사랑하는 님을 기다리다 지치고, 님의 사랑을 끊임없이 갈망하고, 님의 사랑이 부족하여 불평하고, 님이 떠날까봐 불안해 하는 기존의 여성과 전혀 다른 복수적 존재, 즉, 여성으로서 여자인 자아를 사랑하는 가운데 자족적이고, 열정적이고, 서늘하고, 섬세하고, 유연한 삶을 살아가는 존재로 성장하게 되기를 소망하는 것이다.

1. '나'의 재해석 – 미국인 연속체로서의 복수적 정체성

우선, 리치가 보여주는 레즈비언 상상력과 시적 실천을 이해하고자 할 때, 그녀가 시적 자아 "나I"를 '미국인의 연속체American Continuum'로 사용하는 점을 이해하는 것은 매우 중요하다. 그간 챨스 알티에리Charles Altieri, 윌라드 스피겔만Willard Spiegelman, 그리고 케빈 맥궐크Kevin McGuirk 등등 학자들은 모두 리치의 시적 자아를 해석하며 "나"라는 개체와 "의식"으로 존재하는 "나"의 이중성을 그 주요한 특징으로 파악하였다. 가령, 알티에리는 리치가 기존의 남성중심적 시전통과 미학적 기준을 거부하며, 시를 쓰는 자신과 과거 역사 속에 존재했던 다양한 여자들과 리치가 일종의 공동체를 형성하려는 시도를 한다고 지적하였다. 스피겔만 역시 리치가 서정시 전통의 주관적인 자아에 해당하는 '나'를 지우는 동시에 개인뿐만 아니라 여성 공동체의 분노를 담을 수 있는 자아를 창조하였다고 분석하였다. 맥궐크는 리치의 시적주어를 "서정적lyrical"인 측면과 "담화적discursive"인 측면으로 구분한 뒤, 그녀가 담화적, 문화적, 정치적인 메시지를 전하는 경우 시적 주어의 "이념적인 정체성ideological identity"을 고려해야 한다고 주장하였다(『아드리안 리치의 시와 산문』, 62). 즉 리치는 "압제자의 언어"가 추동하는 남성중심적 의미화 과정에 뿌리를 내리고 있는 "나"라는 대명사가 가지는 이념적 구속력을 매우 잘 인식하고 있으므로, 그녀가 "나는 무엇이다"라는 언술행위를 할 때 그것은 극도로 정치적인 의도를 함축하게 된다는 것이다.

사실상 가부장적 사회체제에서 공적인 선언 혹은 주체적인 선언을 할 수 있는 발화의 위치는 일반적으로 남자들이 점유하고 있기 때문에, 전통적으로 "나는 무엇이다"라고 선언하는 행위는 매우 남성적인 행위로서 여겨져 왔다. 다시 말해, 여자들이 공식적인 자리에서 발화 주체가 되는 것은 가부장적 사회가 제시하는 진정한 여성의 심상이나 여성다운 덕목에 부적절하다고 여겨지며 지양되어 왔던 것이다. 뿐만 아니라, 가족 공동체 위해 한 몸을 희생하는 신성한 모성 의무를 수행해야 할 여성이 자신의 주체를 앞세우고 자신의 개인적인 주장을 역설하는 행위는 더욱 부적절하게 여겨져 왔다. 그 대신, 자신만의 창의적인 생각이 있거나 의견을 말하고 싶을 때라고 하여도 그런 욕망을 참고 창의성과 발화의 주권을 가부장이나 남자들에게 넘겨주고 그 옆에서 말없이 뜻 모를 미소만 짓고 있는 모나리자의 모습을 보여줄 때, 여자들은 가부장적 사회로부터 진정한 여성 혹은 여성다운 여성으로 칭찬을 받을 수 있었던 것이다. 이런 맥락을 고려할 때, 리치가 「스물한 개의 사랑시」에서 "나는 아드리안이다"라고 선언하는 행위는 단순히 서정 시인이 자신의 초월적 자아 혹은 시적 자아를 의식하고 지칭하는 행위가 아니다. 그것은 리치가 스스로 자신의 이름을 호명하여 독자적 주체성을 부여하고 "나"의 정체성을 미국역사 속의 다양한 여자들을 대신하여 그들의 경험을 대변하는 페미니스트 시인으로서 선언하는 정치적 행위를 하는 것이기 때문이다. 그래서 맥퀄크는 독자들이 리치의 시를 읽으며 개인으로서 "나"의 말로 제시되는 "시인의 서정적 경험을 수동적으로 소비하는 것"이 아니라 보통 여자들의 대변자 "나"의 고백 속에서 수많은 다른 여자들의 고백을 함께 중의적으로 들으면서 "여자들 사이의 연대의 가치"에 대해 깨달음을 가지게 된다고 보았다(『문턱 너머 저편』, 83~84).

생각해보면 참으로 놀랍지 않은가? 이토록 간단한 말, "나는 무엇이다"라는 말을 여자들이 집안에서 가족들 앞에서 당당하게, 혹은 집밖에서 사회생활을 하면서 공적인 자리에서 당당하게 선언하는 경우가 드물다는 사실이 말이다. 우리는 그저 사적인 자리에서 수다의 형식으로 '나는 무엇이다'라고 흘리듯 말하거나, 혹은 혼자 일기를 적으며 일기장 친구에게 내밀한 속내를 고백하는 형식으로 '나는 무엇이다'를 털어놓거나, 혹은 꿈속에서 '나는 무엇이다'를 외치다가 꿈을 깨어 '내가 왜 그랬을까'를 궁금해 하다가 그 꿈마저도 잊어버린 채 그저 습관적으로 여성의 삶을 살아간다. '나는 무엇이다'라고 말할 수 있는 위치를 어째서 남성의 고유한 영역인 것처럼 여기게 되었을까 혹은 '나는 왜 무엇이다'라고 말하는 게 두려울까를 생각할 겨를도 없이 말이다. 그러므로 리치가 비주류 아웃사이더 레즈비언 페미니스트 시인으로서 당당히 '나는 아드리안이다'라고 선언하고 백인 남성 중심적 미국시 전통에서 스스로 발화 주체의 위치를 점유하는 것을 보면서 우리는 커다란 자극과 감동을 받게 된다. 대중 앞에서 자신의 이름을 당당하게 호명하는 단순한 행위를 실천해 보임으로써 리치는 여성으로서 보다 주체적으로 생애 주기를 맞이하고자 하는 여성들에게 그리고 인간으로서 보다 당당하게 인생을 살아가고자 꿈꾸는 여성적 존재들에게 두려움 없이 자신의 존재성을 드러낼 것을 격려해 주기 때문이다.

이런 맥락에서 학자들은 자연스럽게 리치를 월트 휘트만의 '민주 공동체Democratic Ensemble'의 전망을 계승하는 여성 시인으로 파악하였다. 가령, 앨버트 겔피Albert Gelpi는 리치가 "남자 시인들의 특권"으로 여겨졌던 "선지자 시인"의 전통을 이어, 독자들의 의식 변화를 추동하는 역할을 수행한다고 보았다(『아드리안 리치의 시와 산문』, 297). 조앤 피일 디일Joanne Feit Diehl 역시 리치가 "에머슨이 잉태시키고 휘트만으로 탄생된 예언자적 미국시인의 목소리를" 계승한다고 지적하였다(『아드리안 리치의 시와 산문』, 414). 실제로 리치 역시 공개적으로 휘트만과의 연대의식을 표현하였다. 그녀는 휘트만의 『초엽집Leaves of Grass』을 따라 자신의 시집의 이름을 『소엽집Leaflet』으로 지었을 뿐만 아니라, 시편 「오리온Orion」과 산문 「욤 키푸르 1984의 탄생」에서 공개적으로 휘트만과 시적인 대화를 나누었다고 말하며 그의 영향력을 인정하였다. 그런 탓에 리치가 "나는 아드리안이다" 혹은 "나는 미국인이다I am an American"라고 선언할 때, 독자들이 그녀의 당당한 모습에서 "[나는] 월트 휘트먼, 하나의 우주, 맨해튼의 아들Walt Whitman, a kosmos, of Manhattan the son"라고 선언했던 휘트먼을 연상하게 되는 것도 무리는 아니다. 오히려 매우 자연스럽게 그녀에게서 미국 시문학사에 배어 있는 민주주의 전망의 전통을 연상하는 동시에 페미니스트 시인으로서 그녀가 들려줄 새로운 목소리를 기대하게 된다.

일찍이 휘트먼은 미국의 국가적 정체성과 미국인의 인격이 명확히 구성되지 않았던 1860년대에 "미국의 정치체제의 탄생과 생명력"은 "완벽한 개인주의perfect individualism"에 있다고 통찰한 바가 있었다(「민주적 전망(Democratic Vistas)」, 405). 그는 구세계 유럽의 국가들과 구별되는 신세계 미국의 민주주의의 목적은 사회 구성원 개인 개인이 종교, 계급, 성, 인종의 차별 없이 동등하고 평화롭게 공존하며 사는 사회를 건설하는데 있다고 보았던 것이다. 그리고 그는 누가 시킨 것도 아니고, 어떠한 권력집단에게 인정이나 허락을 구하지도 않고서 스스로 자신의 이름을 '월터Walter'에서 '월트Walt'로 개명하고 「나 자신에 대한 노래Song of Myself」에서 자신을 "월트 휘트먼, 하나의 우주, 맨해튼의 아들"이라고 호칭한 뒤, 스스로에게 미국의 민중 시인이 되어 미국인의 정체성을 세계에 알리는 역사적 책임의식을 부여하였다. 예컨대, 그는 미국 시인으로서 미국의 보통 사람들이 사용하는 구어체와 일상어 표현을 사용하여 미국의 자연과 도시의 생활 풍경을 소재로 삼은 연작시를 발표하여 구대륙 유럽의 지식인들이 잘 알지 못하는 신세계 미국에 대해 알리고 미국인의 정체성을 민주적 시민 공동체로 정초하는 작업을 자발적으로 수행하였던 것이다.

특히 휘트만은 "내가 거기 있었다 was there"로 시작하는 열거법을 사용하여 백인 남자들과 여자들, 원주민 인디언들, 흑인 노예들과 동성애자들, 미국의 산과 바다, 식물과 동물을 포함한 미국 전체를 세계인에게 알렸다. 또한, "내가 바로 그 사람이다; 내가 고통을 겪었었다; 내가 바로 거기 있었다 am the man, I suffer'd I was there"라고 말하며 자신의 시적주어 "나" 속에서 개인의 경험이 미국인 전체의 경험으로 종적 횡적으로 확장되고 이어지는 민주 공동체democratic ensemble의 노래를 불렀다. 휘트먼 덕분에, 그간 미국 시인들에게 시의 소재로 여겨진 적이 없었던 힘없고 가난한 노동자의 삶, 흑인 노예들뿐만 아니라 유색인 소수자들의 삶이 노래되었으며, 그간 한 번도 시의 주제로 전면에 다루어진 적이 없었던 인간의 육체미, 여성의 성적 욕망, 그리고 동성애 등등에 대한 노래가 불려졌다. 한마디로, 미국인으로서 그의 개인적인 자긍심과 미국 시인으로서 그가 사랑하는 것들에 대해 노래하려는 그의 열정 덕분에 그의 시적 주어 "나"는 공동체 집합주어 "나"로 확장될 수 있었으며, 그 속에서 다양한 삶의 경험을 지닌 미국인들이 시공을 초월한 '미국인의 연속체'를 형성하게 되었던 것이다.

휘트만의 선언 "월트 휘트먼, 하나의 우주, 맨해튼의 아들"에 지극한 영감을 받았던 듯, 리치 역시 자신의 유대계, 레즈비언, 어머니의 개인적 정체성에 자긍심을 가지고 페미니스트 비평을 하였다. 뿐만 아니라, 미국의 보통 여자들을 대변하려는 시인의 열정을 가지고 문단계의 백인 가부장들의 인정이나 허락을 구하지 않고 "나는 아드리안이다", "나는 미국인이다"라고 선언하며 자신에게 미국 여자들의 경험을 기록하는 페미니스트 시인의 역사적 책임의식을 지웠던 것이다. 그리고 휘트만처럼 시적주어 "나"의 공간을 민주 공동체로서 개방하여 그동안 남성 중심적인 시역사 속에서 표현된 적이 없었던 혹은 여성답지 않다고 여겨졌던 경험들과 거친 감정들을 시어로 표현하였다. 더불어, 미국의 백인 가부장들이 인정하지 않았던 비주류 유색인 여자들의 이름들을 호명하고 그들의 삶의 기록들을 발굴하여 미국역사의 일부로 포함시키는 작업을 수행하였다. 리치가 이처럼 시적 주어 "나"의 전통적인 경계선을 허물고 공동체의 경험이 발화되는 공간으로 재설정함으로써 얻을 수 있었던 효과는, 그렇다면, 롤랑 바르트Roland Barthe가 "저자의 죽음"이라는 관념으로 설명했던 것과 다르지 않을 것이다. 바르트는 저자가 글을 쓸 때, 그가 사용하는 주어 "나"는 그 자신을 포함한 다양한 사회, 문화, 정치적인 텍스트의 목소리를 반영하고 있기 때문에, 더 이상 개인적인 주체를 표현하는 것으로 볼 수 없으며 단일한 저자의 의도를 반영할 수도 없다고 주장하였다(『저자의 죽음』, 148). 그러므로 그는 하나의 텍스트가 일관성을 가지게 되는 것은 저자가 의미를 초월적인 위치에서 통제하는 능력이 아니라 독자들의 의미를 탐색해 내는 일관성에 달려있다고 지적하였다(『저자의 죽음』, 148). 이런 맥락에서, 리치가 휘트만적인 공동체적 발화주체 "나"를 사용하는 것은 초월적인 발화의 위치에 있는 고립된 저자인 "나"를 죽임으로서 또 다른 "나" 즉, 미국인의 연속체를 이루고 있는 "나"를 살려내려는 의지를 실천하는 것에 해당할 것이다.

특히, 『변화에의 의지Will to Change』에 실린 「천체 관측소Planetarium」는 리치가 한 개인으로 존재하던 자아 "나"를 과거, 현재, 그리고 미래의 여자들까지 모두 포함하는 미국인의 연속체이자 공동체의 발화의 공간인 "나"로서 탄생시키는 과정을 상징적으로 보여준다. 이 시의 도입부에서 리치는 의도적으로 "천문학자이자 윌리엄 허셜의 누이였던 캐롤라인 허셜과 다른 이들을 생각하며Thinking of Caroline Herschel(1750~1848) / astronomer, sister of William; and others"라는 헌정사를 본시가 시작하기 전에 위치시킨다 (38). 그렇게 함으로써, 리치는 본시와 비교할 때 잉여의 공간으로 여겨지는 헌정사의 상징적 공간을 역사 속에 등장하지 않는 수많은 여자들의 의식이 집약되어 있는 공간으로 상징화 할뿐만 아니라 그간 잉여적 존재로 취급되었던 수많은 여자들의 에너지가 그래로 보존되어 있는 우주 속으로 들어가는 상징적 문턱으로 조탁한다.

실제로, 남성 중심적 관점에서 기술된 인류의 역사서에서 인종과 계층과 상관없이 뛰어난 재능을 보였던 여자들은 역사적 업적을 남긴 남자들에 비해 그다지 중요한 역할을 하지 않은 것으로 축소되거나 혹은 아예 그 존재 자체가 침묵되거나 지워지기 십상이었다. 리치가 인용하는 캐롤라인의 경우를 보더라도, 오빠였던 윌리엄 허셜의 과학적 업적은 천문학 역사에 기록되고 기억되었지만, 여동생 캐롤라인은 그녀의 뛰어난 천문학적 지식과 발견에도 불구하고 천문학사 속에서 오로지 윌리엄 허셜의 동생으로서만 기록되었다. 아마도 캐롤라인은 자신의 생각을 당당하게 표현하는 것을 여성답지 않은 자질로 규정한 가부장적 사회규범의 압박을 받으며 "여자의 형상을 입은 괴물"로 낙인찍히지 않기 위해, "나는 캐롤라인이야. 나는 천체 관측자로서 여덟 개의 행성을 발견했지"라고 당당하게 말하거나 기록하고 싶은 욕망을 스스로 억제하고 살았던 과거의 수많은 여자들 중 한 사람이었을 것이다. 그러므로 리치는 그간 세상의 기억에서 망각된 캐롤라인을 호명하여, 천체관측자로 명명하고, 그녀의 존재와 업적을 기억하며 시적 추모사를 적어 둔 것이다. 비록 캐롤라인은 천문학자들에 의해서는 망각되었을 지라도, 이처럼 리치의 시 속에 기록되어 비로소 레즈비언 연속체 속에 존재하게 된 것이다.

그런 뒤 시의 본문에서 리치는 역사 속에서 망각된 수많은 캐롤라인과 같은 여자들을 생각하며 하늘을 바라본다. 그리고 우주 공간에는 "여자의 형상을 입은 괴물a monster in the shape of a woman"로 비칠까봐 전전긍긍하며 자신을 억누르고 말없이 살거나 "괴물의 형상을 한 여자a woman in the shape of a monster"로 다른 사람들에게 고통을 주며 살다가 죽은 여자들이 가득 차 있을 거라고 상상한다. 이어서, 그녀는 수 억 개의 별들이 생몰하지만 우주에 그 에너지가 그대로 보존되듯이, 수많은 여자들이 생몰하며 내뿜었던 원망과 분노의 에너지 역시 사라지지 않고 그대로 보존되어 있을 거라고 상상한다. 그때 갑자기 그녀는 우주에 가득 찬 그 부정적인 에너지가 몸으로 쏟아지며 강력한 초월적 소용돌이에 연결된 듯 느끼며 자신의 의식에 있어서 어떤 근본적인 변화가 일어나는 신비로운 경험을 가진다.

나는 가격당하고 있다 그래도 나는 서있다

나는 수많은 신호들이 우주에서
가장 정확하게 전송되고

가장 번역하기 어려운 언어로

직통으로 수신되는 길에 평생 서있었다

나는 엄청나게 거대하고 엄청난 소용돌이를 지닌

광파光波가 나를 통과하는 데만 십오 년이 걸리는

이 우주의 성운星雲이다

—『문턱 너머 저편』, 156

    시의 마지막 부분에서 리치는 마치 강력한 에너지에 감전되어 의식을 잃었다가 깨어난 사람처럼, "나는 육신의 평안을 위해 / 그리고 정신의 재구성을 위해 / [여자들의] 요동치는 마음을 심상들로 번역하고자 하는 / 여자의 형상을 입은 / 하나의 도구이다"라고 선언을 한다. 또한 시인으로서 자신은 한 여자라는 개인의 경계를 허물고 수많은 여자들을 도와주는 "도구"로 존재할 것이라고 말한다. 이때 리치가 이탤릭으로 강조하는 "나"는 더 이상 전통적인 시인의 개인적 주체를 의미하지 않는다. 그것은 리치가 개인의 자아를 죽임으로써 새로이 탄생시킨 집합 주어이자, 압제자의 언어로 표현할 수 없었던 여자들의 부정적 감정들이 발화될 수 있는 언어 공간이며, 과거, 현재, 미래의 모든 여자들이 그들의 다양한 삶의 경험들을 '나'의 경험으로 인식하고 공감할 수 있는 언어, 즉, '우리'의 공동 언어common language이자 '우리'로서 결속감과 연대의식의 토대를 다져나갈 수 있는 민주 공동체의 발화 공간에 해당하는 것이다.

    실제로 리치는 시적 주어 "나"를 민주 공동체의 발화 공간으로 이용하여 그 동안 역사 속에서 침묵되고 망각되었지만 가부장적 신화에 도전하고 독립자존하는 여성의 주체의식을 보였던 여자들의 삶을 기록하며 시적 추모를 수행하였다. 가령, 「엘비라 샤타예프를 위한 판타지Phantasia for Elvira Shatayev」에서 리치는 산악 원정대원의 리더 엘비라 샤타예프가 숨을 거두기 직전의 강렬한 의식을 전달하였다.

> 일기에 나는 적었다. 이제 우리는 준비가 되었어
> 우리 각자가 그걸 알고 있어 나는 결코 이런 걸
> 사랑한 적이 없었지 나는 결코 나 자신의 힘이
> 그렇게 소진되고 나눠지고 되돌려 받을 수 있는지
> 알지 못했어
> 원거리 교신을 한 뒤 처음 몇 차례 험란에 빠졌을 때
> 우리는 서로에 대한 애정어린 결속감으로 고비를 넘겼지.
>
> ─『전시집 1950-2012』, 445

위의 인용에서 보이듯이 리치는 의도적으로 "일기" 형식을 차용하여 독자들로 하여금 엘비라가 죽음을 앞두고 자신에게 가장 진솔할 수 있는 순간의 느낌을 적은 일기장을 들추고 그녀의 은밀한 고백을 접할 수 있는 분위기를 조성한다. 더불어 이탤릭체를 사용하여 엘비라가 손 글씨로 적은 일기문을 직접 보는 듯 분위기를 조성할 뿐 아니라, 문장을 일부러 쪼개어 곳곳에 빈 공간을 마련해 둠으로써, 엘비라가 숨을 헐떡이며 얼마나 어렵게 글을 적고 있는지를 시각적으로 감각하게 한다. 이처럼 이미 죽은 한 여자의 사적인 경험과 생각을 대변하되 마치 그녀가 독자들의

눈앞에서 생생하게 숨을 몰아쉬며 말하는 것처럼 그 분위기를 되살려 냄으로써, 리치는 특정한 개인의 긍정적인 인생관이 공동체의 인식으로 변형될 수 있는 시적인 장을 펼쳐 놓는 것이다.「천체관측소」에서 스스로에게 약속한 대로, 리치는 집합 주어 "나"를 도구로 삼아 엘비라가 죽음을 앞둔 마지막 순간 느끼는 고통뿐만 아니라 승리감으로 맥박치는 의식을 생생하게 번역하여 독자들에게 전달하는 작업을 수행하고자 하기 때문이다. 그녀 덕분에, 죽음을 앞둔 엘비라가 육체적으로 괴로워하면서도 이제껏 도전하며 후회없이 살아온 삶에 대한 자부심을 느끼고 자신의 도전에 응원과 지지를 보내 준 여자 동료들의 어정어린 헌신에 감사하며 죽음의 공포를 의연하게 맞이하려고 애쓰는 순간, 남성 중심적인 가부장의 언어로는 표현된 적이 없었던 여자들 사이의 결속력이자 죽은 언어로는 표현될 수 없었던 강렬한 자긍심이 독자들에게 생생하게 전달되며 '여성답지' 않은 삶을 살았던 한 여자의 인생과 그 가치에 대한 공감의 장이 형성된다.

이 외에도, 리치는 "줄어들어 딱 맞게 된 낡은 군복같은 피곤함을 입고 있는 여자"(「어둠 속을 걸으며」, 81), "내가 느꼈었던 단 하나의 진정한 사랑은 아이들과 다른 여자들을 위한 거였어요. 나머지는 모두 정염, 연민, 자기 미워하기, 동정, 욕정에 불과한 거였죠"라고 고백하는 여자(「분노의 현상학」, 30), "우리가 맺은 조약은 그 당시 남자들과 여자들이 맺는 평범한 것이었죠. 난 그때 우리가 어떤 사람들이었는지 모르겠어요"라고 말하는 여자(「생존자로부터」 50), "내 사랑의 찌꺼기가 이 길로 간다, 너를 너 자신에게서 구해내려 애쓰면서"라고 한숨짓는 여자(「죽은 이를 위하여」, 49)

아이를 낳다가 죽은 여자(「두 사람이 하나로 보이는 거울」, 15), 집이란 감옥에 갇혀 눈물 흘리는 여자(「감옥으로부터」, 17), 매일 지방 소도시들을 운전하고 다니는 외로운 여자(Song, 20), 어떤 기쁨도 없이 의무적으로 성생활을 하는 여자(「대화」, 21), "나는 양성인이야. 나는 네가 그 죽은 언어로 서술할 수 없는 살아있는 정신이라구"라고 고함치는 여자(「이방인」, 19) 등등 각양각색의 여자들이 다양한 형태의 고통과 아픔의 인생 이야기들을 "나"의 발화 공간을 통해 솔직하게 고백되고 독자들에게 공감될 수 있는 시적인 장을 마련하였다. 그럼으로써 리치는 이질적이고 파편적인 여자들의 현실 경험들이 '여성'의 이름으로 추상화되는 대신, 공동언어 "나"의 발화 공간에서 그 구체적인 존재성을 잃지 않으면서 미국여성의 연속체속에서 기억되고 존재감을 가질 수 있도록 시적으로 번역하는 역할을 수행하였다.

2. '우리'의 재해석 – '나'와 '너'가 이루는 레즈비언 연속체

리치가 저자의 죽음을 통해 "나"를 공동체의 발화 공간으로 구성하고 보통 여자들의 다양하고 이질적인 인생 경험들과 감정들을 번역하는 역할을 하였다면, 그것은 동시에 바르트가 주장하는 "독자의 탄생"의 효과를 초래하며 그녀를 미국 모던시의 유산을 넘어서서 포스트 모던시학을 구성해 나간 페미니스트 시인으로서 평가할 수 있게 해 준다. 이미 지적하였듯이, 바르트에 의하면, 저자의 죽음은 불가피하게 하나의 텍스트의 일관성은 독자들의 의미 찾기에 달려있으며, 독자들이 시를 읽는 행동은 그 텍스트를 매번 다시 쓴다는 것을 의미하는 것이라고 주장하였다(『저자의 죽음』, 148). 리치의 시를 읽을 때도 마찬가지로, 독자들은 여성 문제에 대한 리치의 지적 사유와 통찰력을 일방적으로 수신하며 하나의 단일한 페미니스트 인식을 형성하도록 가이드를 받지 않는다. 대신, 그들은 리치가 조성한 공동체의 언어 공간인 "나"의 발화 위치를 점한 다양한 여성 화자들이 진솔하게 마음속에서 꺼내 놓는 이야기들, 즉, 가부장제 가족체제에서 그들이 차마 입 밖으로 꺼내놓을 수 없었던 남성적 존재들 대한 분노와 원망의 감정들 그리고 딸, 아내, 어머니로 이어지는 여성의 역할을 수행하며 겪었던 좌절감, 자신감 부족, 무기력감, 우울함, 공허감 등등 강렬한 감정적 에너지를 수신하며 그들 자신의 다양한 인생을 다시 바라보게 될 뿐이다. 마치 블루스 가수가 내뱉는 "이제 지쳤어, 죽을 것 같아, 죽고 싶어"라는 비탄을 듣고 연민과 공감을 느끼는 청중처럼, 독자들은 리치가 개방해 둔 "나"의 발화 공간에서 고백되는 여성 화자들의 인생 이야기를 듣고 그들 자신의 삶과 비교하며 이해하는 가운데 여성의 삶을 가로지르는 의식에 대한 통찰의 순간을 경험하고 '나만 그런 것은 아니구나' 혹은 '내가 이상한 게 아니구나'라는 연대감을 느낄 뿐이다.

레즈비언 페미니스트로서 자유롭고 당당한 삶을 꿈꾸면서도 리치가 여성 독자들에게 레즈비언의 존재양식을 보다 나은 삶을 위한 대안적 라이프스타일로서 제시하거나 레즈비어니즘의 가치를 설파하는 시적 프로파간다를 수행하지 않았던 이유는 단순하다. 그녀는 공동 언어 "나"의 공간을 시인과 여성 화자들의 의식뿐만이 아니라 시공을 초월하여 화자들 사이의 의식, 그리고 화자들과 독자들 사이의 의식이 다층적으로 중첩되고 교차되는 "우리" 연속체의 언어 공간으로 구성하였기 때문이다. 과거와 현재와 미래의 수많은 여자들의 내면을 시적으로 번역하는 작업을 수행하며, 리치는 독자들이 시를 소리 내어 읽는 행위를 하는 가운데 여성 화자의 심리에 연결되고, 그녀의 입을 빌어 마음속에 억압해온 부정적인 에너지를 자발적으로 방출시키는 카타르시스를 느끼고, 그 과정을 통해 시들고, 말라빠지고, 황폐해진 그들의 내면 의식을 스스로 치유하기 위한 여정으로 첫발을 내딛을 수 있도록 격려하는 도구로서 충실히 기능할 뿐인 것이다. 예를 들어, 「분노의 현상학Phenomenology of Anger」의 제3연을 한번 살펴보자.

한 겨울의 평야.
달탐사를 마치고 돌아온 우주인들.
불속에서 나온 소방수들.
무미건조한 시간 : 우유부단한 시간.
자기혐오, 마음속에서 들리는 단조로운 목소리.
귀향지에서 사는, 심지어는
열정적인 국가에서조차 느끼는, 삶의 피상성.

—『문턱 너머 저편』, 29

위의 시에 등장하는 여성 화자는 남자들은 스스로의 인생 항로를 결정하고 그들의 꿈을 실현해 나가는("moonmen" 혹은 "firemen") 반면에, 가정주

부인 자신은 마치 귀향을 당한 사람처럼 '집'이라는 현실 감옥에 갇혀 하루 하루를 무미건조하게 반복하며 피상적으로 살고 있다고 여긴다. 그녀는 한편으로는 자신의 꿈을 포기하고 무기력하게 살아가는 자신에게 매우 화가 나면서도, 다른 한편으로는 사랑하는 가족에게 헌신하는 삶에서 만족하지 못하고 그런 부정적인 감정을 가진다는 점 때문에 스스로를 미워하고 비난하는 자가당착의 처지에 놓여 있다. 때문에, 그녀는 스스로 감정기복을 통제할 수 없는 당혹스런 상황에 처하기도 하고, 억눌러도 자꾸만 솟아오르는 분노 때문에 종종 미칠 듯한 격렬한 감정에 휩쓸리거나, 심하게는 자살이나 살인같은 폭력적인 충동에 휩싸이기도 한다. 그렇게 폭풍처럼 휘몰아치며 일어나는 분노와 감정 억압의 사이클을 반복하며 그녀는 '행복한 가정'의 이상을 믿고 헌신하며 살아온 끝에 자신의 영체靈體가 금이 가고 망가진 것을 자각하고 슬픔, 허무함, 우울함에 빠지곤 한다.

그러던 어느 날 그녀는 문득 자신의 마음 속에서 자아의 욕망을 억압하고 자신을 희생하는 삶을 '정상적' 여자의 인생으로 훈육시켜온 세상에 대한 혐오감이 얼마나 깊게 뿌리를 내리고 있었는지 깨닫는다. 그녀는 더 이상 침묵으로 자신의 감정을 숨기지 않고, 마침내 분노의 감정을 있는 그대로 표출하고 만다.

난 당신이 미워요.
난 당신이 쓰고 있는 가면을 증오해요.
있지도 않은 깊이를 가장하고,

당신의 해골 속 깊은 동굴에

사방을 둘러봐도 뼈만 있는 곳에

날 유인한 당신의 두 눈도요.

난 당신의 말을 혐오해요.

당신의 말은

개혁을 가장한 문서들,

전쟁터에 뿌려지는

빳빳한 전단지 쪼가리들을

생각나게 해요.

—『문턱 너머 저편』, 29

자기 마음속에 아버지를, 남편을, 남자 애인을 증오하고 그들에게 분노하는 감정이 있었음을 인정하고 마침내 여성 화자는 '미친 여자'로 낙인찍힐 두려움을 극복하고 부정적인 감정들을 여과없이 표현하는 것이다. 그녀의 심정에 공감하는 독자들 역시 시를 소리 내어 읽는 가운데 그녀의 입을 통해 자신의 억눌린 감정들을 대신 표출하는 경험을 하며 카타르시스를 얻게 된다. 사회적 시선과 가부장적 사회 권력의 질타가 두려워 오랫동안 말을 참고 감춰 두기만 했던 메마른 부녀관계, 부부관계, 모녀관계, 형제관계, 상하관계, 동료관계 등등 그리고 가정과 사회생활을 유지하기 위하여 그런 메마른 관계나마 지켜내고자 치러 온 감정의 소비와 육신의 고통 그리고 심리적 고갈의 문제는 독자들이 충분히 공감할 수 있는 부분이며, 그들 역시 그런 감정들을 안전하게 표출할 수 있는 언어 공간이 필요하다는 인식을 공유하기 때문이다.

하지만, 리치는 독자들이 페미니스트 의식을 가지고 여성 화자의 감정에 전적으로 공감할 것을 강요하지는 않는다. 남편에 대한 오랜 증오와 분노, 가식적 사랑에 대한 혐오감 등등을 내보이는 여성 화자에 대해, 리치는 "이것은 여자의 고백이다"라고 하는 대신, "이것은 어떤 한 여자의 고백이다"라고 말해주기 때문이다.

> "내가 느꼈던 진정한 사랑은
> 아이들과 다른 여자들을 향한 것뿐이었어요.
> 다른 모든 건 그저 정욕, 연민,
> 자기혐오, 연민, 정욕일 뿐이었어요."
> 이것은 어떤 한 여자의 고백이다.
>
> ─『문턱 너머 저편』, 30

독자들이 여성 화자와 다른 의견을 가질 할 수 있다는 여지를 충분히 인정하며, 리치는 "어떤 한 여자의 고백"에 대해 공감할 지, 비난할 지 역시 독자들 나름대로의 해석과 판단에 맡긴다는 제시를 하는 것이다. "사랑"이란 이름으로 자신의 욕망을 억누르고 자신의 영혼과 육신을 돌보지 않았던 여성 화자의 분노와 회한의 "고백"을 들으면서, 어떤 독자들은 화자의 입을 통해 자기의 감정을 표출해내고 후련해하는 감정의 카타르시스를 얻을 수 있고, 또 다른 독자들은 그런 화자를 비난할 수도 있기 때문이다. 이처럼 리치는 시가 추동할 수 있는 다양한 잠재적 의미화 과정을 전제하고 독자들이 주체적으로 생각하고 반응할 수 있는 시민 주체로 탄생할 수 있는 시적 장치들을 마련해 놓음으로써 포스트 모더니티를 확보한다. 리치의 시를 읽으며 독자들은 "나"라는 공동 언어 속에서 시인과 화자와 그리고 자신과 자유롭게 교감하고 스스로 자신의 현실 모습을 정면으로 다시 바라보고 사유할 수 있는 기회를 가지게 되는 것이다. 그러한 시의 열린 구조와 주체적으로 사유하는 독자의 탄생에 대한 리치의 신념은 이 시의 마지막 부분에서도 잘 드러난다.

> 이제, 보티첼리의 비너스, 칼리,
> 찰트레스의 쥬디스의 소위 그 유명한
> 미소를 지은 얼굴을 다시 쳐다보라.
>
> ─『문턱 너머 저편』, 30

리치는 "자, 얼굴을 다시 보라"고 말을 한다. 보티첼리가 그린 풍만한 여성 비너스가 짓고 있는 수줍은 미소, 인도 여신 칼리가 허기에 혀를 내민 채 짓고 있는 광기어린 웃음, 자신을 강간하고자 했던 적장의 목을 벤 유대 여성 쥬디스가 짓고 있는 차가운 미소를 다시 보고 그 "미소"의 의미를 재해석 해보라는 것이다. 그 해석이 어떠할지 리치는 전혀 제시하여 주지 않는다. 다만, 그녀는 독자들이 스스로 사유하여 나름의 해석과 판단을 하길 바라며 시를 마칠 뿐이다. 시의 의미는 독자들이 실제로 비너스, 칼리, 쥬디스의 얼굴을 다시 보고, 재해석을 할 때 비로소 완성되는 것이다.

3. 가부장제 여성의 존재론적 모순
— 여성이 여자를 죽여야 살 수 있는 존재양식

사실상, 가부장적 사회체제 속에서 보통 여자는 "나"와 "너"로 분열된 존재양식을 가지고 서로 미워하고 죽이는 존재양식을 가지게 된다. "나"가 가부장적 사회체제에서 허용된 '여성다운' 의식을 지닌 주체라면, "너"는 가부장적 가족체제 하에서 억눌려진 여자의 욕망을 가진 주체로서, 리치는 「분절Splitting」[1]에서 이 둘이 사실은 "우리"로서 한 여자의 의식 속에 공존하고 있고 본다. 다만, 가부장적 사회체제의 "조직원리"에 의해 대부분의 여자들은 "나"를 존재 양식 속에서 "너You"를 억누르고, 가족에 대한 "사랑 때문에 힘을 내려놓고"(11) 헌신적인 어머니라는 여성의 명예를 추구하며 살아갈 뿐이다.

> 우리는 이제 더 나이가 들었지
>
> 우리는 전에도 만난 적이 있어 네 눈앞에 있는 이것들은 내 손이야
>
> 내 모습이 내 것이 아닌 모든 것들을 지워버려
>
> 나는 분절의 고통이야 분절의 창조자야
>
> 네가 사랑하던 이를 너로부터 지워버린 것도 나야
>
> 시간대의 차이나 먼 거리가 아니라
>
> 분절이 나를 불러들인 게 아니라 내가

---

1   Adrienne Rich, "Splittings", *The Dream of A Common Language*, New York : Norton, 1973, pp.10~11.

분절 그 자체야 그러니 기억해

나는 존재하지 않아 너를 떠나서

—『문턱 너머 저편』, 10

이 시에서 시사되듯이, 일상생활을 하는 가운데 "나"의 위치를 점하는 것은 대부분 아내나 어머니로서 사회적 의식의 통제를 받는 자아이며, 아주 가끔 일상을 멈추고 내면을 바라보게 될 때 "나"는 비로소 "너" 즉 개인적인 욕망을 가진 자아가 억눌린 상태로 존재하고 있음을 인식할 따름이다. 그럴 때 보통의 여자들은 "나"의 의식 속에서 "너"의 존재를 금방 "지워버리blotting out"지만, 그러한 "분리division"의 창조자가 자신임을 인지하기 때문에 원초적인 분절splitting의 고통에서 벗어날 수 없다. 가족을 위해 여자로서 욕구를 억누를 때마다 "나"는 스스로 자아의 중요한 부분인 "너"를 죽이고 있다는 가책을 받기 때문이다. 이렇듯 리치는 가부장적 사회 속의 여자의 존재양식을 "분절 그 자체인 나who am separation"라고 정의하고, 독자들로 하여금 가부장적 사회가 요구하는 '여성'으로 살면서 개체적인 '여자'로서의 욕구를 억압하는 것은 "실존이 아님"을 사유하게 하는 시를 창작하였다.

이처럼 「분절」에서 제시되듯, 대부분의 보통 여자들은 분절된 자아로 인해 파생되는 "근원적인 외로움primordial loneliness"을 겪으며 한 평생 살아가지만, 그들이 겪는 고통의 중대성을 사회적으로 인정받지 못하는 처지에 놓여있다. 리치는 「평생 동안Our Whole Life」이라는 시에서 이러한 여성의 고통을 알제리 시골에 사는 어떤 노인의 고통에 유비하여 제시하였다.

이 노인은 원인모를 지속적인 고통을 실감하며 도시의 병원에 찾아가 치료해 줄 것을 호소하지만 권위자인 의사가 그것은 병이 아니며 그냥 쉬면 낫는 것이라고 처방하는 바람에 집으로 다시 돌아와 한 평생 그 고통에서 벗어나지 못하고 산다. 마찬가지로, 여자들 역시 그들의 원인모를 육체적 고통이 개인적인 욕구나 소망을 표현하며 다른 여자들과 연결되고 세상에 소속감을 느끼는 경험에서 단절된 근원적인 외로움과 그로 인한 좌절감과 분노로 발생한 것임을 정당하게 진단받지 못한다. 그저 '모든 여자들은 다 그렇게 산다'는 사회적으로 통용되는 "거짓fibs" 처방을 받아들고, 스스로를 달래면서 그들은 내적인 분절의 상황으로 인한 정신적 스트레스를 치유하지 못하고 평생 육체와 영혼에 병을 키우며 살아가는 것이다.

따라서 리치는 시를 통해 내적 분절의 상황을 방치한 여성 화자들, 가령, 퀴리, 엘비라 샤타예프, 폴라 베커, 미셸 클리프, 어느 엄마, 사십대에 죽은 여자 등등 다양한 화자들이 등장시킨다. 그들은 "나"의 발화 공간에서 어떠한 논리적 인과관계도 없이 그저 그때그때 생각나는 대로 조각난 일화들을 독백의 형식으로 중얼거린다. 이 형식은 가부장적 사회체제 하에서 '여성'으로 존재하면서 동시에 개인적인 욕구를 희생하지 않는 '여자'로서 존재하기를 소망하는 여성 화자에게 매우 적절한 발화의 형식이다. 사회적 지탄에 대한 두려움 때문에 자신의 있는 그대로의 모습 그대로 진솔하게 살아갈 수 없는 대부분의 여자들이 좌절, 절망, 분노, 혹은 무기력함을 독백이라는 형식을 통해 스스로에게 내적 분절의 상황을 인식하게 하고 그런 과정에서 일종의 억압된 에너지를 분출하는 카타르시스를 느낄 수 있을 것이기 때문이다. 더불어 독백의 형식은 앞서 언급했듯이 독자들로 하여금 시인의 메시지를 일방적으로 수신하고 지적 깨달음에 도달하기보다는 다양한 화자들이 내뱉는 단편적인 독백을 엿듣고, 그들의 파편화된 내면세계와 자신의 것을 비교하며 적극적으로 상상력을 개입하게 하는 효과를 낳는다. 그러한 과정 속에서 그들은 가부장적 사회 체제 하에서 여성의 존재양식과 여자로서의 실존적 욕구 사이의 메울 수 없는 간극 때문에 근원적 외로움으로 고통의 받는 사람들이 그들 혼자만이 아니라는 사실을 이해하게 된다. 독자들이 내면의 분절을 스스로 깨달고 그들이 느끼는 고통의 본질을 이해할 때, 비로소 그들은 영혼의 안식을 위한 욕구뿐만 아니라 육체적 욕구까지도 인정하고 자신을 있는 그대로 사랑하려는 실천을 할 수 있을 것이며, 바로 그러한 개개인의 실천이 이루어내는 사회적 변화가 리치가 말하는 '레즈비언 상상력'에 근거한 시학을 발전시키며 지향했던 목표에 해당하는 것이다.

APPENDIX

제9장

레즈비언 페미니스트 시학

여성 시인의 사랑 노래 「스물한 개의 사랑시」

제2세대 페미니스트들은 성, 젠더, 사랑에 대한 당대의 담론에 매우 깊은 관심을 가지고 있었다. 당시 리치는 「당위적 이성애와 레즈비언의 존재」라는 에세이를 기고하며, 남성 중심적인 시각을 지닌 진화심리학자들이 여성의 이성애적 사랑을 '정상적인 것' 혹은 '본질적인 것'으로 확정하는 과학주의 담론을 펼치는 것에 대해 민감하게 반응하였다. 생물학적 성과 사회적 성의 분리에 대한 이론을 소개한 최초의 진화심리학자는 오토 바이닝거Otto Weininger로서, 1903년 출판했던 『성과 성격』에서 그는 생물학과 문화를 연결시키며, 남자와 여자가 모두 원칙적으로는 양성성을 지닌다고 주장하였다(프레히트에서 재인용, 139). 그에 따르면, 남자와 여자는 각각 남성의 원칙과 여성의 원칙을 자신의 개체 안에 지니고 있는데(프레히트에서 재인용, 139), 전자가 선의 원칙이라면, 후자는 악의 원칙에 해당하며 성과 육체에 근거한 "열등하고, 저급한 충동에 좌우되고, 비이성적"(프레히트에서 재인용, 138) 성징을 보인다는 것이었다. 따라서 그는 각 개체가 자신에게 주어진 생물학적 성 안에서 자신의 사회적 성 역할을 찾고, 남성성이 여성성을 추방하는 방향으로 사회가 진화해 나가야 한다고 주장하였다(프레히트에서 재인용, 139).

하지만, 바이닝거의 반페미니스트적인 주장은 오직 성적인 기질이 생물학적일 뿐 사회적 성은 결정되어 있지 않다는 점을 부각시키며 보브와르가 『제2의 성』에서 "여자로 태어나는 것이 아니라 그렇게 만들어 진다"고 주장한 것과 더불어 미국 페미니스트들에게 상당한 영향력을 끼치게 되었다. 가령, 화이어스톤S. Firestone은 대부분의 이성애적 관계의 묘사에서 선택의 주체인 남자가 여자의 마법에 걸린 듯 "사랑에 빠져서" 자기보다 신분이 낮은 대상인 여자를 "이상화, 신비화, 미화"하는 일련의 착각과 기대감으로 구성된 사랑의 감정을 겪는 것으로 제시되는 가운데 남녀 간의 권력관계가 은폐된다고 비판하였다(프레히트에서 재인용, 126). 1960년대 성과 젠더의 문제를 둘러싼 논쟁의 한 가운데에서, 진화심리학자들은 "남녀의 전형적인 성행동이 석기시대에 만들어진 생물학적 모듈"(프레히트에서 재인용, 144)에 따른다고 주장한 반면, 페미니스트들은 그러한 사회적 성역할은 근대에 형성된 사회적 구성물에 불과하다고 주장하였다. 페미니스트들은 "해부학은 운명이 아니다"라고 목청을 높일 때, 진화심리학자들은 "자연이 이미 우리의 성 행동을 결정지어 놓았다"라고 응수하며 갑론을박을 벌였다(프레히트에서 재인용, 145).

젠더를 강조하는 페미니즘은 어떤 면에서 이기적 유전자이론을 따르는 진화심리학자들에게는 아무런 '생물학적' 의미도 없는 담론에 불과한 것으로 취급하였다. 인간이 수행하는 모든 남성적 행동방식과 여성적 행동방식이 성행위와 양육에 기여해야 한다는 진화심리학자들에게 생물학적 규범에 반하는 동성애자, 무자녀 부부, 성 전환자, 불임수술을 한 남자, 비혼 여자 등등은 사회적 성 역할을 생물학적 규범으로 설명하고자 하는 시도를 좌절시키는 곤란한 존재들이었기 때문이다. 이들의 입장을 강화시켰던 한 가지 중대한 실험이 있었으니, 이것은 바로 1967년 존즈 홉킨스대학의 심리학과 교수 머니가 수행했던 데이비드 라이머David Peter Reimer라는 환자의 성정체성에 대한 실험이었다.[1] 라이머는 2세에 포경수술이 잘못되어 성기를 잃어버리게 되었다. 이에 라이머의 부모는 머니 교수의 도움을 받아 라이머의 고환을 제거하고 페니스의 남은 부분을 변형하여 여성의 성기를 만들어 준 뒤, 브렌다라는 여자이름을 주고 전형적인 소녀로 자랄 수 있도록 격려하였다. 하지만, 라이머는 브렌다로서의 삶에 만족하지 못했다. 얼마 지나지 않아 라이머는 자신의 생물학적 성이 인위적으로 전환되었다는 사실을 알게 되었고, 여러 차례의 호르몬 치료와 수술을 거쳐 원래의 성으로 돌아가고자 하였으나 결국 실패하였다. 라이머는 38세의 나이로 스스로의 삶에 종지부를 찍고 말았다. 라이머/브렌다를 둘러싼 실험과 비극적 결말은 일견 사회적 성을 생물학적 토대로 설명하고자 하는 진화심리학자들의 주장을 강화시키는 사례가 될 수 있다. 하지만, 사회적 성역할의 성공적인 수행을 둘러싼 요인들은 유전자 이외에도 다양하게 발견된다. 라이머/브렌다의 경우에도 사회구성원의 긍정적인 격려와 수용이 있었다면 비극적인 결말이 이루어지지 않았을 수도 있기 때문이다.

---

1   머니의 실험과 라이머/브렌다의 비극에 대해서는 『본성과 양육』을 참고함.

그렇다면, 결국 생물학적 성의 구분이 존재하는 이유와 사회적 성에 따른 이성애와 사랑이 반드시 연결되지 않을 수도 있을 것이다. 생물학적인 관점에서 남자와 여자가 존재하는 이유는 종족을 유지하기 위한 번식을 위한 것이지만, 1970년대 이래 현대 사회에서 남자와 여자의 성애와 사랑 그리고 번식은 반드시 일치하지 않아도 무방한 것으로 변화하였기 때문이다. 예컨대, 오스트리아의 행동연구가 이레노이스 아비블-이아베스펠드는 사랑이 "애초에 남녀관계를 위해 고안된 것이 아닐 수도 있다는 의문을 제시"하였다(프레히트에서 재인용, 185). 그에 의하면, "사랑은 양육의 산물이지 성애에서 비롯된 것이 아니라는 것이다"(프레히트에서 재인용, 185). 이어서 그는

성충동은 극히 드물게 사용되던 애착의 한 수단이었는데, 우리 인간에 이르러 커다란 역할을 하게 되었다. 성 충동은 가장 오랜 본능의 하나임에도 흥미롭게 몇몇 예외적인 경우를 제외하고는 지속적이고 개성화된 애착의 발달에 기여하지 못했다. 사랑은 성애에 뿌리를 두지는 않았으나 성적 유대관계를 더욱 강화시키는 역할을 했다.

— 프레히트에서 재인용, 185

성애와 사랑을 구분하는 시도는 이에베스펠드 외에도 죠지워싱턴 대학교의 아동심리학자 스탠리 그린스펀과 공동저자인 뉴욕대학교의 철학자 스튜어트 생커가 집필한 『최초의 생각』에서도 주장되었다. 그들은 사랑의 기원이 어미와 자식의 사이에서 탄생하는 섬세한 감정과 감수성이

며 이러한 사랑이 "어미자식 관계에서" 다른 구성원에게로, "남녀관계"로 확산되었다고 주장하였다(프레히트에서 재인용, 187).

리치는 이러한 점에 주목하며, 한 여자가 다른 여자에게 "연결되려는 의지the drive to connect"를 레즈비언 상상력이 지니는 독특함이자 잠재적 혁명성으로 규정하였다. 다양한 비평 활동을 통하여 리치는 남녀 간의 이성애만 허용하는 가부장적 사회 권력이 여성들 사이의 사랑을 동성애의 여성형으로 축소하고 '레즈비언'이라는 언어에 부정적 함의를 부가하여 억압해 왔다는 점을 제시하였을 뿐만 아니라, 「스물한 개의 사랑시」를 통해 레즈비언 상상력의 잠재성을 당당하게 선언하였다. 그동안 학자들은 「스물한 개의 사랑시」의 주제라고 할 수 있는 언술, "아무도 우리에 대해 상상해본 적이 없어"를 해석하며 "우리"를 "레즈비언 관계, 남자가 없는 세계a lesbian relationship, a world without men"(디일, 『아드리안 리치의 시와 산문집』, 410)로 읽어왔다. 디일은 리치가 "그녀의 일상적인 경험으로부터 신화를 만들어"(『아드리안 리치의 시와 산문』, 409) 내고 "여자의 자아를 중심으로 삼아 그 자아를 주변의 모든 사물에 이름을 붙이는 원천으로 만들고자" 한다고 주장하였다(『아드리안 리치의 시와 산문』, 410). 옥텐버그 역시 "우리"를 "두 여자, 애인들; 나아가 다른 여자들 모두"를 의미한다고 보면서 다음과 같은 해석을 하였다.

그녀는 그 어떤 남자도, 그 어떤 문학작품도, 그 어떤 가부장적인 문화의 분야도 두 여자가 서로 사랑하면서 함께 할 수 있는 가능성에 대해서, 그리고 이것을 새로운, 여성중심적인 문명의 태초로서 고려해본 적이 없었음을 의미하는 것이다.

— 『아드리안 리치의 시와 산문집』, 331

두 학자는 "우리"를 두 여자로 해석함으로써 리치가 동성애에 근거한 급진적인 페미니스트 대체시학을 제시하는 것이라고 주장하는 것이다. 하지만, "우리"를 두 여자로 해석할 경우 드러나는 문제점은 우선, 그러한 해석이 리치의 '레즈비언 연속체'에 근거한 시학과 일관성 있게 연결되지 않는 점을 들 수 있다. 디일이나 옥텐버그가 주장하듯이 "우리"를 레즈비언 동성애자 두 명으로 보는 경우, 그러한 페미니스트 시학은 '레즈비언의 존재'에 관한, 즉, 역사 속에 존재하지 않았던 새로운 사랑의 양식을 존재시키는 것을 목표로 하는 그러한 시학이 될 것이기 때문이다. 하지만 "우리"를 두 여자가 아닌 한 여자의 의식 속에서 분절되어 있는 두 자아, 즉, 여성/여자로 이해한다면, "아무도 우리에 대해 상상해본 적이 없어"라는 시적 언술은 리치의 레즈비언 연속체 전망을 충분히 효과적으로 반영하는 것으로 볼 수 있다. 앞의 8장에서 설명하였듯이, 리치는 여성 화자인 "나"가 자신의 자아를 "너"로 객관화시켜 화자가 가부장적 기준과 심상들에 맞추어 살면서 그동안 그 존재 자체를 부정했던 또 다른 자아를 스물한 개의 연작시에서 레즈비언 상상력을 통해 회복시킬 뿐만 아니라 "우리"로 통합을 이루고 독립자존하는 여성으로 탄생하는 과정을 보여주기 때문이다.

전체적으로, 이 연작시는 화자 리치가 "내가 선택한 인생이 아니라/삶이 나를 택한A life I didn't choose/chose me"² 현실을 바라보며 내적 분절로 인한 근원적인 고통에서 벗어나지 못하는 자아를 온전히 소생시키기 위한 시적 여정을 떠나, 마침내 '여성'과 '여자'로서의 두 가지 존재양식 사이에 유기적 관계를 이룬 "우리"를 회복하며 시를 마치는 구조를 취하고 있다. 우선 첫 번째 시에서 아침 자명종 소리로 일상을 시작하는 화자 "나"는 레즈비언 주체인 자아 "너you"를 있는 그대로의 모습으로 세상 사람들에게 알리고 싶다는 목소리를 내면서 늘 듣고 있는 여성이다. 네 번째 시에서 그녀는 우편물을 체크하고, 커피를 마시며, 음악을 듣는 동안, 자아와의 합일된 충만감을 느끼지만, 막상 책을 펼치면 남성 작가들이 창조해낸 '여성'의 단선적인 심상들 속에 온전한 '여자'의 복합적인 모습이 없기 때문에 답답함을 느낀다. 가령, 다섯 번째 시에서 그녀는 서가에서 책을 꺼내 스위프트가 "여자의 육신을 혐오하고 정신만 찬양"하고, 괴테는 "어머니들을 두려워" 하는 심사를 적어 둔 것을 읽으며 분개하지만, 수세기동안 쓰여 진 여성에 관한 그런 류의 책들이 여성에 대한 정론으로 유통되는 현실에 탄식을 할 수밖에 없다. 일곱 번째 시에서 화자는 여성 시인으로서 '여성이자 여자'인 "우리"로 존재하는 자신의 여성관을 "문자로 옮겨놓고 싶어"하면서도, 레즈비언의 존재를 인정하지 않는 가부장적 사회체제 속에서 "압제자의 언어"로 그것이 과연 나무에 대해서, 전쟁에 대해서 글을 쓰는 것처럼 가능하기나 한 일인지 자문하며 회의감에 빠지게 된다.

---

2   Rich, "The Roofwalker"

그러나 꿈의 시퀀스를 통해서 리치는 "우리"에 대해 표현하고 싶은 시적인 창작욕을 실현한다. 그녀는 꿈의 특성을 활용하여 모순적이고, 역설적이거나, 충격적인 심상들을 제시하고, 독자들은 꿈의 시퀀스를 통해 그녀의 무의식의 세계에 진입하게 된다. 가령, 열 두 번째 시에서 화자 리치와 그녀의 레즈비언 자아는 꿈속에서 "똑같은 성을 지닌 두 명의 애인들 two lovers of one gender"로 객체화된다.

XII

잠을 자며, 행성들처럼 궤도를 돌며
한밤중에 초원에서 회전하고 있다.
잠잘 때조차 우리가 우주 속에 홀로 존재하지 않는다는 사실을
알아보기엔 한번 만져보는 걸로 충분하다.
꿈에 나타나는 두 세상의 영혼들은
유령 도시를 걸어 다니며, 서로에게 거의 말을 주고받을 정도이다.
난 몇 광光년 또는 암暗년이 떨어진 곳에서 말해진 듯한,
마치 내 목소리로 말했던 것 같은 네 중얼거림에 잠을 깼다.
하지만, 우린, 잘 때조차, 목소리가 다르다,
그리고 우리의 몸도, 매우 비슷해 보이지만, 아주 다르다
그리고 우리의 혈류를 통해 메아리치는 과거는
다른 언어이며, 다른 의미들을 신고 있다 —
비록 우리가 공유하는 세상의 어떤 기록에

그것이 새로운 의미로 쓰일 수 있다고 해도,

우린 같은 성性을 지닌 두 명의 연인이다,

우린 한 세대에 속한 두 명의 여자이다.

—『문턱 너머 저편』, 308~309

이어, 열세 번째 시에서 두 사람은 "언어도 없고 [가부장의] 법도 없는 곳"에서 남자가 조종하는 비행기를 타고 있는 자신들을 발견한다. 열네 번째 시에서 두 사람은 비록 바다로 돌진하는 비행기 속에서 가부장적 사회 체제의 광기를 느끼며 생명의 위험을 느끼지만, 그로 인해 오히려 서로에 대한 결속감을 더욱 절실히 느끼고 운명공동체로서 연대의식을 다지게 된다. 열다섯 번째 시에서 꿈에서 깨어난 화자 리치는 악몽의 의미를 되새기며 복수적 자아를 표현하려는 자신의 시도가 실패로 돌아갈 것인지 혼란스러워하며 걱정에 휩싸이지만, 열여섯 번째 시에서 아름다운 선율로 "나는 너와 함께야I'm with you"라고 공명하는 자아의 목소리를 듣고 안심하게 된다. 마침내 열일곱 번째 시에서 리치는 가부장적 사회의 이념이 제시하는 '여성'의 죽음을 경험하고, 더 이상 가부장적 사회 권력이 레즈비언 존재에게 부과하는 사회적 죽음에 대해 두려워하지 않게 된다.

XVII

어떤 사람을 사랑하라고 정해져 있거나 운명지워진 사람은 없다.

사건은 일어나기 마련이고, 우리는 여주인공이 아니다,

차가 충돌하듯이, 책이 우리를 변화시키듯이, 이사 온 곳의 이웃을

사랑하게 되듯이, 사건은 우리의 삶 속에서 그냥 일어난다.

「트리스탄과 이졸데」는 거의 꾸며낸 이야기라고 볼 수 없다.

여자들은 적어도 사랑과 죽음의 차이점을 알아야 한다.

독 사발도 없고, 고행도 없다. 다만 어떤 생각이 들 뿐이다,

그 녹음기가 우리 몇몇의 영혼의 소리를 녹음했어야 한다는,

그 녹음기가 음악을 재생시킬 뿐만 아니라 우리의 목소리를 담았어야 했다는

그럼 우리 뒤에 올 세대에게 이런 것들을 가르칠 수 있을지 모른다는 ─

이것이 우리의 과거 모습이고, 이것이 우리가 사랑했던 방식이고,

이것이 그들이 우리를 반대편에 가둬두었던 힘들이고,

이것이 우리가 내면에 간직했던 힘이라는 것을,

우리 내면에 그리고 우리 반대편에, 우리 반대편에 그리고 우리 내면에.

─『문턱 너머 저편』, 316~317

레즈비언 상상력을 통해 여성이자 여자인 복수적 자아를 지닌 존재로 새롭게 탄생한 리치는 이성애의 당위성에 종속되어 자신을 가둬두었던 과거 모습에 슬픔과 분노를 느낀다. 하지만, 그것 역시 자신의 삶의 일부였고, 오히려 그런 슬픔과 분노가 내면에 간직했던 생존의 의지를 자극했다는 점을 깨닫는다. 그리고 열여덟 번째 시에서 새롭게 탄생한 자신, 즉, 여성이자 여자인 "우리"로서 존재하는 "나"의 이름 "아드리안"을 다시 부르며 가부장이 부여해 준 이름이 아니라 자신이 스스로 이름을 책임지는 여성으로서 독립자존할 것을 다짐한다. 그동안 독자들은 그녀가 어떤 다

른 여자와 대화를 나누고 있었다고 생각했지만, 사실 리치는 "그녀 자신과 대화를 나누고 있었던" 것이었으며 이제 스무 번째 시에서 독자들은 그 사실을 알게 된다.

XX

대화를 하면서도 늘 우리가 주변에 머물렀다는

생각이, 내 머릿속에서 요동을 친다,

밤에 허드슨강은 뉴저지의 불빛을 받으며 잔잔히 흐른다

오염된 강물이지만 이따금 달빛을

반사하기도 한다

그러면 난 내가 사랑했던, 비밀에 잠겨 있는, 머리칼처럼 목주변을

칭칭 감은 공포심으로 질식할 것 같은 어떤 여자를 식별해낸다.

이 여자가 바로 내가 표현하려고 애썼던 여자이다, 그녀의 상처,

고통으로 고개를 옆으로 돌리고 뭔가 표현하려는 그 두상,

그것은 내 말을 들을 수 없는 곳으로, 더 깊은 곳으로

빨려 들어간다,

그리고 난 곧 알게 될 것이다

내가 내 자신의 영혼에게 말하고 있었다는 사실을.

—『문턱 너머 저편』, 319~320

그리고 마지막 스물한 번째 시에서 리치는 여명이 터오는 가운데 선사

시대부터 지금까지 신비로운 비밀을 간직한 채 묵묵히 그 자리에 서 있는 스톤헨지를 바라보며, 자신 역시 비록 고독할지라도 레즈비언 페미니스트 시인의 길을 묵묵히 걸어가며 "우리"로서 존재하는 "나"라는 그 누구도 상상해본 적이 없는 여성의 존재 양식을 그려내는 임무를 성실히 수행할 것을 다짐해 본다.

XXI

짙은 색 상인방 돌들, 돌도끼로 오톨도톨 다듬어진
푸르스름하고 이국적인 커다란 원형의 돌들,
한여름 밤 불빛이 — 내가 "한 조각의 빛"이라고 진심으로
말했을 때 — 지평선 밑에서 올라오며 비친다.
이것은 단순히 스톤헨지를 혹은 다른 곳을
말하는 게 아니다, 그녀의 고독이,
공감될 수 있고, 고독감 없이 선택될 수 있는 곳으로
돌아갈 수 있는 마음을 말하는 것이다,
그 마음은 그 원을, 그 무거운 그림자를, 그 거대한 빛을
쉽게, 노력도 않고 감시하지는 않았다.
나는 그 빛 속에 존재하는 형상이 되기를 선택한다,
어둠으로 반쯤 가려진 존재, 공간을
가로질러 움직이는 어떤 존재, 달을 반갑게 맞이하는
유채색 돌, 하지만 단순한 돌멩이 이상인 존재,

[즉] 한 여자가 되기를 [선택한다]. 이 길을 걸어갈 것을 선택한다.

그리고 이 원을 완성할 것을 [선택한다].

—『문턱 너머 저편』, 320~321

독자들은 스물한 개의 연작시를 통해 진행되는 레즈비언 상상력을 따라 리치가 화자인 동시에 객체로서 그리고 내면의 분절을 메우고 싶어하는 여성이자 여자로서 복수적 존재양식을 실천하는 레즈비언 페미니스트 주체로 탄생하는 과정을 엿보면서, 변화의 힘은 외부세계가 아니라 바로 자아 속에 있음을 공감을 하게 된다.

제10장

결론

무한한 초월 연습

  지금까지 리치의 레즈비언 페미니즘에 대해 개관해 보고, 그녀가 건네준 레즈비언 페미니스트 상상력을 발휘하여 여성이 자아 속에서 죽어가는 여자를 먹이고 살리려는 모성을 경험하고 다른 여자들에게 애정어린 관심과 사랑을 보일 수 있는 실천 방식에 대해 비평과 시를 통해 검토해 보았다. 가장 중요하게, 모성 제도와 모성의 경험에 대한 리치의 사유를 따라가며 우리는 여성이 생애주기에 따라 경험하게 되는 원초적인 존재론적 고통이 가부장제 가족체제가 규정하는 남성 중심적 이성애와 어머니의 존재 양식에서 시원한다는 점을 이해 할 수 있었다. 가부장제 사회 체제 하에서 여성의 존재 이유와 가치가 '어머니 되기'라는 단일한 목적에 맞추어져 있기에, 대부분의 보통 여자들은 소녀로서 생리를 시작한 시점부터 자신이 평생 사랑해야 할 여성의 몸과 영혼과 정신에 대해 책임져야 할 이유와 그 방법을 배우지 못한 채 일방적으로 어머니가 될 준비, 즉, 자기희생적 모성애를 발현하는 여자의 인생을 수용하도록 훈육 받는다. 그리고 낭만적 이성애를 거쳐 결혼을 하고 어머니가 되어 모성제도의 이념에 따라 가족 구성원들에게 신성한 모성애를 발휘하면 그들은 사회적으로 인정받는 여성의 지위를 누리게 되지만, 불임이든 낙태이든 어떤 이유에서든 어머니가 되지 못한 여자들은 뭔가 부족한 존재, 실패한 존재, 의심스러운 존재로 낙인이 찍히며 사회적으로 불안정한 지위를 가지게 된다.

여성의 존재 가치와 인생의 의미가 오로지 '어머니-되기'와 '어머니-임'을 증명하는 과정으로 수렴되는 가부장제 가족체제 하에서 자연히 대다수의 보통 여자들은 여성의 생애주기를 걸어 나가며 자기 안의 여자를 죽이는 법을 배우고 다른 여자들을 향해 애정어린 관심을 베푸는 방식 역시 점차 망각하며 살아간다. 또한 현모양처라는 사회적 명예와 가부장의 진정한 딸이라는 사회적 인정을 받기 위해서 그들은 일과 가정을 양립하며 육체적인 피로와 끔찍한 우울증과 약물이나 기타 중독증에 시달리면서도 부모, 남편, 아이들에게 제대로 해주지 못하고 있다고 자책감을 가지고 살아간다. 나아가, 그들은 남편의 경력 개발에 맞추어 자신들의 경력을 기꺼이 희생하거나 조정하고, 아이의 성장을 위해 자신들의 생체리듬을 기꺼이 희생하면서, 자기 안에 거주하던 꿈 많던 소녀 혹은 주체적인 여성에게 참고 양보하고 기다릴 것을 강요하며 살아간다. 그러는 사이, 그들은 가부장적 사회체제의 획일적인 성공관념과 남성 중심적 경쟁체제에 종속된 채, 가족 구성원들을 위해 자신을 방치하고 다른 여자들을 적으로 여기고, 그들과 경쟁하고, 공동체의 삶에서 스스로를 고립시키며 살아간다.

이런 수많은 보통 여자들 중의 한 명이었던 리치는 제2세대 페미니스트로서 자신의 페미니즘의 목적을 추상적인 여성의 해방이나 여성 중심적인 대안 공동체를 형성하는 것에 두기보다 여성 존재가치와 인생에 대한 사회적 시각의 변화에 두었다. 그녀가 지향했던 레즈비언 페미니스트 여성 해방은 여성의 성적 해방이 아니라, 가부장의 딸들이 사회 권력이 강요하는 자기희생적 모성애 이념에서 스스로를 해방시키고, 모성 경험의 주권을 회복하여 자기가 사랑하는 가족들뿐만 아니라 자기 안의 여자를 사랑하고 스스로의 영체靈體에 책임을 질 줄 아는, 진실로 독립자존하는 여성이 되는 것이었다. 그런 탓에, 리치는 거창한 이론적 전망이나 지식의 확산이 아니라 여자가 다른 여자에게 보이는 사랑, 즉, 가부장적 사회 권력이 레즈비언의 사랑이라고 비하하고 억압하는 여성적 사랑을 모성 경험의 핵심으로 재 정의하고, 모성의 경험을 사회적으로 확장하는 레즈비언 페미니즘을 실천하고자 하였다. 우선, 리치는 스스로 보통 여자들에게 일방적으로 주어진 모성애의 틀에 자신을 맞추는 고통스런 순례자의 길을 걷는 것을 거부하였다. 그리고 실제 세 아이를 양육하는 과정에서 경험한 모성 능력을 가모장의 주체적 감수성으로서 발전시켜 시와 산문을 통해 자기를 살리고 다른 여자들을 살리는 사랑을 실천하였다. 그녀가 제시한 대로 「스물한 개의 사랑시」를 통해 여성의 온전한 존재양식인 "우리"를 향해 걸어 나가며 그녀와 대화를 나누다 보면, 독자들은 자연스럽게 자기 안의 여자-인간을 사랑하고, 애정어린 깊은 관심을 다른 여자들에게 그리고 사회적 소수를 포함한 모든 여성적 존재들에게 보여줌으로써, 공동체 안에서 "우리" 의식을 살릴 수 있는 사회적 변혁을 일으킬 수 있을지도 모른다.

물론 공동체의 전망을 실천에 옮긴다는 것이 말로 하는 것처럼 쉬운 것은 아니다. 리치 역시 『공동 언어를 향한 소망』의 제2부 「스물한 개의 사랑시」를 끝마친 뒤, 제3부로 넘어가서 「다른 곳에서가 아니라 바로 이곳에서Not Somewhere else but Here」에서 가부장의 딸로서 '여성'의 단수적 존재성을 거부하고 '여성이자 여자'인 복수적 존재로 사는 것은 결코 쉽지 않다는 점을 인정하였으니 말이다. 하지만 리치는 시의 마지막 연에서 비록 "나"가 자아의 분절로 인해 파편화된 의식을 가지고 있지만, 적어도 그러한 사실을 인지하는 것이 중요하다는 점을 독자들에게 피력하였다. 또한, 그러한 "나"의 존재가 피를 흘리는 분절된 자아를 어떻게든 잡아매어 다시 온전한 복수적 존재 "우리"를 만들고 싶어한다는 점을 알려주었다.

> 푸가 충혈된 눈 조심스런 봉합
> 쫙 찢겨져 있는 나를 만지는 손 말해질 수 있을까
> 내가 혼자가 아니라고
> 분절된 사랑 그 정도를 탐색하며 살아져야만 하는
> 다른 삶들을 엄습하며 다른 어떤 곳이 아니라
> 바로 여기에서 피를 통해 바라보며 아무 것도 상실되지 않았어
>
> —『전시집 1950-2012』, 480

비록 대부분의 보통 여자들이 그들의 의식세계를 돌 볼 여유가 없이 영혼이 황폐한 채 살아가지만, 리치는 그들의 내면속의 여자가 절대 죽은

상태는 아니라고 역설하였던 것이다. 이미 분절되어 양쪽으로 벌어진 채이지만 자아 속 여자는 가부장적 사회체제를 살아가는 여성의 의식의 가장자리에서 끈질기게 생명력을 유지하며 "나는 혼자가 아니야" 라고 맥박을 울리며 여성의 의식과 연결되기를 갈망하고 있기 때문이다. 그러므로 리치는 보통 여자들이 "다른 곳이 아니라 바로 여기서" "현재의 순간을 사는 거야" 라고 각성하고 외칠 것을 제시하였다. 그럴 때 비로소 그들은 스스로 마음을 묶어 둔 족쇄가 부서지는 것을 느끼고 거기에서 터져나오는 벅찬 감정들에 온전히 공감을 할 수 있을 것이기 때문이다.

게다가, 리치는「천연자원」에서 이미 독자들에게 자신을 성공실패의 사례로 예증해 주면서 보통 여자들에게 진정 독립자존하는 여성 주체로 성장해 나가는 과정에서 거듭된 실패에 대해 포기하지 말 것을 격려했던 바가 있었다. 페미니스트 시인으로서 여자들에게 "도움이 되고자" 시를 써왔지만 자신 역시 "거울 속에 비친 절반쯤 태어난 여인을 보며" 자신이 창안했던 레즈비언 상상력이 아직 완숙의 단계에 접어들지 못했음을 깨닫고 실망한 적이 있었음을 고백했던 것이다. 페미니스트 의식에 투철한 자신이 이런 단계에 머물러 있다면 대부분의 보통 여자들 역시 가부장적 사회체제 속에서 여성의 삶을 둘러싼 현실적 제약들을 박차고 나오는 선택을하기는 어려울 것이라는 공감적 인식을 드러냈던 것이다. 가부장적 사회권력의 힘은 너무도 강력하고, 이성애 중심적 모성애의 실천은 대부분의 보통 여자들에게 너무나도 익숙하고 너무나도 자연스러운 여성의 역할에 해당하기 때문이다. 그러므로 리치는 자신 역시 페미니스트 전망과 인도주의 전망 사이에서 어느 한 쪽을 선택할 수 없었다고 인정했던 것이다.

내가 다시 선택할 수 없는 단어들이 있다.

인도주의 양성성

분노하며 눈물을 참는 할머니들 앞에서

그 단어들은 이제 수치심이나 어떤 수줍음도 그 안에 담고 있지 않다.

그들의 반짝임은

지금, 우리가 사는 그대로의

생활의 조직 속으로 스며들지 않는

염색 물감처럼 너무 천박하다

우린 오래된 얼룩이 있는 이 해진 담요를

아픈 아이의 어깨까지 끌어올려 덮어주거나

살인훈련을 받은 영웅의

무감각한 다리에 감싸준다

우린 아직 완성되지 않은 우툴두툴한 이 뜨개질에

손을 댄다, 반복적으로

중단되기도 하겠지만, 미완성인 채로,

헛간의 낡은 서랍장에서 발견한 채로

[이제는] 사라졌지만
그 거대한 성운 속에서

틈새를 메우는 우리의 작업을 격려하고
지구가 분만하는 것을 도우라고 계속 격려하는

그녀의 자존심과 염려가 그 속에 깃들인 채로
물려준다.

—『문턱 너머 저편』, 348

　　가부장적 사회의 남성 중심적 규범과 기준을 따라 그들의 여성 주체를
억누르고 사유 능력을 방치하며 금욕인 삶을 살아온 여자들에게, 그리고
주어진 역할대로 엄마로서, 아내로서 최선을 다해 살아온 여자들에게 그
어떤 페미니스트가 잘못 살았다고 비판할 수 있을 것인가? 가부장의 명
을 따르는 수많은 여자들이 눈물, 콧물이 묻은 낡은 담요를 걸치고 있지
만 바로 그 "고통스런 [삶의] 담요"로 자식들을 감싸고 돌보려는 의지, 타
인을 위해 희생하는 삶을 살려는 의지를 발산하며 "거대한 성운"처럼 존
재하고 있는 것이 현실이 아니던가? 리치는 페미니스트 시인으로서 그러
한 보통 여자들에게 "가정주부의 얇은 막"(「갈망」, 12)을 찢고 나와 "세상
바꾸기"를 하고 내면의 여성을 해방하는 전사가 되라고 말하는 일은 무

책임할 뿐만 아니라 정직하지 않은 것이라고 인정하였던 것이다.

그럼에도 불구하고, 리치는 실망하지 않고 '내'가 아닌 '우리'로서의 삶, 여성안의 여자가 하나가 되는 복수적인 존재양식 그리고 '내'안에 '타인들'이 연속체를 이루는 공동체의 삶에 대해 사유하는 시와 비평의 글을 계속 써 나갔다. 가부장적 사회의 규범과 가치를 완벽하게 내면화한 여자들이 많을수록, 그녀는 그들이 겪고 있을 아픔이 더욱 생생하게 감각하며 더욱 강하게 그들을 감싸 안아주고 싶은 모성을 경험했기 때문일 것이다.

내가 보존할 수 없는 모든 것들 때문에 가슴이 아프다.
너무도 많은 것들이 파괴되었다

내 운명을 그들에게 걸어야겠다,
시대가 바뀌어도, 그저 비딱한 시선으로,

특별한 힘도 없이
세상을 재구성하는 그들에게.

—『문턱 너머 저편』, 350~351

비록 모든 여자들을 구할 수는 없다고 해도, 리치는 자신이 할 수 있는 한 성실하게 주류사회의 역사에 기록되지 않았던 보통 여자들의 이야기들이 채집하고 기록하여 백인 남성 중심적 역사를 보수하는 작업을 지속해 나갔다. 여자의 육신을 주어진 운명으로 받아들이지 않고 그 육신으로 인해 여성의 생애주기에서 벌어졌던 일들에 대한 이야기들을 마치 시의 천연자원인 것처럼 채집하였다. 그리고, 거기서 보통 여자들이 경험했던 절망, 분노, 좌절감뿐만 아니라 그들이 소녀시절 꿈꾸었고 여자로서 진심으로 원했었던 더 나은 삶, 더 좋은 삶에 대한 갈망을 시어로 번역하여 그들의 내면을 대변해 주는 역할을 하는 데 만족했던 것이다.

그런 점에서 「초월 연습곡」의 마지막 부분에서 리치가 제시하는 무한한 초월의 연습은 그녀가 초기 시 「천체관측소」에서 제시했던 신비한 우주적 경험을 연상시키며 독자들에게 일상 속에서 "완전히 새로운 시"를 경험해 볼 수 있는 가능성을 제시해 준다.

나 자신, 그녀를 향한 향수 — 폭염이 멈춘 후
세상의 명징한 톤이
드러나는 것처럼 : 구름, 나뭇가지, 벽, 벌레, 빛의 영혼 :
향수 마치 홈이 새겨진 욕망의 금고가
분명히 말하듯이 : 나는 사랑하는 자이자 사랑받는 자이다,
고향이자 방랑자이다, 장작을
뽀개는 여자이자 때려눕히는 여자이다, 폭풍속의
이방인이자, 두 여자이다, 눈과 눈을 [바라보며]
서로의 정신을, 서로의
무한한 욕망을 측량하는,
여기서 시작하는 완전히 새로운 시이다.

— 『전시집 1950-2012』, 515~515

시적 여정의 초창기부터 리치는 추상적이고 사변적인 페미니스트 이론들이 평범한 보통 여자들의 구체적인 삶의 모습들과 얼마나 거리가 있는가를 지적하였다. 그리고, 여성 전체에 대한 신화가 아니라 보통 여자들의 구체적일 삶을 다시 바라보면서 그녀는 그들의 분절된 속내와 통합에의 갈망을 번역하여 대신 얘기해 주는 연습을 해왔다. 그 와중에 그녀는 한 때「난파선 속으로 잠수하기」에서 이성애만을 인정하는 "압제자의 언어" 속에서 '나'의 여성적 자아 '그녀'와 남성적 자아 '그'를 섬세하고, 에로틱하게 밀착시켜 '우리'라는 새로운 양성의 주체를 탄생시키고, 독자들에게 기존의 삶과 다른 삶을 살 수 있는 가능태로서 양성성의 존재양식을 사유하기도 하였다. 하지만 시간이 지날수록 리치는 '양성성'과 '인도주의' 두 가지 사이에서 '인도주의'를 버릴 수 없다는 사실을 깨닫고, 여성 이미지로서 존재하는 여자와 개인적 실존욕구를 부인하지 않는 여자, 이 두 여자가 '어떻게 존재 하는가'라는 화두를 다시 사유하였다. 그리고 마침내 이 시에서 "나는 사랑하는 자이자 사랑받는 자I am the lover and the loved"로 존재한다는 대답을 찾게 되었던 것이다. 물론 이 대답은 완성된 상태는 아니지만, 그것은 적어도 생존을 위해 자아를 죽이는 존재론적 역설을 함축하고 있지는 않는다. 또한, '양성성'과 '인도주의' 사이에서 갈등해야 하는 고통을 수반하지도 않는다. "나"와 내 안의 여자는 한 가지 성을 지닌 다른 두 여자로서 다만 서로를 바라보고 서로의 존재를 인정해 주면서 "나 자신을, 그녀를 향한 갈망"을 해소해 줄 수 있기 때문이다. 비록 완성형은 아닐 지라도 "나는 사랑하는 자이자 사랑받는 자"로 존재한다는 양식은 지금까지 그녀가 들었던 블루스 음악, 즉, 화자가 자신의 혈벗고 비루한 존재양식에 대해 한탄하며 죽고 싶은 심정을 노래하는 음악에 비해 분명히 희망의 설레임을 주는 "완전히 새로운 시a whole new poetry"이며 그렇기에 그녀는 거기서 경이로운 선율을 들을 수 있기 때문이다.

그렇다면, 리치가 그랬던 것처럼, 우리도 가부장적 사회체제가 우리에게 제시하는 여자의 인생, 즉, '어머니-되기'가 프로그램되어 있는 여자의 육신으로 태어나 자연스럽게 모성애를 발휘하고 진정한 '어머니-임'을 증명하는 것으로 구성된 여성의 인생에 대해 끊임없이 질문하고 "나"의 경험에 내재한 여성-여자의 역설적 관계에 대해 생각하면서, 모성 경험으로 그 역설을 초월하고 복수적 존재양식을 가지는 연습곡을 계속 연주할 수 있을 것이다. 비록 리스트와 같은 대음악가나 리치와 같은 대시인이 아니라서 우리가 실천하는 연습곡은 띄엄띄엄 끊어지고 사유의 속도 역시 늦을지 모르지만, 적어도, 가부장적 사회 권력이 찬양하는 제도로서의 모성과 획일적인 모성애에서 벗어나는 초월을 연습해 볼 수 있을 것이기 때문이다. 다시 말하여, 가부장이 부여해 준 딸의 이름을 가지고, 가부장이 전달해준 여성의 인생이라는 악보를 보면서 완벽한 어머니가 되는 연습곡은 치는 것은, 리치의 페미니스트 사유를 따르자면, 여성이 자기 안의 여자를 죽이고 타인에게 자신이 누려야 할 행복의 주권을 맡기고 사는 것이나 마찬가지인 것이다. 하지만, 스스로 자아 속의 여자를 깨워서 그녀의 이름을 불러주어 그녀의 존재를 살려내고 양육하여 여성이자 여자인 복수적 존재가 되는 연습곡을 치는 것은 새로운 모성을 경험하는 것이자 모성애를 주체적으로 실천하는 삶을 사는 것에 해당할 것이다. 전자가 자아를 빈 공간으로 정의하고 남자에게 그곳을 채워주고 자신의 행복을 완성시켜 줄 것을 요청하는 전통적인 낭만적 사랑의 형식이라면, 후자는 자아를 먼저 복수적 여성 주체로 성장시키고 사랑하는 사람과 동등한 인격으로 만나 서로를 향한 애정과 돌봄을 베푸는 행복을 이루어 나가는 레즈비언/여성적 사랑의 형식에 해당할 것이다. 그러니, 리치의 사랑 노래를 들으며 우리도 무한한 초월을 연습하며 복수적 존재양식, 공동언어, 공동체의 사랑을 실천하며 후속 세대들이 그것을 더욱 발전시키기를 미래를 상상해 보는 것은 어떨까.

참고문헌

리하르트 다비트 프레히트, 박규호 역, 『사랑, 그 혼란스러운 – 사랑을 믿는 이들의 철학책』, 21세기북스, 2009.

매트 리들리, 김한영 역, 『본성과 양육』, 김영사, 2004.

발터 벤야민, 최성만 역, 『기술복제시대의 예술작품』, 길, 2007.

에이드리언 리치, 한지희 역, 『문턱 너머 저편』, 문학과지성사, 2012.

한지희, 『우리시대 대중문화와 소녀의 계보학』, 경상대 출판부, 2015.

_____, 「레즈비언 여성주의 비평가 아드리안 리치 – '특별한 여성'의 신화에서 '보통 여자' 에밀리 디킨슨 구해내기」, 『영어영문학』 61권 4호, 2015.

_____, 「"저도 노란 별을 달지요" – 에이드리언 리치의 유대계 인종의식과 종교적 예술가의 책임의식」, 『현대영미시연구』 18권 2호, 2012.

_____, 「레즈비언 여성주의 비평가 아드리안 리치(Adrienne Rich) – 보통 여자 쥬디 그란(Judy Grahn)의 특별한 재능 구해내기」, 『젠더와문화』 8권 2호, 2015.

Allen, Paula. G., *The Sacred Hoop: Recovering the Feminine in American Indian Traditions*, Beacon, 1986.

Beauvoir, Simone de, *The Second Sex*, Gallimard, 1949.

Becke, E. T., ed, *Nice Jewish Girls: A Lesbian Anthology*, Persphone, 1982.

Belsey, Catherine and Jane Moore, *The Feminist Reader*, Blackwell, 1989.

Bradstreet, Anne, "Anne Bradstreet", Poetry Foundation Online, www.poetryfoundation.org

Butler, Judith, *The Gender Trouble*, London, Rutledge, 1990.

Diehl, Joanne. F., "'Of Woman Born': Adrienne Rich and the Feminist Sublime", *Adrienne Rich's Poetry and Prose*, Ed. B. C. Gelpi and A. Gelpi, Norton, 1990,

Faderman, Lillian, *Surpassing the Love of Men: Romantic Friendship and Love between Women from the Renaissance to the Present*, William Morrow, 1981.

Friedan, Betty, *The Feminine Mystique*, Laurel, 1963.

Gelpi, Albert, "Adrienne Rich: The Poetics of Change", *Adrienne Rich's Poetry and Prose*, Ed. B. C. Gelpi and A. Gelpi, Norton, 1973.

Gilbert, Sandra M. and Susan Gubar, *The Madwoman in the Attic*, Yale UP, 1979.

Gilbert, Sandra M., "Volcanoes be in Sicily", Modern American Poets Online, http://www.english.illinois.edu/maps/poets/a_f/dickinson/dickinson.htm

Grahn, Judy, *The Work of a Common Woman*, New York: St. Martin's, 1980

Grimes, William, "Michelle Cliff, Who Wrote of Colonialism and Racism, Dies at 69", *New York Times* Online, www.nytimes.com/2016/06/19/books/michele-cliff-who-wrote-of-colonialism-and-racism-dies-at-69.html?_r=0

Hooks, Bell, *Aint I a Woman?*, South End, 1981.

_____, *Talking Back: Thinking Feminist Thinking Black*, Sheba Feminist, 1989.

Keys, Claire, *The Aesthetics of Power: The Poetry of Adrienne Rich*, U of Georgia P, 1986.

Kristeva, Julia, "Women's Time", *The Feminist Reader*, Ed. C. Belsey and J. Moore, Blackwell, 1989.

Langdell, Cheri, *The Moment of Change*, Praeger, 2004.

Lorde, Audre, *The Black Unicorn*, Norton, 1978.

_____, "Audre Lorde", *Poetry Foundation* Online. www.poetryfoundation.org

Marcus, Jane., *Virginia Woolf, Cambridge and A Room of One's Own: The Proper Upkeep of Names*, Cecil Woolf P, 1996.

Millet, Kate, *Sexual Politics*, U of Illinois P, 1970.

Moi, Toril, *Sexual/Textual Politics*, Methuen, 1985.

Rich, Adrienne, *A Change of World*, Norton, 1951.

_____, *The Diamond Cutters and Other Poems*, 1955.

_____, *Necessities of Life: Poems 1962-1965*, Norton, 1966.

_____, *Snapshots of a Daughter-in-Law*, Norton, 1967.

_____, *Leaflets: Poems 1965-1968*, Norton, 1972.

_____, *The Will to Change: Poems 1968-1972*, Norton, 1972.

_____, *Diving into the Wreck: Poems 1971-1972*, Norton, 1973.

_____, *The Dream of a Common Language: Poems 1974-1977*, Norton, 1978.

_____, *A Wild Patience Has Taken Me This Far: Poems 1978-1981*, Norton, 1981.

_____, *Sources*, Heyneck, 1983.

_____, *The Fact of a Doorframe: Poems Selected and New, 1950-1984*, Norton, 1984.

_____, *The Fact of a Doorframe: Poems Selected and New, 1950-2001*, New Edition, Norton, 2002.

_____, *Your Native Land, Your Life*, Norton, 1986.

_____, *Time's Power: Poems 1985-1988*, Norton, 1989.

_____, *An Atlas of a Difficult World: Poems 1988-1991*, Norton, 1991.

_____, *Adrienne Rich's Poetry and Prose*, Ed. Barbara Gelpi and Albert Gelpi, Norton, 1975; 1993.

_____, *Dark Fields of the Republic: Poems 1991-1995*, Norton, 1995.

_____, *Midnight Salvage: Poems 1995-1998*, Norton, 1999.

_____, *Fox: Poems 1998-2000*, Norton, 2001.

_____, *The Collected Poems of Adrienne Rich 1950-2012*, Ed. Claudia Rankin, Norton, 2016.

_____, *Of Woman Born: Motherhood as Experience and Institution*, Norton, 1976; 1986

_____, *On Lies, Secrets and Silence: Selected Prose 1966-1978*, Norton, 1979

_____, *Blood, Bread, and Poetry: Selected Prose 1979-1985*, Norton, 1986

_____, *What Is Found There: Notebooks on Poetry and Politics*, Norton, 1993

_____, *Arts of the Possible: Essays and Conversations*, Norton, 2001.

_____, "Vesuvius at Home: The Power of Emily Dickinson", *On Lies, Secrets, and Silence: Selected Prose*, Norton, 1975.

_____, "Women and Honor", *On Lies, Secrets, and Silence: Selected Prose*, Norton, 1975.

_____, "Power and Danger: Works of a Common Woman". *On Lies, Secrets, and Silence: Selected Prose*, Norton, 1977.

_____, "Transcendental Etude", *Adrienne Rich's Poetry and Prose*, Ed. B. C. Gelpi and A. Gelpi, New York: Norton, 1977.

_____, "Compulsory Heterosexuality and Lesbian Existence", *Adrienne Rich's Poetry and Prose*, Ed. B. C. Gelpi and A. Gelpi, Norton, 1980.

_____, "Yom Kippur 1984", *Adrienne Rich's Poetry and Prose*, Ed. B. C. Gelpi and A. Gelpi, Norton, 1984.

_____, "Jane Eyre: The Temptation of a Motherless Woman", *On Lies, Secrets, and Silence: Selected Prose*, Norton, 1975.

_____, "The Tensions of Anne Bradstreet", On Lies, Secrets, and Silence: Selected Prose, Norton, 1975.

_____, "Power and Danger: Works of a Common Woman", On Lies, Secrets, and Silence: Selected Prose, Norton, 1975.

_____, "The Eye of the Outsider: Elizabeth Bishop's Complete Poems, 1927-1979", *Blood, Bread, and Poetry: Selected Prose 1979-1985*, Norton, 1986.

Smith, Barbara. Ed., *Home Girls: A Black Feminist Anthology*, Kitchen Table / Women of Color P, 1984.

_____, *The Truth That Never Hurts: Black Lesbians in Fiction in the 1980s*, Rutgers UP, 1998.

_____, "Toward a Black Feminist Criticism", *Within the Circle*, Ed. A. Mitchell, Duke UP, 1977.

Rosenberg, Julius and Ethel Rosenberg, "Rosenberg, Julius and Ethel Rosenberg", *Wikipedia Online*, https://en.wikipedia.org/wiki/Julius_and_Ethel_Rosenberg

Showalter, Elaine, *A Literature of Their Own*, Virago, 1995.

Walker, Alice, *You Can't Keep a Good Woman Down*, Harcourt Brace, 1981.

_____, *In Search of Our Mother's Gardens, Womanist Prose*, Harcourt Brace, 1983.

Werner, Craig, *Adrienne Rich: The Poet and Her Critics*, American Library Association, 1988.

Woolf, Virginia, *A Room of One's Own, 1928*, Gutenberg Online, http://gutenberg.net.au/ebooks02/0200791.txt, 2002.